Petra Schneider · Gerhard K. Pieroth

Hilfe aus der geistigen Welt

Spirituelles Wachstum
und feinstoffliche Helfer aus der geistigen Welt:
Aufgestiegene Meister, Schutzengel, Schutzgeister,
Engel, Erzengel, Erdwesenheiten …

Mit Anleitungen und Meditationen

WINDPFERD

„Hilfe aus der geistigen Welt" macht die Betreuung durch einen Arzt, Heilpraktiker oder Psychotherapeuten nicht überflüssig, wenn der Verdacht auf eine ernsthafte Gesundheitsstörung besteht. Die Informationen des Buches sind nach bestem Wissen und Gewissen dargestellt. Die Autoren übernehmen dennoch keinerlei Haftung für Schäden irgendwelcher Art, die direkt oder indirekt aus der Anwendung der Angaben in diesem Buch entstehen.

6. Auflage 2006
© 1999 by Windpferd Verlagsgesellschaft mbH, Aitrang
Alle Rechte vorbehalten
Umschlaggestaltung: Kuhn Design, Zürich,
unter Verwendung eines Gemäldes von Soham Holger Gerull
Illustrationen im Innenteil: Peter Ehrhardt
Lektorat: Brigitte Gabler
Korrektorat: Gabriele Wurff
Herstellung: Schneelöwe, Aitrang
www.windpferd.de
ISBN 3-89385-318-9

Printed in Germany

Inhaltsverzeichnis

Einleitung 6
Grundannahmen 8
Zum Inhalt des Buches 10

**1. Der Mensch im Spannungsfeld zwischen
„Himmel und Erde"** 11
Mensch – Himmel – Erde 11
Dualität und Einheit – was ist das? 16
Der Weg in die Einheit 20
Wachstumsschritte 23
Lebensaufgabe 27
Was ist Transformation? 33

2. Hilfe aus der geistigen Welt 34
Was ist die geistige Welt? 34
Hilfe aus der geistigen Welt 35
Feinstoffliche Wesenheiten, die Menschen auf ihrem
   Weg unterstützen 37
Erfahrungen mit den geistigen Helfern 39
Wie man Hilfe aus der geistigen Welt bekommt 43

3. Wachstumsschritte – Lust und Frust 45
Symptome 46
Schwingungsbereiche 52
Feinfühligkeit und Abgrenzung 55
Erdung 57
Intuitionstraining 61
Channeling 62
Gefahren der erweiterten Wahrnehmung 64
Feinstoffliche Energie – je mehr, desto besser? 65
Was passiert, wenn wir sehr viel feinstoffliche
   Energie aufnehmen? 66

4. Was tun Aufgestiegene Meister? 68
Die Wirkung der Aufgestiegenen Meister durch die
   LichtWesen Meisteressenzen 70

5. 21 Lernschritte in Begleitung der Aufgestiegenen Meister ... 73
1. Innere Weisheit – Maha Chohan ... 74
2. Akzeptieren und innere Ruhe – Lao Tse ... 77
3. Vertrauen – El Morya ... 80
4. Hingabe – Kwan Yin ... 82
5. Wahrheit und bedingungslose Liebe – Christus ... 85
6. Die eigene Kraft annehmen – Djwal Khul ... 88
7. Himmel und Erde verbinden – Sanat Kumara ... 90
8. Transformation der Vergangenheit – Angelika ... 93
9. Visionen – Orion ... 96
10. Handeln – Kamakura ... 98
11. Verbindung zur Erde – Kuthumi ... 100
12. Angenommen sein und Lebensgenuß – Lady Nada . 102
13. Die irdische Kraft – Seraphis Bey ... 104
14. Wachstum – Victory ... 107
15. Freiheit – Saint Germain ... 108
16. Die universelle Wahrheit – Hilarion ... 111
17. Freude und Fülle – Pallas Athene ... 113
18. Im Gleichgewicht sein – Lady Portia ... 115
19. Charisma – Helion ... 116
20. Den Schöpfer in sich erkennen – Aeolus ... 118
21. Die Einheit erkennen – Maria ... 120

6. Der Einsatz der LichtWesen Meideressenzen ... 123
Anwendung ... 123
Essenzenmischungen ... 125
Essenzen für andere auswählen ... 126
Das Relax ... 127
Wirkung auf Körper und Gesundheit ... 129
Wirkung bei Kindern ... 130
Wirkung bei Tieren ... 132
Kombination mit anderen Techniken ... 133
Das System der 21 Meisteressenzen ... 137
Eine Technik zum Lösen von Blockaden ... 141
Nachweis der Wirkung ... 143

7. Meditationen ... 146
Anleitung zur Meditation ... 146
Allgemeine Einleitung – Lichtreinigung ... 150

Begegnung mit einem Meister 152
Maha Chohan 156
Lao Tse 159
El Morya 162
Kwan Yin 166
Christus 170
Djwal Khul 174
Sanat Kumara 178
Angelika 181
Orion 185
Kamakura 188
Kuthumi 192
Lady Nada 197
Seraphis Bey 200
Victory 203
Saint Germain 207
Hilarion 210
Pallas Athene 215
Lady Portia 218
Helion 221
Aeolus 225
Maria 229

8. Anhang 232
Meisteressenzen in Kombination mit anderen
Techniken 232
Über die Autoren 236
Danksagung 238
Adressen und Bezugsquellen 238
Literaturverzeichnis 239

Einleitung

Wir leben in einer Zeit der Veränderung, der Schwingungserhöhung und des Erwachens. Immer mehr Menschen nutzen das wachsende Angebot der energetischen Werkzeuge wie Essenzen, Tachyonen, Homöopathie, Edelsteine, feinstoffliche Techniken, um sich zu entfalten. Aber auch Menschen, die sich mit Spiritualität und Bewußtwerdung noch nie befaßt haben, kommen durch die kollektive Schwingungserhöhung in ein höheres Energieniveau. Unabhängig davon, ob Menschen sich dessen bewußt sind oder nicht, ob sie an sich arbeiten oder nicht, sie geraten in den Strudel der Ereignisse mit den dazugehörigen Symptomen und Prozessen. Viele sind verunsichert und beunruhigt, weil sie nicht wissen, was mit ihnen geschieht.

Mein Anliegen in diesem Buch ist es, die Prozesse zu beschreiben und Möglichkeiten aufzuzeigen, leichter durch sie hindurch zu gehen. Wenn man versteht, was warum passiert, lösen sich Spannung und Angst. Wenn man weiß, welche Schritte anstehen, kann man sie leichter tun. Außerdem unterstützt uns ein Heer von geistigen Helfern. Wir können ihre Hilfe nutzen. Wie dies möglich ist, wird ebenfalls hier beschrieben.

Ich selbst habe diesen Weg bewußt gewählt. Und dennoch erlebte ich immer wieder, wie Schwierigkeiten und sogar körperliche Symptome durch die Arbeit an sich und die Schwingungserhöhung auftraten. „Wenn ich geahnt hätte, was mich auf diesem Weg erwartete, ich weiß nicht, ob ich es gemacht hätte", sagte ich oft, wenn ich in einem dieser dunklen Löcher saß. Die Wellen der Bewußtwerdung warfen mich in Höhen und Tiefen. Ich erlebte ekstatische Freude und angsterfüllte Zweifel.

Auf den ersten intensiven Durchgang mit den Energien der Meister folgte eine Phase, in der es mir ziemlich gut ging. Ich war fröhlich, das Leben machte Spaß. Auf der Erde zu sein, mit all den Möglichkeiten und sinnlichen Genüssen, gefiel mir zunehmend besser. Schwierigkeiten und Probleme konnte ich immer leichter bewältigen. Es gab zwar auch Tiefen, doch die Zeit, die ich darin verbrachte, wurde kürzer. Und ich klebte nicht darin fest.

Aber dann kam ein neuer Abschnitt mit heftigen Herausforderungen, Übungen und tiefen Löchern. Ich merkte, daß sich das Bewußtsein auf eine neue Ebene ausdehnte und daß die Schwingung meiner feinstofflichen Körper sich durch die Meditationen und die Arbeit mit den Essenzen erhöhte. Gleichzeitig hing ich wieder in unangenehmen Gefühlen wie in einem Schlammloch. Auch wenn ich nun erkennen konnte, daß etwas Altes wühlte oder es nicht meine Angst war, sondern ich auf die Umgebung reagierte, ich klebte. Hinzu kamen die Probleme, die mein Körper mit der Schwingungserhöhung hatte.

Das was ich erlebte, begegnet etlichen Menschen, die sich auf den spirituellen Weg begeben. Sie beginnen sich zu entfalten und die Schwingung erhöht sich durch Meditation, Essenzen, Edelsteine oder andere Energieträger und Methoden. Menschen, die Erfahrung haben, die bereits ein Stück des spirituellen Weges zurück gelegt haben, warnen. Ich hörte von Chögyam Trungpa Rinpoche, einem spirituellen Lehrer des tibetischen Buddhismus. Er hielt einen Vortrag vor vielen Menschen und fragte: „Wer von Ihnen beginnt gerade mit der spirituellen Praxis?" Als etliche die Hand hoben, sagte er: „Gut. Mein Vorschlag ist, daß Sie nach Hause gehen. Ihr Eintrittsgeld bekommen Sie am Eingang wieder. Gehen Sie und beginnen Sie erst gar nicht mit diesem sehr schwierigen und schrecklichen Prozeß. Es ist viel schwieriger, als man am Anfang glaubt. Wenn man einmal angefangen hat, ist es schwer, wieder aufzuhören. Also schlage ich vor, gar nicht erst zu beginnen. Aber wenn man anfängt, dann ist es am besten, es auch zu Ende zu bringen."

Also fragte ich mich: „Warum gehe ich nicht nach Hause? Warum steige ich nicht einfach aus und lasse Bewußtwerdung Bewußtwerdung sein? Warum suche ich mir nicht einen einfachen Job, verdiene meine Brötchen von 8 bis 17 Uhr und habe dann frei? Wieso will ich weiter?

Wieso tue ich mir das an: immer neue Essenzen mit höheren Schwingungen, immer höhere Ebenen der Bewußtwerdung? Nur weil ich es zu Ende bringen will?" Die Antwort kam von meinem innersten Sein: Weil das Bewußtsein erwachen will. Weil wir Menschen uns dafür entschieden haben, die Dualität zu überwinden und vollkommen bewußt im Irdischen zu leben. Weil wir uns wieder erinnern wollen, *wer wir wirklich sind.*

Wie an einem gespannten Gummiband zieht uns das Bewußtsein an. Und wir sind bereit, dafür viele Leben zu durchleiden und zu „durchfreuen". Der spirituelle Weg dient nicht dazu, unsere Träume zu erfüllen, er dient der Bewußtwerdung, der Rückkehr in das Einssein. Und so liegen auf dem Weg Ereignisse, die das Ziel der Bewußtwerdung am besten unterstützen. Und die sind nicht immer angenehm.

So war es auch bei mir, doch führte mich dieser Weg kontinuierlich aus den Verstrickungen mit Verhaltensmustern und Emotionen heraus. Heute lebe ich auf einem höheren Energieniveau und es geht mir besser als je zuvor. Ich werde mehr und mehr ich selbst. Ich hoffe, daß dieses Buch auch Ihnen hilft, die Hürden des Weges zu meistern, das Spiel des Lebens zu erkennen und zu genießen.

Noch eine Anmerkung zum „Ich": Wir, Gerhard und Petra, sind gemeinsam durch diesen Prozeß gegangen, haben Gleiches oder Ähnliches erlebt, die gleichen Erkenntnisse gewonnen. Wenn Sie in diesem Buch „ich" lesen, sind damit eigentlich wir, Petra und Gerhard gemeint. Da das Wort „wir" in diesem Buch als Ausdruck für „wir Menschen" verwendet wird, haben wir unsere Erfahrungen in der „Ichform" ausgedrückt.

Grundannahmen

Vielleicht ist Ihnen schon beim Lesen der Einleitung aufgefallen, daß ich einige Grundannahmen habe. Es ist durchaus möglich, daß sie nicht mit Ihren jetzigen Vorstellungen übereinstimmen. Was wirklich ist, was richtig ist, läßt sich schwer bestimmen – vielleicht überhaupt nicht. Es ist schwirig, über feinstoffliche Phänomene und die geistige Welt zu sprechen, da diese sich (noch) nicht objektiv messen oder naturwissenschaftlich beweisen lassen. Doch auch mit unterschiedlichen Bildern und Begriffen kann das gleiche erklärt werden. Egal ob wir die Ursachen für Schwierigkeiten in der Kindheit oder in vergangenen Leben suchen, die Suche und die gefundenen Bilder tragen zum Verständnis und zur Lösung bei.

Selbst wenn Sie mit einigen meiner Grundannahmen nicht übereinstimmen, können die Erkenntnisse und Erfahrungen dieses Buches für Sie nützlich sein.

Damit Sie wissen, mit welchen Grundannahmen ich arbeite, hier eine kurze Übersicht:

- Ziel des menschlichen Lebens ist, sich zu entfalten und bewußt im Irdischen zu leben. Man könnte auch sagen, wir wollen die Dualität überwinden, um in die Einheit zu gelangen. Andere nennen es Selbst-Erkenntnis, Vollkommenheit, Erleuchtung, Erwachen, zu Gott finden, zum Ursprung zurückkehren.
- Es kann sein, daß nicht alle Menschen dieses Ziel haben. Manche Menschen mögen mit anderen Aufgaben inkarniert sein. Da mein Weg der Weg der Bewußtwerdung ist, lege ich ihn zugrunde.
- In unserem Wesenskern sind wir vollkommen. Alles was wir entfalten wollen, tragen wir bereits in uns. Spirituelles wachsen heißt, die Schleier vom Licht zu nehmen, uns wieder unseres Wesens zu erinnern und bewußt zu leben.
- Jeder kann sein Leben durch die allen Menschen innewohnende Schöpferkraft gestalten.
- Wir selbst wählen das irdische Leben, Lebensaufgaben, Eltern, Umstände, unter denen wir heranwachsen.
- Der Mensch hat einen physischen, grobstofflichen und einen feinstofflichen Körper. Mehr dazu finden Sie in zahlreichen Büchern über Aura, Chakren, Energiesystem oder im Buch „LichtWesen Meisteressenzen".

- Wir entfalten unser Bewußtsein durch viele Leben hindurch. Die Stufen müssen nicht linear aufeinander aufbauen und zu immer höheren Entwicklungen führen. Einem Leben mit einem hohen Bewußtsein als Priester kann ein Leben als armer Dieb ohne Verständnis folgen, wenn die Seele diese Erfahrung wählt.
- Im feinstofflichen Energiesystem bedeutet „bewußt werden" Blockaden lösen. Dies führt auf allen Ebenen zur Heil-Werdung. Dadurch kann auch der Körper gesunden.
- Es gibt eine geistige Welt.
- Geistige Wesenheiten unterstützen uns bei unseren Aufgaben. Man kann mit ihnen Kontakt aufnehmen.
- Manche Energieformen und Wesenheiten stellen ihre Energie den Menschen direkt zur Verfügung. Menschen können sie in Meditation oder auch durch direkt energetisierte Essenzen nutzen.

Zum Inhalt des Buches

Die ersten beiden Kapitel enthalten Grundlagen. Hier wird das esoterisch-spirituelle Weltbild (oder zumindest eine Sichtweise) erläutert, die auch Grundlage für dieses Buch ist. Basierend auf eigenen Erlebnissen und Erfahrungen anderer wird im dritten Kapitel dargestellt, welche Auswirkungen und Symptome auftreten können, wenn sich das Schwingungsniveau erhöht und wie man damit umgehen kann.

Anschließend wird noch einmal kurz erläutert, wie die LichtWesen Meisteressenzen wirken, welche neuen Erfahrungen es dazu gibt und jede Meisterenergie, die gleichzeitig eine Lebensqualität darstellt, wird an einem „typischen" Menschen im unerlösten und transformierten Zustand beschrieben.

Den Abschluß bilden 21 geführte Meditationen, die sowohl mit als auch ohne Essenzen eine Reise in die Lebensqualitäten darstellen. Sie sind so ausführlich geschrieben, daß der „Reiseleiter" sie wortwörtlich vorlesen kann.

1.
Der Mensch im Spannungsfeld zwischen „Himmel und Erde"

Mensch – Himmel – Erde

Kinder zweier Welten

Einst kam ein Mondmädchen auf die Erde, um auf der Lichtung am Fluß mit den Tieren zu spielen. Ein junger Krieger sah sie und verliebte sich in sie. Auch das Mädchen fand Gefallen an dem Erdenmenschen. Es vergaß seine himmlische Heimat und willigte ein, seine Frau zu werden.

Als ein Jahr vergangen war, hatten beide einen Sohn. Der junge Krieger freute sich, doch seine Frau wurde von Jahr zu Jahr unglücklicher.

Immer wieder erzählte sie ihrem Kind von der Mondheimat. Da begann auch der Sohn, sich nach dem Mond zu sehnen.

Eines Tages, als der Krieger von der Jagd nach Hause kam, war das Zelt verlassen. Seine Frau und sein Kind waren auf einem Himmelsschiff zum Mond gefahren. Wie freute man sich dort über ihre Ankunft! Unten aber, auf der Erde, weinte ein junger Mann.

Der Erdensohn wuchs heran und wurde ein tapferer Krieger. Aber er war nicht glücklich.

„Ich möchte zurück zu meinem Vater!" flehte er die Mutter an. Und weil sie ihn liebte und seinen Kummer sah, willigte

---

*Indianische Weisheit aus „In die Mitte der Welt führt deine Spur", veröffentlicht in: „Der Mensch und die Welt sind eins" von Rüdiger Dahlke, erschienen in der Kailash Reihe im Heinrich Hugendubel Verlag, München. Wir danken für die freundliche Genehmigung.

sie ein. „Aber bedenke", sagte sie zum Abschied, „du bist das Kind zweier Welten. Lebst du in der einen, wirst du dich nach der anderen sehnen."

Ihr Sohn kehrte zur Erde zurück. Und es geschah, wie seine Mutter gesagt hatte.

Mensch sein bedeutet mehr als nur auf der Erde zu leben, seinen Körper zu erhalten und die materiellen Bedürfnisse zu erfüllen. Wir sind Kinder zweier Welten, von Materie und Geist. Die eine Welt ist die materielle Erde, die andere der feinstoffliche geistige Bereich. So haben wir auch einen grobstofflichen und einem feinstofflichen Körper. Diese beiden Körper sind jedoch nicht zwei gegensätzliche Zustände wie: die eine Seite ist dicht und fest, die andere unsichtbar und fein schwingend. Nein, sie sind aus dem gleichen Stoff, allerdings in unterschiedlicher Dichte, in unterschiedlicher Schwingungsfrequenz. Wenn man es mit einer Farbe vergleicht, wäre der physische Körper kräftig dunkelrot, die spirituelle Auraschicht ein kaum sichtbares pastell rosa. Und dazwischen gibt es einen fließenden Übergang.

Spätestens seit der Entdeckung der Materie-Schwingung-Phänomene in der Physik ist bekannt, daß es nichts wirklich Festes auf dieser Erde gibt. In den scheinbar festen Atomen kreisen Elektronen um den Atomkern – zwischen den Elektronen und dem Kern ist ein riesiger leerer Raum. Rüdiger Dahlke verwendet in seinem Buch „Der Mensch und die Welt sind eins" folgendes Bild: Wenn man sich ein Atom in der Größe des Petersdomes vorstellt, hat der Atomkern die Größe eines Staubkorns. Zwischen dem Kern und den Elektronen ist nichts als leerer Raum, nichts als Leere. Und selbst das Staubkorn des Atomkerns ist nicht fest. Es ist pulsierende, vibrierende Energie. So wie das Innere einer Geige, auf der ein Musiker spielt, mit Schwingung gefüllt ist. Wo ist die feste Materie geblieben?

Der Unterschied zwischen dem, was uns als fest erscheint und dem, was wir als Licht oder feinstoffliche Energie wahrnehmen, liegt in der Dichte der Schwingung. Sie können es vergleichen mit dem Wasser in der Luft. Wenn die Temperatur hoch ist, kann man das Wasser in der Luft nicht sehen, es ist unsichtbar. Wenn aber die Temperatur sinkt, ballen sich die Wassertröpfchen zu Nebel und zu Regentropfen zusammen. Sie werden sichtbar und spürbar.

Unser physischer Körper ist die dichteste Schwingung, so dicht, daß wir sie wie den Nebel oder die Regentropfen sehen, spüren und anfassen können. Das gleiche gilt für alles Materielle, das uns umgibt. Energiebahnen und die Aurakörper schwingen feiner. Wir können sie in der Regel nicht sehen oder anfassen. Der dichteste Aurakörper ist der Ätherkörper, der sich direkt um den Körper befindet. Er kann am leichtesten gesehen werden und erscheint manchmal als eine ein bis drei Zentimeter dicke, flimmernde weißgraue Schicht um den Körper herum. Die anderen Aurakörper schwingen immer feiner, vergleichbar mit einem Ton, der immer höher wird. Ihre Frequenz steigt vom emotionalen zum mentalen bis zum spirituellen Körper.

Es mag Sie überraschen, daß der spirituelle Körper nicht das Ende unseres feinstofflichen Körpers ist, auch wenn dies oft so dargestellt wird. Durch die Arbeit mit den feinstofflichen Energien habe ich erlebt, daß neben unserem „normalen" Bewußtsein, zusätzlich zu den irdischen Aurakörpern, noch weitere Anteile unseres Seins existieren. Es gibt Auraschichten (falls man dies noch als Aura bezeichnen kann) in anderen Dimensionen, in höheren Bewußtseinsebenen. Nach dem spirituellen Körper treffen wir auf den Bereich des höheren Selbstes. Wachsen wir, integriert sich das höhere Selbst in unseren irdischen Aurakörper und es wird selbstverständlich, mit ihm in Kontakt zu sein und seine Weisheit zu nutzen. Darüber hinaus gibt es weitere Seins- und Seelenanteile, mit denen wir in Verbindung treten können, die wir integrieren können, wenn sich unser Schwingungsniveau erhöht.

Über die äußeren Auraschichten nehmen wir kosmische Energie auf und integrieren sie in unser irdisches Energiesystem, bis hinein in den physischen Körper.

So wie wir eine Verbindung zur kosmischen Seite haben, sind wir auch mit unterschiedlichen irdischen Ebenen verbunden. Unser Energiesystem wird neben der kosmischen Energie von der Erdenergie genährt und stabilisiert. Neben der physischen Nahrung, die unseren Körper nährt und uns Energie gibt (sofern sie eine gute Qualität hat), erhalten wir über die Fußsohlen Erdenergie. Sie fließt durch unseren ganzen Körper, „verwurzelt", stärkt uns und hilft die kosmische Energie zu integrieren. Man kann den Menschen tatsächlich mit einem Baum vergleichen, dem die Wurzeln Stabilität verleihen, der Nährstoffe aus dem Boden aufnimmt und gleichzeitig das Licht der Sonne braucht, um zu wachsen und Früchte zu erzeugen.

Wir fühlen uns am besten, wenn ein Gleichgewicht zwischen diesen beiden Energiepolen besteht. Dann ist der Energiefluß harmonisch, wir sind kraftvoll, verbunden mit dem Körper und haben genügend Energie. Der physische Körper ist gesund. Wir leben in Einklang mit dem Höheren Selbst, sind klar und erkennen genau, wo wir stehen, was zu tun ist, welche Entscheidungen wir zu treffen haben. Wir sind uns unseres wirklichen Seins bewußt und fühlen uns ausgeglichen, friedvoll, energiegeladen, lebendig, realistisch, sehen die Ereignisse, wie sie sind.

Ich kenne nur wenige Menschen, die dauerhaft in diesem Zustand sind. Meistens hat man ein Übergewicht zu der einen oder der anderen Seite. Menschen, die ein Übergewicht in der geistigen Ebene haben und wenig geerdet sind, wirken meist sehr fein, zart, durchsichtig, zerbrechlich. Sie haben eine blasse Hautfarbe, oft kalte Hände und Füße, frieren leicht, machen ungern Sport, neigen zum Tagträumen und fühlen sich schwindlig. Sie lieben das Leichte, Schwebende, Feine. Wenn sie geerdet sind, richtig mit ihrem Körper verbunden, empfinden sie das als unangenehm und schwer. Der Körper erscheint ihnen wie ein enges Korsett aus Blei.

Das Gegenteil sind die Menschen, die einen guten Erdkontakt haben und wenig mit den höheren Ebenen in Kontakt sind. Sie wirken oft massig, schwer, kraftstrotzend. Sie haben einen guten Stoffwechsel, könnten sogar im Winter barfuß laufen und Kälte macht ihnen nichts aus. Für sie sind materielle Dinge wichtig wie Essen, Schlafen, Geld, Kraft und sie fragen wenig nach dem Sinn des Lebens? Leicht sein, feine Schwingungen und Schweben sind für sie äußerst unangenehm.

Diese Darstellung ist vereinfacht, man kann nicht unbedingt vom körperlichen Aussehen auf den inneren Zustand schließen. Es gibt zarte Menschen mit gutem Erdkontakt und kräftig aussehende, die sich zerbrechlich und zart fühlen.

Wir alle sind Kinder beider Welten und leben mal mehr, mal weniger in jeder von ihnen. Beide Welten sind Ausdruck des göttlichen Seins, beide Welten sind Schwingung. Keine ist besser oder schlechter, auch wenn wir uns manchmal mehr zu der einen oder anderen hingezogen fühlen und diese dann überbewerten. Auch wenn Teile unseres geistigen feinstofflichen Anteils unsterblich sind, während der Körper sich am Ende unseres irdischen Lebens auflöst, ist er dennoch ein Teil des Ganzen. Der Körper ist der Tempel, in dem unsere Seele, unser unsterblicher Teil in der Dualität leben kann. Und er besitzt eine eigene Weisheit.

Man könnte das Verhältnis zwischen Seele und Körper am Beispiel von Reiter und Pferd verdeutlichen, einem Reiter, der sich ohne Pferd nicht fortbewegen kann: Die Seele ist der Reiter, der ein Pferd wählt, um ein Ziel zu erreichen oder um einen Ausflug zu unternehmen. Er gibt die Richtung an. Das Pferd ermöglicht ihm, dorthin zu kommen. Je besser der Reiter mit dem Pferd umgehen kann und weiß, wie es zu lenken ist, desto angenehmer ist der Ritt. Außerdem sollte er die Bedürfnisse des Pferdes nach Futter, Wasser und Ruhe kennen und erfüllen, damit es nicht erkrankt oder tot unter ihm zusammenbricht. Das Pferd ist ein selbständiges Lebewesen, daß einen eigenen Willen und Weisheit besitzt. Es dient dem Reiter. Der Reiter kann die Fähigkeiten des Pferdes, wie zum Beispiel

Wasser zu finden oder Gefahren wahrzunehmen, nutzen. Behandelt der Reiter das Pferd schlecht, wird es unwillig und verweigert seine Unterstützung. Je abgestimmter und liebevoller die Verbindung von Pferd und Reiter, desto leichter und angenehmer ist der Ritt, desto höhere Hürden können sie nehmen. Reiter und Pferd können zu einer harmonischen Einheit verschmelzen, in der der Reiter die Führung hat.

Der Körper ermöglicht der unsterblichen Seele Erfahrungen, durch die sie wachsen und sich entfalten kann. Er dient der spirituellen Entwicklung. Je mehr wir in Einklang mit ihm sind, ihn erhalten, pflegen, wertschätzen und lieben, auf seine Weisheit hören und lernen, mit ihm umzugehen, desto mehr unterstützt er unseren spirituellen Anteil. Die Seele kann im Körper die Erfahrung von „Menschsein" machen, kann die Dualität überwinden und herausfinden, wie sie das Göttliche im Irdischen leben kann. Und dieser Prozeß dauert ein Leben lang. Ständig fließen höhere Schwingungen und Seelenaspekte von den feineren in die dichteren Aurakörper, bis sie schließlich den physischen Körper erreichen.

Dualität und Einheit – was ist das?

Wir leben in einer dualen Welt, einer Welt, in der es zu allem einen Gegenpol gibt: Tag und Nacht, Gut und Böse, Himmel und Erde, hell und dunkel, innen und außen, Mann und Frau, arm und reich, grobstofflich und feinstofflich, Materie und Antimaterie. Das chinesische Yin und Yang verdeutlicht dies.

Diese Pole sind jedoch nicht zwei Zustände, zwischen denen man hin und her springt. Es gibt nicht nur schwarz oder weiß, gut oder böse. Zwischen den Polen ist ein Übergang. In der Dämmerung wechselt die Nacht in den Tag. Bei einem Stabmagneten gibt es einen allmählichen Übergang vom Plus- in den Minuspol. Und je weiter man sich auf dem Magneten zu einem Pol hin bewegt, desto größer ist die Spannung zum anderen.

Die Einheit ist ein Zustand, den wir auf der Erde nicht kennen. Selbst wenn wir es zu erklären versuchen, bleibt sie ein unbeschreibliches Mysterium, das der Verstand nicht fassen kann. Der Verstand, der selbst polar ist, der selbst rechte und linke Gehirnhälfte aufweist, ist gewohnt in polaren Begriffen zu denken.

Die Einheit hat viele Namen: Tao, Gott, Leere, das Licht, kosmisches Bewußtsein. Wir Menschen können diesen Zustand für Momente erfahren: in Meditationen, in Seminaren, in der Natur ... In diesen Momenten hebt sich das Gefühl von Getrenntsein auf. Es fällt schwer, dies zu beschreiben, denn unsere Worte stammen aus der Dualität. Und dennoch kann man an Bildern versuchen, zu verstehen. In der Physik ist bekannt: Wenn man Materie mit Antimaterie verschmilzt, löst sich die Materie auf und ist nicht mehr sichtbar. Was ist mit der Materie passiert? Was geschieht, wenn man zwei Pole miteinander verschmilzt? Verschwinden sie? Nein, die Pole heben sich auf, sie gehen zurück in das Nichts, die Leere. Nun ist diese Leere nicht leer im Gegensatz zu voll. Die Leere ist der Bereich des Noch-Nicht-Seins, der Bereich aller Möglichkeiten. Es ist vergleichbar mit einem weißen, leeren Blatt. Was sieht man darauf? Nichts. Und was könnte man darauf zeichnen? Alles. In dem ‚Nichts', in der ‚Leere' ist alles enthalten. Es ist alles da, aber noch nicht getrennt, noch nicht in Form gebracht, noch nicht unterscheidbar. Erst wenn die Möglichkeiten eine Form annehmen und dadurch aus der Einheit in die Dualität heraustreten, sind sie für den Menschen sichtbar und erfahrbar. So wie die Linie, die ich auf das leere Blatt zeichne, auch vorher da war, aber noch verschmolzen, noch nicht davon getrennt. Die Einheit ist auch vergleichbar mit weißem Licht, das alle Farben in sich enthält. Man kann die unterschiedlichen Farben jedoch erst sehen, wenn das weiße Licht durch ein Prisma aufgespalten wird. Und wie man im weißen Licht die Farben nicht erkennen kann, so gibt es in der Einheit keine Erkenntnis. Erkenntnis setzt die Trennung von Subjekt und Objekt, von Erkennendem und dem zu Erkennenden, voraus. Um jedoch erkennen zu können muß man sich aus der Einheit lösen und in die Polarität begeben. In der Polarität erleben wir dann alle Abstufungen von nahe der Einheit bis weit entfernt davon. Nahe der Einheit zu sein ist angenehm, da ist Liebe, Vertrauen, Verbundenheit. Weit entfernt davon zu sein ist für uns unangenehm, da ist der Gegenpol zu Liebe, nämlich Haß und Angst, da ist Mißtrauen, Kälte, Einsamkeit. Da wir das unangenehme nicht mögen, nennen wir es „böse". Das „Böse" bewirkt, daß wir (unsere Seele) sich wieder nach der Liebe, der Einheit sehnen. Es „treibt" uns zurück in die Einheit.

Die meisten Menschen beginnen nicht freiwillig, sich mit dem Sinn des Lebens auseinanderzusetzen, sondern gezwungen durch Leid, Schmerz, Hoffnungslosigkeit, durch eine lebensbedrohende Krankheit. Mein Auslöser war eine Beziehung, die mich in Verzweiflung stürzte. Alle meine Träume gingen den Bach hinunter, das Leben war für mich nicht mehr lebenswert und ich erreichte den tiefsten Punkt: ich wollte nicht mehr leben. Erst an diesem Punkt war ich bereit, etwas zu ändern. Auch vorher war es mir Jahre schlecht gegangen, hatte ich Depressionen gehabt, aber der Druck hatte nicht gereicht, um etwas zu ändern. Weiter blieb ich in der Situation, die mich quälte. Im üblichen Denken würde man meinen Partner verurteilen, sagen, es war eine schlechte Beziehung und er wäre „böse". Betrachtet man das Geschehen jedoch auf einer anderen Ebene, hat mir dieser Partner einen großen Dienst erwiesen. Ohne diese Erfahrung wäre ich heute vermutlich nicht auf diesem Weg, würde ich immer noch in meinen Mustern leiden, in einem sicheren Beruf arbeiten und die LichtWesen Essenzen würde es nicht geben. Der „böse Pol" setzt uns so unter Spannung, daß wir uns bewegen.

Erst die Dualität macht bestimmte Erfahrungen möglich – so stehen die Sterne immer am Himmel. Man kann sie aber nur im Dunkeln sehen, weil sonst der Kontrast zu schwach ist. So ist die Linie immer auf dem leeren Blatt Papier, man kann sie aber erst sehen, wenn sie gezeichnet, getrennt wird.

Fast alle Schöpfungsgeschichten beschreiben das Trennen der Einheit, das Erschaffen der Dualität. In der Bibel steht, daß Gott die Einheit in zwei Pole trennte: in Himmel und Erde. Die Welt der Dualität entstand durch die Trennung der Einheit. Und beide Pole bilden ein Ganzes.

Nun sind dies alles Bilder, denn es gibt nicht eine Einheit und daneben die Dualität. Sie sind nicht räumlich getrennt. Die Weisheitslehrer lehren uns, daß die Dualität Illusion ist. Wie kann das sein, wenn wir doch in ihr sind, wenn wir jeden Tag Hell und Dunkel erleben? Einheit und Dualität existieren gleichzeitig. Es ist eine Frage, was wir wahrnehmen. Wir werden in die Dualität hinein geboren, wir lernen durch die Erklärungen der Menschen und durch unsere Sinnesorgane, daß es zwei Pole gibt. Vielleicht konnten wir am Anfang auch die Einheit wahrnehmen. Aber das ging dann verloren. Doch wir können es wiedererlangen, wie „Erleuchtete" uns berichten, Menschen die die Dualität durchschaut haben. Es ist ein Wahrnehmen auf einer anderen Bewußtseinsebene, so als wenn man durch eine andere Brille schaut: Wenn Sie am Tag eine fast schwarze Brille anziehen, haben Sie den Eindruck es wäre Nacht. Sie verhalten sich dann auch so: in der Wohnung schalten Sie das Licht an, ihre Augen strengen sich an etwas zu sehen und vielleicht werden Sie sogar müde. Ziehen Sie diese Brille aus, sieht die Welt ganz anders aus. Wenn Sie im Zustand der Einheit sind, erleben Sie die duale Welt ganz anders. Sie erkennen, daß es eigentlich keine zwei Pole, keine Trennung gibt, alles hängt zusammen, alles gehört zusammen.

Der Weg in die Einheit

Ziel des Lebens ist, die Dualität zu überwinden und wieder ganz, vollkommen zu werden, den Schleier des Vergessens zu lüften und sich wieder an die wahre Herkunft, an das wirkliche Sein zu erinnern.

Aber wenn wir aus der Einheit kommen und wieder dahin zurück wollen, wieso haben wir sie denn verlassen? Warum sind wir nicht dort geblieben? Und wenn ich mir schon ein Leben auf der Erde ausgesucht habe, warum dann kein leichteres, mit reichen Eltern, genügend Liebe und Erfolg? Diese Fragen haben mich lange beschäftigt, erst recht in Zeiten, als die Sehnsucht nach der „himmlischen" Heimat so groß war, daß mir das Leben auf der Erde unerträglich erschien.

In Reinkarnationssitzungen mit meiner Freundin Shantidevi erlebte ich warum. Immer wieder entschied ich mich, den Bereich von Einssein oder hohem Bewußtsein zu verlassen und den irdischen Weg zu gehen. Ich wollte die Dualität überwinden, wollte den Schleier des Vergessens, der sich beim Eintritt in das irdische Leben über unser Wissen legt, lüften, wollte Bewußtheit und Liebe in der Dualität entfalten. Aus dem Bereich von Bewußtheit, von Einheit, Weite, Stille, Sein tauchte „ich" (falls man hier von „ich" reden kann) in das irdische Dasein.

Es war jedesmal ein Schock, beim ersten Eintauchen in ein irdisches Leben genauso wie der Einstieg in eines der vielen anderen Leben. Nach der Weite des Seins, ohne Gefühle, ohne Gedanken, erlebte ich plötzlich die Enge des Körpers, den Schmerz, das Leid, die Angst. Und obwohl ich vorher gesehen hatte, was auf mich zukam, obwohl ich mir selbst die Umstände, die Umgebung, die Eltern, die Schwierigkeiten, Hindernisse, Leiden und Schmerzen gewählt hatte, war das Erleben unangenehm. Vor dem Eintritt in den Körper war ich kraftvoll, klar und in Verbindung mit dem Bewußtsein. Ich hatte das vor mir liegende wahrgenommen, ohne in den Gefühlen verstrickt zu sein.

Doch die Dichte der Materie zu spüren, war etwas anderes. Ich fühlte mich getrennt vom Sein, die Verbindung zum höheren Bewußtsein schrumpfte oft auf einen Bindfaden zusammen.

Doch ich wählte das Abenteuer Leben immer wieder. Ja, es war wie ein Abenteuerurlaub. Wenn wir im Reisebüro stehen, um den Urlaub in den Dschungel zu buchen und der Mitarbeiter warnt uns vor der Hitze, der Schwüle, den Moskitos, den Schlangen, der Anstrengung, sagen wir: „Aber das ist doch das Abenteuer." Wenn wir dann tatsächlich im Dschungel mit der Machete den Weg frei schlagen, der Schweiß uns den Körper herunter rinnt ohne zu kühlen, Moskitos und Blutegel an uns hängen und die Angst vor den Schlangen und anderen Gefahren uns befällt, empfinden wir das Abenteuer gar nicht mehr als lustig. Wir wünschen uns zurück in unser Wohnzimmer, in die angenehme, vertraute Umgebung. Sind wir dann mehr oder weniger heil aus dem Abenteuer herausgekommen, buchen wir – vielleicht nach einer Pause – die nächste Abenteuerreise.

Spirituelles Wachstum bedeutet für mich, die Dualität zu überwinden, zur Einheit zu gelangen *und* dies im Alltag zu leben. Es heißt für mich im Irdischen in einem anderen Bewußtsein, mit einer anderen Sicht zu leben. Egal wie dieser Zustand erreicht wird, ob durch Disziplin, Anstrengung oder „Zufall", immer wird er beschrieben als frei von Widerstand, einfach nur Sein, im Einklang mit dem Augenblick.

Mir sind Menschen begegnet, die unter Wachstum „Abheben" verstehen. Sie streben nach oben, wollen in immer höhere Bewußtseinsebenen und verlieren den Kontakt zum Boden, zur Welt in die sie hinein geboren sind (siehe Abb. auf S. 24). Sie glauben, daß dies ein Zeichen hoher Spiritualität sei. Ich denke, wenn wir hier geboren wurden, wollen wir uns auch in diesem Umfeld entfalten.

Nach der Erleuchtung, der Überwindung der Dualität hört das irdische Leben nicht auf. Auch danach leben wir – wie Erleuchtete zeigen – das irdische Leben weiter. Doch wo ist der Unterschied? Das fragte ich mich insbesondere, als ich einen Erleuchteten hautnah und sozusagen Inkognito erlebte. Ich hatte die Vorstellung gehabt, daß man im Zustand der Erleuchtung anders ist, ständig in Meditation, ständig bewußt, ohne Fehler und Schwächen.

Dann hatte ich die Möglichkeit, bei einem Erleuchteten ein dreitägiges Retreat zu machen. Ich hatte ihn schon in Satsangs (gemeinsame Meditation) erlebt. Als ich mich anmeldete, war er selbst am Telefon und lud mich ein, mit ihm zusammen im Zug zum Seminarort zu fahren. Etwas aufgeregt sagte ich zu und war ganz unsicher, als ich mit ihm und seiner Freundin (Erleuchtete haben Beziehungen? fragte ich mich) in den Zug einstieg. Als ich dann während der Fahrt erlebte, wie dieser Erleuchtete Computerspiele machte, mit seiner Freundin schäkerte, Rotwein trank und Salamibrötchen aß, war ich sehr irritiert. Das entsprach nun überhaupt nicht meinem Bild von Erleuchteten. Er schien „ganz normal". Als ich ihn danach fragte, erklärte er mir, daß man auch nach der Erleuchtung noch Mensch sei, die Freuden des Menschseins genießt und auch seine Eigenarten weiter hat. Er sei sich dessen völlig bewußt und habe die freie Wahl, es zu tun oder es zu lassen. Er sei nicht mehr gefangen in den Gefühlen und Mustern. Er erlebe jeden Augenblick und jeder Augenblick sei in Ordnung. Wenn es etwas zu ändern gebe, dann, weil er es wolle und nicht aus dem Gefühl heraus, daß etwas falsch sei.

Ich verstand: die innere Haltung ist anders, die äußeren Umstände müssen sich nicht verändern. Es ist wie der Sprung auf ein anderes Niveau und dort geht die Entwicklung weiter (wie er und andere Erleuchtete bestätigen). Und ich mußte wieder einmal erkennen, daß auch die Erleuchtung mich nicht vom irdischen Leben befreien wird, was ich eigentlich vorher schon wußte. Auch viele Zengeschichten beschreiben dies:

Ein Mönch hatte in einem Zen-Kloster gesessen und viele Jahre meditiert. Aber er war nicht erleuchtet worden. Schließlich ging er zum Meister und fragte: „Darf ich in die Berge gehen, um dort meine Praxis zu beenden? Alles was ich will, ist zu erkennen, was es mit der Erleuchtung auf sich hat." Der Meister wußte, daß sein Schüler reif dafür war und gab ihm die Erlaubnis.

Auf dem Weg traf der Mönch einen alten Mann, der ein großes Bündel Holz trug. Der Mann war kein gewöhnlicher Mensch, sondern der Meister Manjusri, der Menschen erscheint, die für die Erleuchtung bereit sind. So fragte der alte Mann den Mönch: „Wohin gehst Du?" Der Mönch antwortete: „Ich gehe auf den Gipfel des Berges. Dort werde ich solange sitzen, bis ich entweder erleuchtet bin oder sterbe. Mehr will ich nicht. Ich bin schon lange Mönch, und jetzt muß ich wissen, was es mit dieser Erleuchtung auf sich hat."

Da der alte Mann sehr weise aussah, fragte der Mönch: „Sag mir, weißt Du irgend etwas über die Erleuchtung?" An diesem Punkt ließ der alte Mann einfach das Bündel los, so daß es auf die Erde fiel. Der Mönch begriff und wurde im gleichen Augenblick erleuchtet.

Er schaute den alten Mann an und fragte: „Und was nun?" Statt einer Antwort bückte sich der alte Mann, hob sein Bündel auf und machte sich wieder auf den Weg in die Stadt.

Wachstumsschritte

Die Momente des Einsseins, die ich erlebte, waren wie in einem anderen Zustand zu sein, wie auf einem anderen Energieniveau. Ich war unberührt von den Mustern, nicht gefangen in den Gefühlen. Selbst die Muster und Angriffe meines Partners hakten nicht ein. Worüber ich mich normalerweise ärgerte, was mich verletzte, traf mich nicht. Bis jetzt war dieser Zustand immer nur vorübergehend. Aber er war wie Sonnentage im dunklen Winter, die mich an die Wärme und Lebendigkeit des Sommers erinnern. Und ich erlebe, wie mein Leben ein Wachstumsprozeß ist, ein Sich-immer-mehr-Entfalten. Je mehr ich die Blockaden löse, mich entfalte, mich aus den Verwicklungen mit den Gefühlen, Gedanken, Verhaltensmustern ent-wickele, desto mehr Gelassenheit, innerer Frieden und Akzeptieren ist in mir.

Viele Zenmeister und Erleuchtete berichten, daß sie im Moment der Befreiung in ein nicht enden wollendes Lachen ausbrachen, als sie erkannten, wie einfach alles war, die ganze Zeit über gewesen wäre und wieviel Mühe sie sich gegeben haben. Dennoch liegt bei den meisten Menschen vorher ein Weg der Entfaltung, der Bewußtwerdung, des Wachstums. Und obwohl jeder seinen eigenen Weg hat, sind die Wachstumsschritte ähnlich. Egal ob der Zustand durch harte Disziplin, durch Meditation oder „Nichtstun" erreicht wurde, die meisten Erleuchteten erleben Bewußtwerdungsschritte.

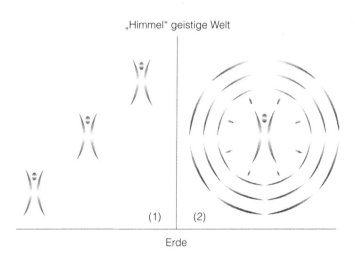

Abbildung 1: Spirituelle Entfaltung bedeutet nicht „abheben" (1), sondern die Bewußtheit in alle Richtungen ausdehnen (2): in Kontakt zu sein mit höheren Bewußtseinsebenen, das Unbewußte bewußt werden zu lassen und bewußt im Alltag zu leben

In der Abbildung 1 ist dargestellt, was damit gemeint ist. Wir dehnen unser Bewußtsein in alle Richtungen aus. Statt des Begriffes „Himmel" könnten wir auch Überbewußtsein, Kosmisches Bewußtsein sagen, statt des Begriffes „Erde" Unterbewußtsein. Mehr und mehr erkennen wir die verschiedenen Ebenen, integrieren sie ins Wachbewußtsein und dann in unser Leben, in den Alltag. Wir sind verbunden mit unserem Höheren Selbst und erleben, wie das, was wir tun, vom Höheren Selbst kommentiert wird, so daß wir erkennen und verstehen. Wir wissen Dinge, die wir eigentlich nicht wissen können, weil sie andere Menschen betreffen, an anderen Orten stattfinden oder in der Zukunft liegen. Und wir erkennen Zusammenhänge zwischen unserem Verhalten und alten Erlebnissen oder Ängsten die wir in uns tragen. Wir begreifen plötzlich, daß viele Sätze und Einstellungen, die wir von anderen übernommen haben, unser Leben gestalten. Das Unbewußte wird bewußt. Wir erkennen, was dort verborgen ist. Der Bewußtwerdung folgt das Umsetzen. Der Erkenntnis folgt verändertes Verhalten. Kommen wir mit höheren Schwingungsebenen in Berührung, steigt das Energieniveau. Aber diese höhere Schwingung muß sich auch in den grobstofflichen Schichten unseres Seins, im Körper integrieren.

So wie wir in der Schulzeit von einer Klasse in die nächste versetzt wurden, gestaltet sich auch der spirituelle Wachstumsprozeß. Wie oft habe ich schon gedacht „Jetzt hast Du das Thema begriffen, jetzt hast Du so viel gelöst, jetzt wird das Leben fröhlich, leicht und die emotionalen Würgegriffe lösen sich." Für eine Weile (manchmal waren es nur Stunden) war es auch so. Dann kam die nächste Aufgabe. Viele haben sich nach Abschluß der Schule gefreut und gedacht „Endlich ist das Lernen vorbei, nie wieder Schule". Aber dann kam die Berufsausbildung – und das Lernen ging weiter.

Wahrscheinlich hört das Lernen und Wachsen nie auf. Auch Erleuchtete bestätigen, daß sie sich immer weiter entfalten, ihr Bewußtsein weiter ausdehnen. Was sich allerdings verändert, sind die Lernaufgaben und die Einstellung dazu. Mußte es früher erst schmerzhaft sein, bis ich endlich begann, über meine Situation nachzudenken, durchschaue ich heute vieles sofort, ohne daß es erst zu Schmerz und Schaden kommen muß. Ich habe gelernt, daß auch Erlebnisse von anderen für mein Wachstum hilfreich sind. Setze ich mich mit dem auseinander, was andere erleben, versetze ich mich in deren Situation hinein, durchlebe sie geistig, kann ich Lernschritte tun und Erkenntnisse gewinnen, ohne daß ich die Situationen selbst durchlebe. Es geht um Erkenntnis. Es geht nicht darum, wirklich alles selbst zu durchleben oder gar zu durchleiden. Daher wird der Leidensdruck geringer, wenn wir uns entfalten.

Es scheint, daß sich jeder Mensch individuelle Themen für das Leben mitgenommen hat, ähnlich wie es in der Schule „Hauptfächer" gibt, die mehr Raum einnehmen. Um diese individuellen Schwerpunkte herauszufinden, nutzt die Astrologie die Geburtszeit, die Numerologie Namen und Geburtszeit, und die Handleser nutzen die Linien in den Handflächen. Manche Menschen haben zum Beispiel ihr ganzes Leben Probleme mit und in Partnerschaften. Andere finden einen wunderbaren Partner und verbringen mit ihm viele glückliche Jahre. Manche haben zuwenig Geld, andere schwimmen im Geld, spüren jedoch ihre Gefühle nicht, hängen im Verstand fest und haben unbefriedigende Partnerschaften. Mit seinen Aufgaben zu hadern, lohnt nicht. Wir selbst haben uns den Rucksack gepackt, sowohl mit den Aufgaben, aber auch mit genügend Kraft, um diese Aufgaben zu erfüllen.

So erlebte ich während einer Behandlung der Pränatalen Linien meines Fußes den Einstieg in dieses Leben: Die Kraft, die Klarheit und Weite, bevor ich eintauchte, die Enge, die Gefühle und Widerstände meiner Mutter, als ich mich in meinem heranwachsenden Körper befand. Mir war in meinem Leben noch nie so schlecht gewesen wie in dieser Rückerinnerung. Ich erlebte so viele einschneidende, unangenehme Situationen während der Zeit im Mutterleib, daß ich mich fragte, „Warum habe ich mir das nur angetan?" Die Antwort erhielt ich durch ein Bild: Ich sah mich einen Einkaufswagen durch den Supermarkt schieben und alles, was ich vielleicht für meinen Lebensweg brauchen könnte, packte ich ein. Schon während meine Mutter mit mir schwanger war, sammelte ich auch genügend „negative" Erfahrungen. (Ich habe tatsächlich die Tendenz, zuviel einzukaufen, damit nichts fehlt.) Und ich erkannte, wie viele dieser „negativen" Erfahrungen Lehrmeister für meinen Weg und meine Arbeit waren.

So wie wir Hanteln benutzen, um Muskeln zu trainieren, sind Probleme und negative Erlebnisse Trainingsobjekte für unsere Fähigkeiten.

Lebensaufgabe

Je öfter wir hören oder lesen, daß jeder Mensch eine Lebensaufgabe hat, desto mehr drückt uns die Frage: Was ist *meine* Lebensaufgabe? Was habe ich mir vorgenommen für dieses Leben? Bin ich auf dem richtigen Weg oder habe ich mich verirrt? Was ist, wenn das, was ich tue, gar nicht meine Lebensaufgabe ist, wenn ich mir nur einbilde, ich hätte die Richtung in meinem Leben gefunden? Wenn ich jetzt das völlig Falsche tue, bekomme ich dann am Ende die Quittung „Thema verfehlt" und mein Leben war umsonst? Angst, Druck, Verwirrung, Streß und Unzufriedenheit machen sich breit.

Wir leben das Leben und machen Erfahrungen. Und jede Erfahrung dient unserem Wachstum. Jede Erfahrung, ob bewußt oder unbewußt, bringt uns weiter. Am Ende eines Lebens haben wir Erfahrungen gesammelt, unabhängig davon, ob wir unserem geplanten Lebensweg gefolgt sind oder nicht. Selbst wenn jemand völlig von seinem Lebensplan abgewichen ist, hat er die Erfahrung gemacht, wie das ist. Er weiß dann (für spätere Leben), was geschieht, wenn man nicht seiner Intuition folgt, wie es ist, wenn man den Kontakt zum Selbst verliert. Vielleicht fragen Sie sich, warum man dann überhaupt seinem Lebensplan folgen sollte. Der Unterschied liegt im irdischen Leben und Erleben. Erfülle ich die mitgebrachte Lebensaufgabe nicht, versucht mein Höheres Selbst mich darauf aufmerksam zu machen, zunächst durch positive Hinweise, durch Wünsche und Sehnsüchte oder durch das Beispiel anderer Menschen. Reagiere ich nicht, werden die Hinweise deutlicher. Es entsteht Druck und Leid und mir geht es schlecht – so wie mir in der Beziehung, die mich schließlich auf den Weg brachte. Wenn ich allerdings lebe, was ich mir vorgenommen habe, ist mein Leben erfüllt. Ich bin im Einklang und zufrieden.

Jeder Mensch hat seinen eigenen Plan. Welche Erfahrungen Lieschen Müller von nebenan machen will, über die ich lächele, weil sie so rein gar nichts von den wichtigen Erkenntnissen der Esoterik versteht, kann ich nicht beurteilen. Vielleicht folgt sie ihrem Lebensplan mehr als ich? Woher weiß ich, daß meine Mutter, die sich allen Versuchen standhaft widersetzt, sie auf den richtigen Weg und aus der erdrückenden Lebenssituation heraus zu bringen, nicht genau diese Erfahrungen gewählt hat, um den Zyklus der Erfahrungen im Rad der Wiedergeburten abzuschließen?

Die Frage bleibt: Wie erkenne ich, was ich mir gewählt habe? Nur selten können wir das Ziel und den gesamten Weg unseres Lebens überblicken. Wie eine Blüte öffnet es sich und solange nicht das letzte Blütenblatt entfaltet ist, solange kann ich den Blütenkelch in der Mitte und die ganze Vollkommenheit der Blüte nicht erkennen.

Was ich jedoch erkennen kann, ist der Inhalt meines Rucksackes. Dazu gehören die Erfahrungen der Kindheit, die Fähigkeiten und Blockaden und vor allem die Wünsche. Wünsche sind die Hinweisschilder unseres höheren Bewußtseins. In unseren Herzenswünschen ist die Richtung verborgen. Was mein Herz singen läßt und mich mit

Freude erfüllt, ist das Ziel. Leider sind diese Herzenswünsche manchmal verschüttet, überlagert von Bildern oder Beschränkungen, die uns in die Irre führen. Und leider sind sie manchmal so widersprüchlich, daß uns dann doch nicht klar ist, in welche Richtung sie zeigen. Aber wir können „graben". Man könnte es auch Wunschmeditation nennen: Nehmen Sie sich dazu jeden Tag etwas Zeit, um „Wünsche aufsteigen zu lassen". Sie können es sich an ihrem Lieblingsplatz bei schöner Musik und angenehmem Duft bequem machen. Doch genauso ist dies während eines Spazierganges oder während Sie im Supermarkt in der Schlange warten möglich. Schauen sie sich für einige Tage genau an, welche Wünsche sie haben. Fragen Sie sich: „Wenn jetzt eine gute Fee vor mir stünde und ich alle Wünsche erfüllt bekäme, wie wollte ich leben, was wollte ich arbeiten, welche Fähigkeiten würde ich mir wünschen?" Am Anfang wird Ihr Verstand seine Kommentare dazu geben. Die Stimmen der Vergangenheit, von Eltern, von Freunden und eigene Beschränkungen werden bewußt: „Jetzt spinnst du aber. Das darfst du dir nicht wünschen. Das ist nicht spirituell genug. Das wird dich von deinem Weg abbringen. Jetzt bist Du unverschämt." Hören Sie sich diese Stimmen an, bedanken Sie sich und verabschieden Sie sich dann von ihnen. Sie haben Ihnen eine Weile gedient, aber jetzt brauchen Sie diese Beschränkungen nicht mehr. Erlauben Sie sich zu träumen und einige der Wünsche in Ihren Gedanken zu durchleben. Daß Sie zum Beispiel in einem schönen Haus leben, genügend Geld haben und nichts tun ...

Und schauen Sie sich ihre Wünsche genau an: Als ich zum Beispiel vor einiger Zeit nur noch arbeitete und keine Freizeit mehr hatte, wünschte ich mir sehnlichst, nichts mehr zu tun. Vor einem Seminar hatte ich dann Zeit, um in einem Café zu sitzen. Dort beobachtete ich eine alte Frau, die nichts mehr zu tun hatte und die sich wohl schon beim Aufstehen wünschte, der Tag wäre vorüber. Nichts was sie tat, hatte eine Bedeutung. Und ich erkannte, daß in mir noch zuviel Kraft und Ideen stecken, die ich leben will. Es war noch nicht die Zeit, ‚nichts mehr zu tun'. Was ich wirklich wollte, war eine kurze Ruhepause. Schauen Sie sich daher Ihre Wünsche genau an und fragen Sie sich, wie es wäre, wenn Sie dies eine lange Zeit leben würden.

Durch die Wunschmeditation werden Sie merken, daß es zwei Arten von Wünschen gibt:
* jene, die aus der Mangelsituation kommen und
* Herzenswünsche, die Ihrem Lebensplan entspringen.

Manchmal sind beide miteinander verknüpft, denn der Mangel ist ein Druckmittel, das uns in Bewegung setzt. Hinterfragen Sie die Wünsche, die aus dem Mangel kommen, „Wenn sich der Wunsch erfüllt, welches Bedürfnis hat sich dann erfüllt?" Sehnen Sie sich zum Beispiel nach einer Beziehung, werden Sie erkennen, daß dahinter meist der Wunsch nach „geliebt werden" liegt. Wenn Sie geliebt werden, sind Sie auch selbst in der Liebe und das ist nicht nur ein angenehmes Gefühl, das ist in seiner höchsten Form auch der Zustand der Einheit. Beziehungen sind ein verschmelzen von zwei Polen – und das Leben kann zum sinnlichen Genuß werden. Nun wissen Sie, daß Sie sich letztlich nach der Liebe, nach der Einheit sehnen. Wenn Sie sich nun direkt an die göttliche Liebe anschließen, können Sie sich diesen Wunsch erfüllen, auch ohne einen Partner. Aber meistens bleibt der Wunsch nach dem Partner bestehen. Vielleicht weil der Mangel nicht erfüllt ist, vielleicht, weil das ein Teil des Lebensplanes ist, vielleicht aber auch, weil es ein Genuß ist, mit einem Partner das Leben zu teilen. Selbst wenn wir erkennen, welche Qualitäten, welche Aufgaben wir im Leben entfalten wollen, können wir nicht den Weg dorthin überspringen und direkt am Ziel sein. Wir entfalten uns wie eine Blüte ...

Nachdem Sie einen Eindruck von der Richtung des Lebens bekommen haben, fragen Sie sich: „Was ist *jetzt* zu tun? Was ist der nächste Schritt?"

Eine weitere Möglichkeit, seine Lebensaufgabe zu erkennen, ist, die geistige Welt zu bitten, daß der nächste

Schritt bewußt wird und unterstützende Menschen und Umstände auftauchen.

Früher dachte ich, wenn ich meinem Lebensweg folge, geht alles leicht und fügt sich von alleine. Heute weiß ich, daß es nicht immer leicht ist. Wir nutzen Schwierigkeiten wie Hanteln, um die Muskeln zu trainieren.

Und selbst wenn man seine Lebensaufgabe kennt, heißt das noch nicht, daß man sie auch lebt. Innere Widerstände, woher sie auch immer kommen, halten uns zurück. Diese Widerstände äußern sich als Zweifel oder Unwille, als Bequemlichkeit oder Angst, als Unlust, Müdigkeit, Kopfschmerzen oder, oder .... Und obwohl uns eine innere Sehnsucht drängt, obwohl wir uns nichts sehnlicher wünschen als endlich zu beginnen, verhindern die inneren Widerstände genau das. Sätze wie: „Nein, jetzt ist nicht der richtige Zeitpunkt – Heute paßt es nicht – Ich habe nicht den richtigen Platz, das richtige Licht, die richtige Stimmung" stellen sich in den Weg.

Diese Symptome kannte ich zum Beispiel aus Zeiten, in denen ich mich auf eine Prüfung vorbereiten mußte und keine Lust hatte. Dann mußte ich erst aufräumen, spülen, dringend einkaufen oder mir etwas zu essen holen. Ich war sehr überrascht, daß diese Symptome bei mir auch auftraten, als ich Dinge tun wollte, die aus meinen Wünschen stammten. Das erlebte ich zum Beispiel auch wieder, als ich begann, dieses Buch zu schreiben. Es war mein sehnlichster Wunsch und ich hatte das Gefühl „es drückt von oben". Viele Ideen waren schon notiert, ich habe mehrmals angefangen – und immer wieder hörte ich auf und legte Pausen ein, weil andere Dinge scheinbar wichtiger waren. Es gab so viel anderes zu tun und ich hatte mehr auf dem Schreibtisch, als ich erledigen konnte. Die Sehnsucht, mich endlich wieder dem Schreiben hinzugeben, wurde immer größer – aber auch der Berg von Arbeit. „Ich kann noch nicht, erst ..." drängte ich den Wunsch immer wieder zurück. Ich sprach mit Gerhard darüber, er ermutigte mich, unterstützte mich, aber mein Schreibtisch wurde nicht leer. Mir ging es emotional immer schlechter – ich resignierte. Manchmal vergoß ich sogar Tränen, war verzweifelt und dachte: „Mein Leben hat keinen Sinn. Das, was ich wirklich will, ist schreiben, ausdrücken, was durch mich hindurch will, aber ich komme nicht dazu."

Dann erkannte ich, daß es innere Widerstände waren, die mich nicht beginnen ließen. So holte ich mir Hilfe bei Freunden und löste diese Widerstände auf. Als ich daraufhin wieder zu schreiben begann, fühlte mich augenblicklich wohl. Freude und Glückseligkeit erfüllten mich. Ich sang und tanzte. Morgens wachte ich fit mit einem Lächeln auf. Aber als der Stapel auf meinem Schreibtisch weiter wuchs, resignierte ich wieder. Ich folgte der inneren Stimme, aber trotzdem lösten sich die Probleme nicht auf. Bis ich begriff, daß ich lernen mußte, Arbeit und Verantwortung abzugeben und sie mir nicht für später aufzuheben.

So tauchen auf dem Weg Hindernisse und Blockaden auf, die unserer Bewußtwerdung und Entfaltung dienen. Die Gefahr ist, daß wir neben dem Lösen der alten Muster vergessen zu handeln. Letztlich hilft nur **tun**, Disziplin, dranbleiben. In diesem Prozeß des Buchschreibens habe ich wieder einmal erkannt, daß man wohl „ewig" an seinen Mustern und Widerständen arbeiten kann und sie doch nicht alle löst. Wenn wir erst handeln wollen, nachdem alle Widerstände gelöst sind, werden wir wohl kaum beginnen. Wahrscheinlich würden Sie dieses Buch in 10 Jahren noch nicht in Händen halten. Ich habe gelernt: Wenn ich ein Ziel gewählt habe, beginne ich zu handeln und nicht erst, wenn die inneren Widerstände bearbeitet sind.

Treten jedoch massive Widerstände in den Weg, die Sie nicht weiterkommen lassen, setzen Sie sich damit auseinander oder holen sich Hilfe. Je weniger Sie sich dabei in den Gefühlen verstricken, desto schneller erkennen Sie, was zu tun ist. Manches kann man auflösen, indem man sich der Widerstände bewußt wird, sich bei ihnen bedankt (denn sie hatten einen Sinn, eine Aufgabe, auch wenn wir jetzt noch nicht erkennen welche) und sich von ihnen verabschiedet oder sie integriert. Sie können zum Beispiel folgendes zu den Widerständen sagen: „Ich danke euch, daß ihr mich begleitet habt, denn eure Arbeit hatte sicherlich einen Sinn, auch wenn ich ihn nicht erkennen kann. Wenn es wichtig ist, daß ich erkenne, warum ihr mich bisher gehindert habt, dann laßt es mir bewußt werden. Wenn es nicht wichtig ist, bitte ich euch, mich jetzt zu verlassen oder meine Arbeit, mein Ziel zu unterstützen".

Was ist Transformation?

Transformation, Entwicklung und Entfaltung bedeutet: Alles, was uns hindert in Einklang mit unserem Lebensplan zu leben, aufzulösen und die Fähigkeiten und Stärken zu entfalten und zu nutzen. Transformation ist der Weg in die Einheit, in die Mitte. Wir reisen über viele Leben, sammeln Erfahrungen, um den Kreis zu vollenden, komplett zu werden. Daher begegnet uns auf dem Weg, was noch fehlt, was uns noch von der Einheit trennt – unsere Schattenseiten. Sie wollen integriert werden.

Energetisch gesehen bedeutet Transformation, die Blockaden im Energiesystem aufzulösen, so daß die Energie wieder harmonisch fließt, im Einklang mit dem Sein. Dabei unterstützen uns unterschiedliche Methoden wie zum Beispiel Meditation oder Essenzen.

Transformation heißt umwandeln, nicht wegwerfen. Die Tendenz, das, was uns im Weg steht, „in den Müll zu werfen", verhindert Erkenntnisse und Lernschritte. Wie heißt es doch: „Der Weg ist das Ziel".

Sind alle Blockaden gelöst, geht die Entfaltung weiter. Nicht mehr die Schwierigkeiten dienen dann als Anstoß für den Lernschritt, sondern unsere freie Entscheidung. Wir streben der Einheit entgegen und wissen, welche Schritte anstehen oder was wir entfalten oder erleben wollen. Während die Transformation noch harte Arbeit ist, wird die Entfaltung zum Spiel.

2.
Hilfe aus der geistigen Welt

Was ist die geistige Welt?

So wie unser Körper nicht nur grobstoffliche Materie ist, so besteht die Welt und das Universum nicht nur aus Materie wie den Pflanzen, den Tieren, Steinen und Planeten. Auch hier existiert neben dem grob- ein feinstofflicher Anteil aus Kräften, Energien und Wesenheiten. Kraftplätze und -linien gehören zum feinstofflichen Energiesystem der Erde.

Zu den feinstofflichen Wesenheiten gehören Engel, Devas, Aufgestiegene Meister. Sie werden auch als geistige Welt bezeichnet. Sie besitzen keinen physischen Körper, sondern sind feinstoffliche Schwingung. Obwohl sie nicht sichtbar sind, kann ihre Wirkung erlebt und gespürt werden.

In der geistigen Welt existieren unterschiedliche Ebenen und Gruppen von Energien und Wesenheiten. Sie unterscheiden sich durch ihr Schwingungsniveau, der Nähe zur Einheit, der Wirkung oder Aufgabe und dem Grad ihrer Bewußtheit.

So wie unser feinstofflicher Aurakörper vom dichten Ätherkörper bis zum spirituellen Körper immer feiner und höher schwingt, so gibt es auch in der geistigen Welt unterschiedlich dichte Formen. Zu den dichteren Ebenen gehören die Feen, Gnome, Naturgeister. Man könnte sie mit dem Ätherkörper vergleichen, denn sie besitzen eine ähnliche Aufgabe: sie verbinden den grobstofflichen physischen mit dem feinstofflichen Teil und übertragen feinstoffliche Energie und Lebenskraft in die Materie. Die nächst höhere Stufe ist die Astralwelt. In ihr befinden sich eine Vielzahl unterschiedlicher Energien und Wesenheiten: Geistwesen, verirrte Seelenanteile, die Seelen von Verstorbenen, die noch erdnah sind, auch einige Schutzengel und Engelwesen. Höher entwickelte Seelen von Verstorbenen halten sich zusammen mit Schutzengeln und geistigen Helfern in höher schwingenden Ebenen auf. Darüber stehen geistige Führer und die Aufgestiegenen Meister. In noch höheren Schwingungsbereichen befinden sich Heilige, die Erzengel und Engelmächte wie die Seraphim und Cherubim. Diese Ordnung wird auch als geistige Hierarchie bezeichnet. Das Wort Hierarchie drückt jedoch keine Machtstruktur aus, kein besser oder schlechter, keine Über- und Unterordnung, sondern beschreibt den unterschiedlichen Bewußtseinsgrad und Schwingungszustand.

Nicht alle Wesenheiten der geistigen Welt beschäftigen sich mit der Erde. Es gibt Gruppen, die nichts mit der Erde zu tun haben, sondern sich mit anderen Aufgaben, anderen Welten und Dimensionen beschäftigen.

Hilfe aus der geistigen Welt

Die Wesenheiten der geistigen Welt, die mit der Erde verbunden sind, unterstützen uns auf dem Weg, bei unseren Aufgaben, bei der Bewußtwerdung. Wie diese Hilfe aussieht, ist abhängig von deren Stellung, Aufgabe und ihrem Schwingungsniveau. Während Schutzgeister, -engel und mehr irdisch schwingende Wesen uns bei der Bewältigung alltäglicher Aufgaben und Fragen helfen, konzentrieren sich die höher schwingenden Wesenheiten wie Aufgestiegene Meister und Erzengel auf unsere Entfaltung und Bewußtheit. Sie helfen wieder ganz und vollkommen zu werden, die Polarität zu überwinden. Man könnte die Hilfe in drei Kategorien einteilen, wie in Abbildung 2 auf S. 36 dargestellt:
- Verbindung mit hohen Bewußtseinsanteilen und dem göttlichen Sein,
- Umsetzen im Alltag,
- Integration der Schwingung in den Körper und Verbindung zur Erde, zur Erdenergie.

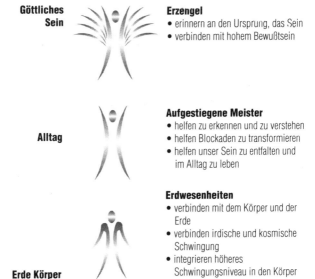

Abbildung 2: Die feinstofflichen Wesenheiten der geistigen Welt unterstützen unsere Entfaltung auf unterschiedliche Weise, je nach ihrer Aufgabe und ihrem Schwingungsniveau

Oder anders ausgedrückt: Erkennen – umsetzen – den Körper angleichen. Die Erzengel helfen, uns wieder an unser wahres Sein, an die Einheit, an unseren Wesenskern zu erinnern. Sie verbinden uns mit den hohen Schwingungsebenen, mit hohen Bewußtseinsanteilen und Seins-Prinzipien. Die Aufgestiegenen Meister unterstützen uns, unser wahres Sein im Alltag zu leben, während ‚Erdwesenheiten' den Körper befähigen, höhere Energieschwingung zu integrieren. Dadurch kann der Körper sein Schwingungsniveau erhöhen. Die feinstofflichen Erdwesenheiten sind wie die Brücke zwischen den feinstofflichen und grobstofflichen Bereichen, zwischen irdischer und kosmischer Schwingung. So wie Pflanzenelfen diese Aufgabe für das

Pflanzenreich übernehmen, gibt es – insbesondere in der heutigen Zeit der Schwingungserhöhung – auch ‚Erdwesenheiten', die sich mir als ‚Erdengel' vorgestellt haben, und die für den Menschen zuständig sind.

Die geistige Welt unterstützt uns aus unterschiedlichen Gründen: weil es ihre Aufgabe ist, weil sie dies gewählt haben, weil sie sich dadurch selber weiter entwickeln oder manchmal auch, weil sie dadurch Karma oder Versprechungen ausgleichen wollen. Die geistigen Wesenheiten haben in der Regel einen größeren Überblick. Sie sind nicht mehr in den irdischen Realitäten, Gefühlen und Verhaltensmustern verstrickt oder waren es nie. Manche Wesenheiten wie die Schutzengel begleiten uns das ganze Leben, andere bleiben nur für eine Weile, für eine Aufgabe oder einen Entwicklungsabschnitt. Wieder andere melden sich nur ab und zu und geben Impulse, die uns eine Weile beschäftigen, bis sie in unserem Leben umgesetzt sind.

Feinstoffliche Wesenheiten, die Menschen auf ihrem Weg unterstützen

Schutzengel, Schutzgeister

Schutzengel sind Wesenheiten, die uns während des gesamten Lebens zur Seite stehen. Sie wachsen und entfalten sich mit uns, vermitteln Aufgaben, Begegnungen und – wie der Name sagt – schützen uns. Schutzengel sind im eigentlichen Sinne keine Engel. Engel sind „Boten Gottes", die noch nicht in der Dualität gelebt haben. Schutzengel sind meist Seelen, die inkarniert waren und nun diese Aufgabe übernommen haben. Daher werden sie auch als Schutzgeister bezeichnet.

Persönliche Begleiter

Sie sind oft Spezialisten für eine bestimmte Fähigkeit. Sie stehen uns mit ihren Erfahrungen und ihrem Wissen für einen Wegabschnitt oder für das ganze Leben zur Verfügung. Heiler haben oft Kontakt zu einer Heilerwesenheit. So arbeitete Barbara Ann Brennan, Autorin des Buches „Licht-Arbeit", zum Beispiel mit einem Wesen namens Heyoan. Es gibt persönliche Berater für Technik, für Weisheit, für Musik, für alle Bereiche des Lebens. Manche haben auf der Erde gelebt, andere kennen das irdische Leben nicht aus eigener Erfahrung.

Engel

Dies sind Wesenheiten der geistigen Welt, Boten des Göttlichen. Sie haben sich oft auf eine bestimmte Qualität, ein Thema spezialisiert. Es gibt Engel der Freude, der Klarheit, der Inspiration, Kreativität.

Aufgestiegene Meister

Das sind Wesenheiten, die den Entwicklungsweg auf der Erde wie wir durchlebt haben und zur Vollkommenheit gelangt sind. Sie haben die Dualität überwunden und sind wieder in die Einheit gelangt. Nachdem sie den grobstofflichen Körper aufgegeben haben, unterstützen sie Menschen auf dem Weg der Bewußtwerdung. Sie haben hohes Bewußtsein und wählen bestimmte Themen und Qualitäten, in denen sie die Menschen unterstützen. Sie führen, schützen, inspirieren und heilen uns. Sie sind Lehrer, manchmal strenge Lehrer. Da sie das irdische Leben kennen, verstehen sie die Stolpersteine und Fallgruben, in die wir immer wieder hineingeraten. Sie unterstützen uns, im Alltag bewußt zu sein und unser wahres Sein zu entfalten. Sie helfen uns, in jedem Bereich des Lebens selbst Meister zu werden.

Erzengel

Sie befinden sich auf einem Schwingungsstrahl, der unterschiedliche Energieebenen umfaßt. Der Strahl reicht von erdnahe bis nahe an die Einheit, ans Göttliche. So ist zum Beispiel die Energie von Michael auf der erdnahen Ebene klar und kraftvoll, seine Farbe ist dunkelblau und er trägt das Flammenschwert. Auf der hohen Ebene ist seine Energie liebevoll, sanft, fast weiß.

Erzengel haben die Einheit nie verlassen und es fällt ihnen leicht, das wahre Sein zu erkennen. Wenn sie beim Menschen Blockaden lösen, sind diese augenblicklich verschwunden, so als wenn man einen Schleier von einer Lampe nimmt. Sie verstehen nicht, warum wir es uns so schwer gemacht haben und warum wir manchmal gelöste Muster wieder zurückholen. Ihre Aufgabe ist es unter anderem, uns wieder an unser wahres Sein, an unsere Herkunft, an die Einheit zu erinnern, unser Licht zu entzünden.

Erdwesenheiten

Sie unterstützen uns, unser Bewußtsein ins Irdische auszudehnen, irdische Zusammenhänge zu verstehen, die Verbindung zwischen dem materiellen und dem feinstofflichen Körper aufrecht zu erhalten und geerdet zu bleiben. Sie sorgen für einen harmonischen Energiefluß. Manche unterstützen uns, hohe Schwingungen in den Körper zu integrieren, andere stärken die Verbindung zur Erde.

Andere Begleiter

Dies sind zum Beispiel Wesenheiten aus anderen Dimensionen, Raumbrüder, Energien aus anderen Bewußtseinsebenen.

Erfahrungen mit den geistigen Helfern

Der Kontakt mit den geistigen Wesenheiten ist keine Einbahnstraße, nicht nur sie haben Kontakt zu uns. Auch wir können bewußt Verbindung zu ihnen aufnehmen, sie um Unterstützung, Rat und Klarheit bitten. Manchen Wesen ist es nur dann erlaubt, mit uns in Kontakt zu treten, wenn wir darum bitten. Ihre Hilfe gestalteten sie nach unseren Wünschen. Wenn es uns zu schnell geht, können wir sie bitten, das Tempo zu verlangsamen und sanfter mit uns umzugehen. Sie tun dies, wenn es im Rahmen unserer

Entwicklung sinnvoll ist. Dann erfüllen sie auch Bitten, deren Folgen für uns unangenehm sind:

Ein Freund hatte sich auf den Bewußtwerdungsweg begeben. Es änderte sich vieles bei ihm und er machte Fortschritte auf eine angenehme Weise. Er selbst konnte/wollte seinen Fortschritt nicht sehen und bat die geistige Welt, daß es schneller gehen möge. Am nächsten Tag lag er mit Fieber im Bett. Viele alte Erinnerungen und Verhaltensmuster „kochten" in ihm.

Seit ich mit den Aufgestiegenen Meistern und Erzengeln arbeite, habe ich viel über ihre Hilfe gelernt. Immer wenn ich in Situationen nicht weiter weiß, bitte ich die geistige Welt um Unterstützung – und erhalte immer Hilfe! Manchmal kommt sie ganz direkt, Probleme lösen sich, gefährliche Situationen werden geändert, ich erhalte das, was ich brauche. Mein eindrucksvollstes Erlebnis in dieser Hinsicht war eine Fahrt im Schnee:

Ich war im Frühjahr mit meiner Schwester nach Idar-Oberstein gefahren und im Laufe des Tages begann es zu schneien. Als wir nach Aachen zurückfuhren, waren die Straßen glatt und verschneit. Weil der Wagen meiner Schwester Sommerreifen mit wenig Profil hatte, rutschten wir oft und der Wagen ließ sich kaum lenken. Wir erlebten, wie wir auf die andere Fahrbahn schlitterten während ein LKW uns entgegenkam. Trotz aller Versuche änderte der Wagen seine Richtung nicht. Ich rief die geistigen Wesen zu Hilfe und im letzten Moment wechselte der Wagen seine Richtung, rutschte auf den Straßengraben zu, und änderte erst wieder im letzten Moment seine Richtung. Wir kamen heil, ohne einen einzigen Unfall oder Kratzer zu Hause an.

Gerhard erlebte bei einer Wanderung in den Bergen eine besondere Art von Hilfe. Er war allein unterwegs, hatte dann im Schnee die Orientierung verloren, sich verlaufen und fiel in eine vom Schnee verdeckte Spalte. Als er aus seiner Bewußtlosigkeit wieder erwachte, bat er verzweifelt um Hilfe. Als es ihm gelungen war herauszuklettern, sah er in weiter Entfernung eine graue Gestalt und entdeckte vor sich im frischen Schnee Fußabdrücke. Er folgte ihnen und kam zu dem Weg, der ihn zurück zum Hotel führte. Und genau dort, wo er diesen Weg erkennen konnte, endeten die Fußspuren so plötzlich, wie sie angefangen hatten.

In vielen Büchern sind solche spektakulären Begebenheiten beschrieben, zum Beispiel in dem Buch von Penny Mc Laen „Schutzgeister", das ich mit Vergnügen gelesen habe.

Doch die meiste Hilfe, die wir erhalten, ist nicht so spektakulär. Oft bemerken wir sie nicht einmal oder nennen es „Zufall". Wenn wir zum Beispiel den Menschen treffen, der uns die Antwort auf ein Problem bringt, wenn wir „zufällig" die Zeitung kaufen, in der die Stellenanzeige ist, die unser nächster Job wird. Aber je bewußter wir werden, desto leichter erkennen wir die Arbeit der geistigen Welt, die sich zum Beispiel auch in Klarträumen äußern kann.

Wir bekommen immer Unterstützung! Aber nicht immer sieht sie so aus, wie wir sie haben wollen. Wir können die Lehrer der geistigen Welt vergleichen mit Eltern, die wollen, daß ihr Kind bestimmte Aufgaben und Fähigkeiten lernt. Wenn das Kind jedoch nicht einsieht, daß es wichtig ist, diese Fähigkeit zu erlernen und die Eltern bittet, die Aufgaben an seiner Stelle zu erledigen, tun die Eltern dies natürlich nicht. Das Kind reagiert mit Ärger, Verzweiflung, Trotz, Wut – wie wir manchmal auch.

Wie oft habe ich mir schon ein angenehmes Leben ohne Streß gewünscht und die geistige Welt gebeten, mir zu helfen. Meinen Sie, der Streß hätte aufgehört? Es gab eine Phase, da bekam ich regelrecht Streßübungen. Ich war in die USA geflogen und wollte Gerhard in Denver auf dem Flughafen treffen. In Chicago mußte ich umsteigen und hatte nur 45 Minuten Zeit, die andere Maschine zu erreichen. Schon während des Fluges war ich nervös und bat meine Helfer immer wieder, dafür zu sorgen, daß alles gut ging. Als ich 15 Minuten vor Abflug des Anschlußfluges immer noch in der Warteschlange vor der Einwanderungsstelle stand und ungefähr 50 Menschen vor mir warteten, war meine Streß groß. Von der geistigen Welt hörte ich immer nur „Mach dir keine Gedanken, du hast genügend Zeit und du triffst Gerhard in Denver." Ich haderte und schimpfte mit meinen Helfern. Dann machten die Behörden eine zweite Schlange auf: nur für Passagiere nach Denver. Aber auch das ging nur langsam, die angegebene Abflugzeit verstrich und mein Streß wuchs, so daß ich am Schalter meine Papiere vergaß. Sie wurden mir grinsend hinterher gebracht. Als ich endlich am Abflugschalter angekommen war, stellte ich fest, daß der Anschlußflug 1 Stunde Verspätung hatte und ich sogar noch warten mußte.

Die zweite Übung folgte kurze Zeit später. Wir hatten ein Auto gemietet und waren an einen entlegenen Ort in die Natur gefahren. Nach einer langen Wanderung stärkten wir uns mit den Vorräten aus dem Kofferraum. Als ich den Autoschlüssel auf die Gummidichtung des Kofferraumes legte, sagte eine Stimme in mir: „Leg ihn lieber nicht dorthin. Du hast keinen Ersatzschlüssel."

Ich nahm mir vor, daran zu denken und den Schlüssel rechtzeitig herauszuholen. Als Gerhard zum Eingang des Parks zurückging, klappte ich den Kofferraum zu. Der Schlüssel war drinnen, nur ein kleines Stück lugte im Spalt hervor. Sofort setzten meine Streßsymptome wieder ein und panisch versuchte ich, den Schlüssel herauszubekommen. Ich bat um Hilfe und hörte: „Mach dir keine Gedanken, du bekommst den Schlüssel leicht wieder." Aber es klappte nicht, so sehr ich mich bemühte, er ging nicht heraus. Die Panik wuchs. Ich sah uns schon frierend nachts am Auto stehen. Als Gerhard zurückkam und ich erklärte was passiert war, grinste er nur und öffnete den Kofferraum mit einem Hebel, den amerikanische Autos im Innenraum des Wagens haben. Daran hatte ich in meiner Panik nicht gedacht. Wie Sie sich denken können, kamen die Streßübungen solange, bis ich gelassen blieb.

Wie man Hilfe aus der geistigen Welt bekommt

Manche Menschen fragen, was sie tun müssen, um Hilfe aus der geistigen Welt zu erhalten. Es gibt viele Bücher, Rituale und Anleitungen dazu. Doch der einfachste und effektivste Weg ist: **bitten**. Einfach aussprechen oder denken, was man möchte. Einfach den Gedanken aussenden, so wie man einen Freund bittet, den Rücken einzucremen. Die geistige Welt *will* uns unterstützen und tut es.

Es ist nicht wichtig, an wen man die Bitte richtet, ob man nun für Heilung den Erzengel Raphael oder die Aufgestiegene Meisterin Maria oder den Heiligen Antonius anspricht. Die geistigen Wesen sind keine Beamten, die zuerst ihre Zuständigkeit prüfen und dann die Bitte zurückschicken, weil sie nicht zuständig sind. Selbst wenn ich eine „falsche" Wesenheit bitte, die Bitte erreicht den, der mich im Augenblick am besten unterstützen kann. Aber wie gesagt, die Hilfe kann anders ausfallen, als wir erwarten.

Das Göttliche ist, wie in vielen Religionen ausgedrückt, allmächtig und allwissend. Und deshalb bräuchten wir eigentlich nicht zu bitten, denn es weiß auch schon vorher, was der nächste Schritt ist, was uns unterstützt oder fehlt. Bitten, Gebete, Rituale und Techniken dienen *uns,* nicht der geistigen Welt. Sie helfen uns zu kommunizieren, bewußt zu werden und klar zu erkennen was wir wollen, wohin wir wollen.

Ich habe mich lange Zeit mit einer Freundin darüber gestritten, wie genau man eine Bitte formulieren muß, um das Richtige zu bekommen. Auslöser war das Erlebnis einer Frau, die eine neue Beziehung und gleichzeitig frei sein wollte. Kurze Zeit später lernte sie einen netten Mann kennen und sie verliebten sich ineinander. Doch dieser Mann kam ins Gefängnis – sie hatte eine Beziehung und war frei.

Auch mir passierte es oft, daß ich etwas falsch oder unvollständig ausgedrückt hatte und das Gewünschte dann mit Mängeln bekam. Als ich unser neues Haus entwarf, wollte ich die Telefonnummer mitnehmen. Ich bekam die Bitte erfüllt. Aber ich hatte vergessen, daß wir zwei Anschlüsse brauchten, einen zusätzlichen für die Fax-Nummer. Die Post teilte uns mit, daß das nicht möglich sei. Ich ließ mich aber nicht entmutigen und ergänzte meine „geistige Bestellung". Kurze Zeit später erhielt ich die Mitteilung, daß der Anschluß doch erweiterungsfähig war.

Ich habe aber auch erlebt, daß ich etwas brauchte und nur nebenbei daran dachte, ohne es exakt auszuformulieren, ohne mir Gedanken darüber zu machen – und wenig später erhielt ich genau das Richtige. Es übertraf sogar meine Erwartungen, weil es perfekt paßte. Selbst das kleinste Detail stimmte.

Warum manche Bestellungen wortwörtlich genommen werden und die von uns verursachten Mängel aufweisen, andere aber nicht, kann ich nicht sagen. Ich denke, es hat etwas mit unseren Lernschritten zu tun. Für mich ist auch Mentaltraining und die Kunst zu kreieren ein Training unserer Bewußtheit. Aber auch wenn die Hilfe nicht so ausfällt wie gewünscht, die geistige Welt sorgt für uns auf die beste Weise. Manchmal erkennen wir das erst später, manchmal gar nicht.

3.
Wachstumsschritte – Lust und Frust

Wahrscheinlich erlebt jeder, der auf irgendeine Weise an sich arbeitet und nach Bewußtheit strebt, die unterschiedlichen Phasen des Wachstums. Durch Meditation, Gebete, Energiearbeit, die Anwendung von Essenzen erhöht sich das Schwingungsniveau der einzelnen Energiekörper. Geschieht dies nicht harmonisch, treten unangenehme Symptome auf, die Psychosen ähneln können. In früheren Zeiten haben sich Menschen in Klöster, Ashrams oder Höhlen zurückgezogen, um dort, abgeschieden vom Alltag, durch die Entwicklungsschritte zu gehen. Heute erhöht sich die Schwingung auch bei Menschen, die nicht bewußt an sich arbeiten. Ursache dafür ist, daß sich das Energieniveau auf der Erde erhöht und alle Menschen beeinflußt. Mit den auftretenden Symptomen müssen wir dann im Alltag fertig werden.

Erhöht sich die Schwingung,
- lösen sich Blockaden im feinstofflichen Energiefeld oder werden sichtbar/fühlbar,
- entfalten sich Fähigkeiten, aber,
- es kann auch zu einer Diskrepanz zwischen dem grobstofflichen physischen und den feinstofflichen Körpern kommen.

Wenn sich die Schwingung schlagartig erhöht, können die Symptome heftig sein. Solche Zustände werden „Spirituelle Krisen" genannt. Werden die Krisen als solche erkannt und angenommen, dann ist Transformation möglich. Sie sind Entwicklungsschritte, Chancen für Heilung. Diese Reaktionen sind der Übergang zum natürlichen, gesunden Zustand oder Schwingungsniveau. Ähnliche Reaktionen erleben wir, wenn die Hände unterkühlt waren und sich dann wieder erwärmen. Obwohl die Temperatur der Hände auf normale 37° Celsius steigt, was sonst angenehm ist, prickelt und schmerzt es. Bei den Händen wissen wir, daß dieses unangenehme Gefühl normal ist, aber die Symptome der Schwingungserhöhung sind noch wenig bekannt. Der Austausch mit anderen, die ähnliches erleben, kann sehr hilfreich sein.

Symptome

Blockaden im feinstofflichen Körper lösen sich

Durch die Schwingungserhöhung klären sich Emotional- und Mentalkörper. Dadurch wird Energie frei, die uns lebendiger, freudiger und leichter macht. Gleichzeitig können alte Muster, Erlebnisse und Traumen noch einmal auftauchen. Wir erleben Gefühle und Situationen, die schon lange zurückliegen, Erinnerungen aus der Kindheit, Schmerzen des verlassenen Kindes, Ängste aus vergangenen Tagen und Leben. Diese Gefühle wurden im Körper und emotionalen Bereich festgehalten und blockierten den Energiefluß. Löst sich die Blockade, was ebenfalls durch Körperarbeit wie Rebalancing, Feldenkrais oder Massage bewirkt wird, werden auch die alten Bilder und Gefühle frei.

Manchmal fallen wir – vielleicht ohne ersichtlichen Grund – in Trauer oder Depression, in Hoffnungslosigkeit, Wut, Angespanntheit und Gereiztheit. Verzweiflung und viele Arten von Angst können auftreten. Aber auch Schuldgefühle, Sorgen um die Zukunft und unbegründete Existenzängste. Manche Menschen fühlen sich bleiern müde und schlafen sehr viel. Jeder reagiert mit seinen Mustern. Wundern Sie sich deshalb nicht, wenn plötzlich alte Muster von Depression, Rückzug, Verzweiflung, Wut oder vielleicht auch der Drang nach Drogen (Alkohol, Zigaretten und stärkeres) wieder auftauchen.

Manchmal sind wir auch im Zustand von Euphorie, überschäumender Freude und Verzückung, spüren angenehme Schauer im Körper, Vibration und Prickeln. Manche sehen plötzlich Farben und Lichterscheinungen.

Während wir gegen die Freude nichts haben, versuchen wir die unangenehmen Gefühle so schnell wie möglich wieder loszuwerden. Das ist verständlich. Ja für das Überleben war es sogar notwendig, daß wir vom Angenehmen angezogen wurden und den Schmerz mieden. Doch jetzt geht es nicht mehr ums Überleben, darum, die unangenehmen Gefühle schnell loszuwerden. Im Gegenteil, das Loswerdenwollen erzeugt einen inneren Kampf, der den unangenehmen Zustand oft noch verstärkt. Wenn es uns gelingt, auch die unangenehmen Zustände anzunehmen, sie als Teil des Prozesses und als „im Augenblick richtig" zu erkennen, „ja" dazu zu sagen, gehen wir schneller hindurch.

Wahrscheinlich werden Schmerzen und unangenehme Erfahrungen immer wieder im Leben auftauchen. Doch das Leid – die emotionale Bewertung und Reaktion auf den Schmerz –, das Leid kann sich auflösen.

Manche Menschen neigen dazu, Situationen und Menschen nicht mehr realistisch und den irdischen Gesetzmäßigkeiten entsprechend zu sehen. Sie sind *zu* optimistisch oder *zu* pessimistisch. Manche wollen sich gar nicht mehr mit dieser Welt beschäftigen. Sie wird ihnen egal, weil sie ja eigentlich aus einer anderen Ebene kommen und nicht wirklich hier sein wollen. Es fällt ihnen schwer, Entscheidungen zu treffen, oder sie versuchen, Entscheidungen zu vermeiden. Sie leben in einer anderen Welt, lassen einfach passieren, was passiert, verlieren das Interesse am realen Leben. Sie verwechseln Gelassenheit und Akzeptieren mit Lethargie und Antriebslosigkeit. Doch Gleichmut ist nicht Gleichgültigkeit. Ist jemand lethargisch, ist ihm alles egal. Er nutzt seine Kraft nicht, ist nicht lebendig, will sich nicht bewegen, weder körperlich noch geistig und seine Lebensenergie gerät ins stocken. Gleichmut bedeutet lebendig und kraftvoll zu leben, zu handeln, wenn es Zeit zum Handeln ist und geschehen zu lassen, wenn die Zeit der Ruhe gekommen ist. Die Lebensenergie fließt kraftvoll und harmonisch.

Bei Menschen die viel über den Körper verarbeiten, treten die Schwingungsveränderungen als körperliche Symptome auf: der Rücken schmerzt, Körperstellen pulsieren oder scheinen zu kochen. Es scheint, als ob die Wirbelsäule brennt und Hitze- und Kälteschauer wechseln ab. Atembeschwerden oder Herzklopfen treten auf und manchmal scheint es, als ob geistige Arbeiter ein Loch in den Kopf oder die Stirn hämmern würden. Die Angst sagt dann: du bist krank, du bekommst einen Herzinfarkt, du stirbst. Wenn sich das Herzchakra öffnet, können Herzklopfen, Herzschmerzen, Beklemmungszustände, Schmerzen in der Brust, eine tiefe Traurigkeit oder Atemnot auftreten. Das Stirnchakra entfaltet sich mit pochendem Kopfschmerz, Ziehen und Stechen am dritten Auge oder auch mit dem Gefühl von Vernebeltsein.

Treten körperliche Symptome auf, ist es wichtig zu klären, ob eine Krankheit vorliegt oder eine körperliche Störung Ursache für die Beschwerden ist, die behandelt werden sollten. Wenn Sie wissen, daß der Körper gesund ist, können sie leichter mit den Symptomen umgehen.

Manche Menschen verlieren den Kontakt zu ihrem Körper, haben das Gefühl darüber zu schweben oder werden bewußtlos. Oder sie haben das Gefühl, wie in einer Spirale nach oben gezogen zu werden, sich vom Körper zu trennen, was auch mit Atembeschwerden und Erstickungsanfällen verbunden sein kann. Dann brauchen sie Hilfe, um wieder in ihren Körper zurückzukommen, zum Beispiel indem die Füße gehalten und massiert werden, die Hand auf Bauch oder Solarus Plexus gelegt wird oder die Aura nach unten zu den Füßen ausgestrichen wird.

Entfalten von Fähigkeiten

Mit der Schwingungserhöhung wird die Sinneswahrnehmung stärker. Man kann in einer Weise riechen, hören oder sehen, die der Alltagswahrnehmung überlegen ist. Auch Fähigkeiten wie Hellsehen, Aura-Sichtigkeit, Hellfühlen, Telepathie, Übertragen von Heilenergie und der Zugang zu höheren Bewußtseinsebenen treten auf. Manche Menschen werden offen für andere Bewußtseinszustände und es kann vorkommen, daß plötzlich Bilder, Vorahnungen, Botschaften oder Visionen durchbrechen. Szenen aus anderen Kulturen, aus früheren Leben oder Dinge, die man noch nie gesehen hat, erscheinen. Diese Fähigkeiten wurden 1990 von Stanislav Grof (Psychiater, Psychoanalytiker, der seit über 30 Jahren außergewöhnliche Bewußtseinszustände erforscht) noch als „Spirituelle Krisen" bezeichnet. Heute werden sie immer selbstverständlicher.

Auch die Fähigkeit, sich von Prana zu ernähren, wie Jasmuheen (Buchautorin, ernährt sich seit einigen Jahren nur noch von Licht) sie beschreibt, ist mit einem höheren Energieniveau verbunden. Viele Menschen beobachten, daß sich die Eßgewohnheiten im Laufe ihrer spirituellen Entwicklung verändern und sie weniger Hunger haben.

Treten solche unübliche Fähigkeiten bei unvorbereiteten Menschen plötzlich auf, sind diese oft verunsichert und beängstigt. Sie können nicht einordnen, was geschieht und ihre Umgebung verstärkt noch die Angst. Mir wurde zum Beispiel von einer Frau berichtet, die plötzlich die farbige Aura sehen konnte und verstört zum Arzt ging. Dieser verschrieb ihr Psychopharmaka.

Unterschiedliches Schwingungsniveau zwischen Körper und Aura

Während sich die feinstofflichen Körper schneller auf ein höheres Energieniveau einstellen, braucht der träge, dichtere physische Körper länger. Er bleibt in seinem Schwingungsniveau niedriger und die Diskrepanz zwischen diesen beiden Anteilen wird größer. Eine Therapeutin, die das Schwingungsniveau der unterschiedlichen Körper mißt, hat gerade in der letzten Zeit enorme Unterschiede zwischen den physischen und den feinstofflichen Körpern festgestellt. Das kann zu Symptomen von Abgespanntheit, Schmerzen, Unwohlsein, Licht- und Lärmempfindlichkeit, Erbrechen oder Durchfall führen. Manchmal strömt ein Energieschwall durch das Kronenchakra und erzeugt Überaktivität und Prickeln. Kann sich der Energieüberschuß nicht durch die Füße und das Kronenchakra ausgleichen, entstehen pochende Kopfschmerzen. Hier hilft ein Energieausgleich, eine Fußmassage oder ein Ausstreichen der Aura.

Weitere Symptome

Es gab Zeiten, da fühlte ich mich wie ein Gummiband, das auseinander gezogen wird und zu zerreißen droht. Auch meine Nerven fühlten sich manchmal so an. Ich bekam Angst, in den Wahnsinn zu stürzen. Der kleinste Streß ließ mich ausrasten oder in mein altes Rückzugsmuster fallen. Ich fühlte mich so empfindlich wie ein gehäuteter Krebs und im Zusammensein mit anderen verlor ich Energie. Mein Körper schien manchmal innerlich zu zittern und zu vibrieren, manchmal prickelte er, als wenn Ameisen hindurchliefen. Ich fühlte mich erschöpft und gestreßt, konnte aber keine innere Ruhe finden. Ich war gereizt und angespannt. Manchmal war Wut da, die keinen Anlaß hatte. Wut ist gestaute Energie, die nicht fließen kann, und wenn ich nichts tat, um diese Energie ins Fließen zu bringen – wie zum Beispiel durch Sport oder Tanzen – richtete sie sich in Form von Zerstörungswut oder Haß auf mich selbst. Ich spürte Verzweiflung und Todessehnsucht. Das waren alte Muster, die ich längst kannte. Aber im Gegensatz zu früher wußte ich genau, was geschah. Ein Teil von mir stand wie daneben und kommentierte die Situation. Ich war mir bewußt, daß ein alter Film lief und hing dennoch drin fest.

Manchmal hatte ich das Gefühl, als ob ich nichts mehr sehen würde. Der Blick war verschwommen oder es erschien mir alles schwarz, obwohl ich sah. Es war, als wenn zwei Bilder übereinander lägen. Manchmal hatte ich das Gefühl, auf einem schmalen Grat zu wandern und die geringste Erschütterung würde mich abstürzen lassen. Ich hatte Schwindelgefühle, fühlte mich nicht mehr in meinem Körper verwurzelt und auch die Hände und Füße waren wieder kalt. Manchmal konnte ich nicht mehr klar denken, mitten im Satz riß der rote Faden ab und ich wußte nicht mehr, was ich sagen wollte.

Und immer wieder überfiel mich die Angst, eine Angst die den Rücken hinauf kriecht, die mich mit einem eisernen Griff festhielt. In diesen Situationen waren meine Schultern hochgezogen, ich atmete flach und versuchte die Angst zu ignorieren. Mein Verstand suchte krampfhaft nach der Ursache für diese lähmende Angst und bot mir viele mögliche Gründe an: die Schulden, die Firma, der Umsatz geht zurück, wovon wirst du leben, die hohen Kosten, keiner mag dich ..., Gründe über Gründe, die alle nicht stimmten. Ich wußte genau, daß es nicht die wirklichen Ursachen für die Angst waren. Im Grunde war alles in Ordnung, sogar besser als jemals zuvor. Wieder einmal erlebte ich, daß Angst in unserem System hängt und durch Veränderungen aktiviert wird. Es gibt keinen Grund für Angst, sie vibriert einfach. Uns ist das unangenehm, (muß es auch sein, denn die ursprüngliche Aufgabe der Angst ist es, uns zu warnen und uns losrennen zu lassen und nicht, daß wir ruhig bleiben und die Angst beobachten) und der Verstand sucht eifrig die Richtung, aus der die Gefahr kommt, um die richtige Aktion in Gang zu setzen. Wir spüren die Angst. Aber das beste, was wir tun können, ist, sie einfach wahrzunehmen, sie da sein zu lassen. Hier hilft auch die Energie von Lao Tse: „Es ist, wie es ist".

Ich erlebte diese Symptome bei mir und bei Freunden.

Auch Anwender der Essenzen berichteten mir davon. Sie dauerten einige Stunden oder Tage an und wechselten mit Phasen von Wohlgefühl.

So lösen sich Zeiten von Lust und Frust ab. Immer wenn wir durch einen Schritt gegangen sind, wenn sich unser Schwingungsniveau auf die nächste Stufe erhöht hat, fühlen wir uns besser als vorher. Wir atmen freier, das Leben wird leichter, lebendiger und freudevoller. Unangenehme Ereignisse und Gefühle können nicht mehr so leicht einhaken und uns herunterziehen. Worüber man sich früher aufgeregt hat, was aus der Bahn geworfen hat, darüber kann man heute lachen. Solange, bis die nächste Schicht, der nächste Schritt kommt und man mit den gleichen oder neuen Symptomen konfrontiert wird.

In diesem Wechselbad war für mich hilfreich, das Auf und Ab als Beobachter zu sehen und zu wissen, daß es sich um die Wellen des Wachstums handelt. Der Beobachter – man könnte ihn auch die innere Weisheit oder Gelassenheit nennen – verstrickt sich nicht in den Emotionen. Er bleibt mit dem höheren Bewußtsein verbunden und weiß einfach. Er wertet nicht und erkennt, daß die Symptome für den Körper, das menschliche System unangenehm oder beängstigend sind. Aber auch das wertet er nicht: Es ist weder gut noch schlecht, es *ist* einfach. Punkt.

Gespräche mit Freunden in ähnlichen Situationen halfen mir zu erkennen, daß das, was mir passierte, „normal" war. Manchmal half es, wenn jemand einfach nur zuhörte.

Schwingungsbereiche

Unser emotionaler und geistiger Zustand wird durch unterschiedlich hohe Schwingungsbereiche bestimmt. Ist das Schwingunsniveau eines Menschen extrem niedrig, fühlt er sich dumpf und schwer. Er kann keinen klaren Gedanken fassen, ist resigniert. Ihm fehlt die Ausstrahlung, und höher schwingende Energie kann ihn nicht erreichen. Ohne sich dessen bewußt zu sein, ist er wie in einem dunklen Verlies gefangen. Energetisch betrachtet sind seine Auraschichten dann so kompakt und zusammengezogen, daß kaum Energie fließt. Die Aurafarben sind dunkel, die Chakren und Auraschichten sind kaum miteinander verbunden. Die Verbindung zum Höheren Selbst ist wie ein dünner Bindfaden und wenig aktiv. Zu den anderen höheren Bewußtseinsebenen ist kein Zugang möglich.

Steigt das Energieniveau, beginnen sich die Auraschichten auszudehnen und durchlässiger zu werden. Ihre Farben werden heller, Gefühle erwachen und verfeinern sich. Aus Triebhaftigkeit, Wut, Gewalt, die man als rohe Gefühle bezeichnen würde, entsteht Freude, Mitgefühl, Lebendigkeit, Hoffnung, Vertrauen. Auch der mentale Körper entfaltet sich. Der blockierte Verstand beginnt zu denken, klärt sich, die Bewußtheit erwacht. Der Kontakt zum Höheren Selbst verbessert sich und die Frage nach dem Sinn des Lebens wird positiv beantwortet.

Je weiter das Energieniveau steigt, desto mehr werden die Energiekörper aktiviert, die Energie kann harmonisch fließen und höhere Bewußtseinsebenen werden integriert. Die Menschen haben eine gute Ausstrahlung, fühlen sich wohl und fröhlich, vertrauensvoll und selbstbewußt. Und immer mehr spüren sie die Verbindung mit allem, das Einssein und den göttlichen Funken. Fähigkeiten wie Telepathie, Übertragung von Heilenergie, Hellsichtigkeit, sich in andere einfühlen können und Verbundensein mit höherem Bewußtsein erwachen.

Wenn Menschen mit unterschiedlich hohem Energieniveau zusammen sind, geht es den Niedrigschwingenden nachher meistens besser. Ihr Energieniveau steigt durch die Ausstrahlung der anderen. Fühlt sich der Höherschwingende während oder nach der Begegnung ausgelaugt, konnte er die abfließende Energie nicht durch zufließende ausgleichen. Ist für den höher schwingenden Menschen der Zugang zur kosmischen und irdischen Energiequelle offen, bleibt er auf seinem Niveau. Das geschieht zum Beispiel in Satsangs (Meditation und Beisammensein) mit Erleuchteten oder Begegnungen mit charismatischen Personen. Das hohe Energieniveau des einen erhöht die Schwingung des anderen. Dies geschieht auch in therapeutischer Arbeit, wenn Energien übertragen werden. Ist aber die Differenz zwischen dem Energieniveau des „Im-Loch-hängenden" und der Umgebung oder des Therapeuten zu groß, kann der Klient die Energie nicht aufnehmen. Sie erreicht ihn nicht. Um zu unterstützen, muß sich der Therapeut auf den Klienten einstimmen, zum Beispiel durch den Wunsch oder die Bitte, daß das Zusammentreffen zum höchsten Wohl beider ist.

Hängen wir in einem „Loch", ist unser Energieniveau abgefallen. Wir kleben in Gefühlen fest. Obwohl wir wissen, was uns heraushilft, daß durch eine gute Massage, eine energetische Behandlung, durch Meditation, Sport oder einen Spaziergang die Energie wieder ins Fließen kommt, bleiben wir in der Antriebslosigkeit gefangen. Wir tun nichts. Und leiden weiter.

In solchen Situationen ist es empfehlenswert, **zu tun**. Machen Sie sich nicht lange Gedanken, was Sie tun sollen, ob Sie Zeit haben, ob Sie Lust haben. Überwinden sie sich und **tun** sie. Das Problem ist eben der niedrige Schwingungszustand und das Festkleben in den Sumpflöchern. Um schneller herauszukommen, ist ein Schritt notwendig.

Verwendet man in solchen Situationen höher schwingende Essenzen, steigt das Energieniveau ebenfalls.

Wie schnell eine Besserung eintritt, hängt von der inneren Bereitschaft ab. Egal wie gut der Therapeut sein mag, egal wie hilfreich die Methode ist, durch ein inneres „Nein" wird jede Hilfe blockiert.

Feinfühligkeit und Abgrenzung

Spirituelles Wachstum und Schwingungserhöhung steigern die Fähigkeit der Wahrnehmung. Wir werden durchlässiger, haben einen besseren Zugang zum höheren Bewußtsein und zu dem, was um uns herum geschieht. Unser Verstand ordnet sich der Intuition unter.

Die Verbindung zum höheren Bewußtsein wird auch Intuition, hören auf die innere Stimme und Kontakt zum Höheren Selbst genannt. Dann ist es leicht zu erkennen, welcher Schritt, welche Entscheidung ansteht und die Entscheidungen werden mühelos getroffen. Ideen, Informationen und Wissen, die wir vielleicht in einem früheren Leben schon einmal erworben haben, werden bewußt.

Aber leider gibt es in uns nicht nur die Stimmen der inneren Weisheit. Auch unser Verstand, unsere Ängste und Erfahrungen der Vergangenheit geben ihren Kommentar ab. Und genau da liegen die Schwierigkeiten: Wie kann ich unterscheiden, welche Stimme der Weisheit und welche der Angst gehört.

Durch Intuitionstraining (siehe S. 61), Austausch mit anderen und immer wieder hinterfragen habe ich gelernt, die Stimmen zu unterscheiden. Ich lernte, wie sich die Stimme der Weisheit anfühlt und anhört.

Steigert sich die Wahrnehmung, werden wir nicht nur nach „oben" durchlässiger, sondern auch zur Umgebung. Und das kann unangenehm sein und verwirren. Man nimmt von anderen Menschen Informationen auf, weiß wie es ihnen geht und wie sie sich fühlen, „fällt" in deren Gefühle, so als wenn es die eigenen wären. Am Anfang ist das nicht leicht zu unterscheiden. Manchmal weiß man im Voraus, was das Gegenüber sagt oder tut, oder spürt seine Schmerzen und Beschwerden. Diese Fähigkeit tritt aber nicht nur in Therapiesituationen auf oder wenn man es will, diese Fähigkeit ist auch im normalen Alltag vorhanden und kann sich dann störend auswirken. Ich erlebte zum Beispiel an einer Bushaltestelle, wie ich – als sich ein Betrunkener neben mich stellte – Gleichgewichtsstörungen bekam und mich völlig benebelt fühlte. Oder: Wenn ich einen Raum betrat, konnte ich plötzlich niedergeschlagen und bedrückt sein. Später erfuhr ich, daß sich hier kurz vorher Menschen gestritten hatten.

Auch die kollektiven Gefühle merkte ich stärker: Ich spürte die Existenzängste und Sorgen, die vor allem in Deutschland in der Luft liegen, am Heiligabend fühlte ich die Trauer und Einsamkeit von Menschen, die allein sind oder an ihre Verstorbenen denken, oder ich war Neujahr bewölkt, obwohl ich selbst nichts getrunken hatte.

In solchen Situationen half mir zu hinterfragen, ob die Stimmung meine eigene war oder von außen kam. Wenn sie von außen kam, konnte ich sie leichter da sein lassen oder sie ausschließen. Zusätzlich schaute ich mir an, ob diese Gefühle und Zustände noch etwas mit mir zu tun hatten.

Es gibt Techniken, die helfen können, sich abzugrenzen: eine Lichtkugel oder eine Lichtpyramide um sich herum visualisieren, einen blauen Mantel aus Licht „anziehen", eine Mauer aus Licht, Mantras und Mudras (Fingerhaltungen). Ich mochte diese Techniken nie besonders. Sie erzeugten bei mir das Gefühl, von der Welt abgeschnitten zu sein. Ich fühlte mich dumpf und begrenzt. Ich übte statt dessen, die Schwingungen zu spüren und gleichzeitig in der eigenen Mitte und Beobachter zu bleiben (hierbei hilft auch die Energie von Maha Chohan). Dadurch konnte ich wahrnehmen, was um mich herum geschah, ohne mich darin zu verlieren. Außerdem lernte ich, die Schwingungen durchziehen zu lassen, anstatt sie aufzunehmen. Kleben Gefühle von anderen, hilft es, Hände und Arme unter kaltes fließendes Wasser zu halten. Dies ist eine traditionelle Form der Reinigung, die auch von vielen Religionen genutzt wird: die Taufe, das Bad im Ganges, die rituelle Reinigung der Juden in der Mikwe.

Wenn wir feinfühliger werden, nehmen wir nicht nur die Schwingung von Menschen auf, sondern auch die Schwingung von Elementarwesen, Seelen, Engeln oder anderen

Wesenheiten. Leider gibt es auch hier unangenehme Wesen, die Menschen bedrängen, Energie abziehen oder unangenehme Botschaften einflüstern können. Hier hilft es, sich gut zu erden, seine Auraschichten zu stabilisieren (unterstützend wirken die Energien von Djwal Khul und Seraphis Bey), stabil im Körper und in der eigenen Mitte zu sein, Klarheit, wissen was man will und den eigenen unerlösten Schattenaspekt, der mit dieser Schwingung in Resonanz steht, zu heilen. Bekommen wir Angst, zieht sich unsere Aura zusammen und wird noch durchlässiger. Gehen wir in unser Herz, in die Liebe, wird die Aura stabil.

Erdung

Erdung ist im spirituellen Bereich ein häufig gebrauchtes Wort. Fast jeder Lehrer betont, wie wichtig Erdung ist und „abgehobenen" Menschen wird Erdung empfohlen. Diese spüren, daß der Ratschlag stimmt, stehen aber etwas ratlos da und fragen sich „wie denn?". Wenn man lange Zeit nicht geerdet war, empfindet man den Zustand von Erdung als unangenehm. Das erlebte ich auf meinen Informationsabenden und Seminaren, wenn wenig geerdete Menschen durch die Essenz von Kuthumi (Nr. 11 – Verbindung zur Erde) erlebten, geerdet zu sein. Es gefiel ihnen im ersten Moment überhaupt nicht: Sie fühlten sich, als wenn sie in ein zu enges Kleidungsstück gezwängt wären, sie spürten das Gewicht des Körpers und empfanden es als Last, die Beine und Füße waren schwer und sie glaubten am Boden festgeklebt zu sein.

Was ist Erdung?

Erdung hat zwei Aspekte: die Verbindung zur Erdenergie und die Verbindung zum eigenen physischen Körper.

Die Energie der Erde nährt und stabilisiert unseren Körper. Das ist besonders gut an bestimmten Kraftplätzen zu erfahren, an denen wir uns wohl und behaglich in unserem Körper fühlen. Dort spürt man seinen Körper, ist kraftvoll, „steht mit beiden Füßen auf dem Boden", Füße und Hände sind (oder werden) warm, das Bewußtsein liegt in der Körpermitte oder erstreckt sich bis zu den Füßen. Gleiches bewirken auch einige Bäume. Es gibt allerdings auch Kraftplätze, die der Verbindung zu höheren Bewußtseinsebenen dienen. Dort fühlt man sich leicht, spürt den Körper kaum und das Bewußtsein ist im Kopfbereich oder darüber.

Ist der feinstoffliche Körper gut mit dem grobstofflichen verbunden, fließen irdische und kosmische Energie ungehindert harmonisch und alle Teile werden ausreichend mit Energie versorgt.

Bei mangelnder Erdung hat man das Gefühl, ein Stück außerhalb des Körpers zu sein, man fühlt sich schwebend, leicht bis schwindelig und unkonzentriert, als wenn man neben sich herliefe. Man schwebt, verliert den Boden unter den Füßen, fühlt sich unsicher beim Gehen. Manche Menschen haben auch das Gefühl, sich in einer schnell drehenden Spirale zu befinden, die sie nach oben wegzieht.

Möglichkeiten zur Erdung

Als ich anfing zu channeln und mit höherfrequenten Energien zu arbeiten, fühlte ich mich nach einiger Zeit, als wenn mich eine innere Spannung zerreißen würde. Ich hatte das Gefühl, nicht mehr in meinem Körper zu sein, sondern „neben mir herzulaufen". Manchmal sah ich undeutlich und verschwommen. Dann brauchte ich etwas zu essen, am besten Schokolade, Kartoffeln oder Pommes mit Mayonnaise und sahnige, fette Soßen. Auch Zwiebeln und Knoblauch halfen. Manche Menschen haben in solchen Situationen auch ein starkes Bedürfnis nach Fleisch.

„Schwere" Nahrungsmittel kosten den Körper Energie. Das Energieniveau der Aura sinkt, die Spannung verringert sich. Auch Salz läßt die Energie wieder dichter werden, denn es bindet das Wasser im Körper. Gleiches erreicht man auch durch Fernsehen, Videos, Trivialromane und Computerspiele oder -arbeit.

Vielen Menschen, die mit feinstofflicher Energie arbeiten, geht es ähnlich. Manche machen es sich unnötig schwer, weil sie sich keine Süßigkeiten erlauben. „Das ist doch unspirituell, das ist doch nicht gut für mein spirituelles Wachstum, das schadet doch dem Körper" und ähnliche Argumente höre ich oft. Der Körper weiß, was er braucht. Er „äußert" den Wunsch durch „Lust auf ...". Wenn ich merke, daß mir etwas fehlt, ich „Lust auf ?" habe, aber nicht genau weiß, was es ist, gehe ich in Gedanken verschiedene Möglichkeiten durch und prüfe, was mein Bedürfnis erfüllt. Ich stelle mir dann zum Beispiel vor, daß ich Eis esse oder gegessen habe und überprüfe, ob ich dann zufrieden bin. Wenn nicht, spiele ich mit anderen Möglichkeiten.

Als ich regelmäßig Sport trieb, erhöhte sich das Energieniveau meines physischen Körpers. Ich brauchte die Pommes frites nicht mehr. Mein Körper war nun in der Lage, die höheren Frequenzen aufzunehmen. Mir wurde klar, daß die anfänglichen Gelüste auf Essen eine hilfreiche Notmaßnahme des Körpers waren. Wirklich geerdet war ich erst, als der Körper die höheren Schwingungen ohne unangenehme Symptome verkraften konnte. Durch den Sport hatte sich die Verbindung zwischen grob- und feinstofflichem Körper gestärkt, wodurch sich das Energieniveau ausgleichen konnte. Außerdem begann die „alte", niedriger schwingende Energie im Körper zu fließen und das nun höher schwingende Energieniveau der Aura konnte integriert werden.

Weitere Möglichkeiten der Erdung
(als Anregung, selbst herauszufinden, was erdet):

- sich auf den Boden, ins Gras legen und mit dem ganzen Körper unterstützende Erdenergie aufnehmen
- Gartenarbeit
- sich massieren lassen oder andere Techniken der Körperarbeit
- spazieren gehen und dabei die Füße ganz bewußt auf den Boden setzen
- frische Luft tief einatmen
- Hausarbeit
- tanzen
- trommeln
- duschen, baden, Sauna
- einen Baum umarmen
- hüpfen

Wenn man Erdenergie bewußt aufnimmt oder Wurzeln in den Boden visualisiert, ist es wichtig, sich mit der positiven Kraft der Erde, der Liebe der Erde zu verbinden. Auch die Erde durchläuft Transformationsprozesse und ist eingebunden in das kollektive Bewußtsein der Menschen. Verbindet man sich ungezielt, kann es sein, daß man mit der belastenden Schwere und Trauer der Erde in Kontakt kommt oder Energie aus gestörten energetischen Bereichen aufnimmt. Der Kern der Erde ist licht-, kraft- und liebevoll. Aus diesem Bereich fließt zur Zeit die positive Erdungsenergie.

Als ich begann mit den Meisterenergien zu arbeiten, erhielt ich immer wieder den Hinweis, daß es notwendig ist, Sport zu machen. Doch ich war zu faul und hörte nicht auf diesen Rat. Aber nach kurzer Zeit ging es mir nicht mehr gut. Die genannten Symptome traten auf. Und ich begann zuzunehmen: Erdung durch körperliches Gewicht anstatt durch gute Verbindung von Körper und feinstofflichem Anteil. Manche übergewichtige Menschen brauchen ihr Gewicht zur Erdung, die Notmaßnahme des Körpers.

Erst als ich täglich Sport machte (ich bin jeden Morgen gejoggt), ging es mir wieder besser. Außerdem konnte ich nun noch höher schwingende Energien aufnehmen als vorher. Es ist wie bei einem Baum. Die Krone kann nur so hoch ragen, wie die Wurzeln halten können. Je stabiler und kraftvoller unser Körper ist, desto mehr unseres göttlichen Seins kann sich darin manifestieren.

Intuitionstraining

Der Alltag ist für mich die beste Möglichkeit, meine Intuition zu trainieren. Er bietet die Möglichkeit einer direkten Kontrolle. Wenn ich Obst und Gemüse kaufe, „frage" ich „schmeckt ihr gut?" oder „welche ist besonders aromatisch?". Die besten Früchte „springen mir dann ins Auge". Die Antwort kann auch ein Gefühl, ein Gedanke oder ein Wissen sein, je nachdem welcher innere Sinn besonders ausgeprägt ist. Ob ich richtig gehört habe, kann ich am Geschmack des Gekauften direkt nachprüfen. Mittlerweile bekomme ich sogar den Geschmack des Obstes und anderer Lebensmittel im voraus.

Der Alltag ist voller Trainingsmöglichkeiten: Wenn ich im Kaufhaus einen Artikel suche, von dem ich nicht weiß wo er ist, stelle ich mich innerlich auf ihn ein, frage, „in welche Richtung muß ich gehen, um diesen Artikel zu finden" und folge meiner Stimme. Auch Telefonzellen, Straßen, Gebäude, Parkplätze, gute Restaurants, das beste Gericht auf der Speisekarte oder Menschen kann man auf diese Weise finden. Am Ergebnis kann man sofort überprüfen, ob man der richtigen Stimme gelauscht hat und wie gut man mit seiner Intuition verbunden ist.

Vielleicht fragen Sie sich, wie das funktionieren kann. Alles ist Schwingung, auch Materie. Jeder Gegenstand hat seine eigene Schwingungsfrequenz. Und wir sind in der Lage, diese Schwingungen wahrzunehmen. Es braucht nur Übung, bis wir die darin enthaltenen Informationen übersetzen können. Sind wir dazu in der Lage, können wir auch erfragen, ob die gewählten Nahrungsmittel bekömmlich und gesundheitsfördernd sind. Ebenso kann die Schwingung anderer Menschen, die wir ohnehin unbewußt wahrnehmen, verstanden werden.

Channeling

Je weiter das Bewußtsein sich ausdehnt, die Grenzen sich lösen und die Schwingungsfrequenz steigt, desto leichter kommt man mit höheren Bewußtseinsebenen in Kontakt. Es gab immer schon Menschen, die diese Gabe nutzten. In früheren Jahrhunderten wurden sie als Propheten oder Orakel geschätzt. Dieser Kontakt zu den höheren Ebenen und die Übermittlung von Informationen wird heute auch Channeling genannt. Zur Zeit entdecken immer mehr Menschen diese natürliche Begabung.

Leider erhält man die Informationen aus höheren Bewußtseinsebenen nicht wie einen Brief oder eine Gebrauchsanweisung. Die Botschaften sind wie Impulse, manchmal Gefühle oder Bilder, die vom Menschen übersetzt werden müssen, die aber auch von Wunschdenken und Projektionen beeinflußt werden. Darin liegt die Schwierigkeit. Vergleichbar mit einem Computer, der ein Programm braucht, um die elektrischen Impulse zu übersetzen, nutzen wir unser individuelles Programm: das Weltbild, den eigenen Wortschatz, Erfahrungen und Einstellungen. Auch Trance- und Schreibmedien übersetzen Impulse mit ihrem individuellen Programm. Dadurch ist jede Information „gefärbt". Im Austausch mit anderen habe ich erlebt, daß wir auf Fragen die gleiche Antwort bekamen, jeder sie jedoch mit seinen Worten und Bildern ausdrückte.

Im Universum existieren unterschiedlich hoch entwickelte Kräfte und Wesenheiten (siehe Kapitel 2). Die geistigen Wesen sind keineswegs alle vollkommen. Nur weil eine Botschaft medial empfangen wird, muß sie nicht „gut", richtig oder unterstützend sein. Daher können zu gleichen Fragen unterschiedliche und auch widersprüchliche Antworten kommen. Die Qualität und der Wahrheitsgehalt einer empfangenen Botschaft hängt daher auch von der Quelle ab. Sind die geistigen Wesen in irdische Sichtweisen und Bewertungen verstrickt, wie einige Verstorbene zum Beispiel, sind die Botschaften von ihrem Wunschdenken und ihrer Bewertung gefärbt. Manche Wesen drohen sogar oder üben mit Angst Druck aus. Die Informationen und Energien hoher Bewußtseinsebenen oder Geistführer zeichnen sich durch Liebe, Klarheit, Inspiration und Wertfreiheit aus. Sie lassen jedem Menschen seine Freiheit, und anstatt zu befehlen oder zu bestimmen, geben sie Ratschläge und vermitteln Einsichten.

Es ist unsere Aufgabe, alle Informationen, die wir als mediale Botschaften erhalten, kritisch mit unserer eigenen Intuition, dem gesunden Menschenverstand und unserer Weisheit zu prüfen.

Die ersten Erfahrungen mit Informationen aus höheren Ebenen sind meist verwirrend. Die plötzlichen Durchgaben werden für Einbildung oder innere Dialoge gehalten. Man zweifelt, glaubt, man mache sich etwas vor. Durch Training und Erfahrung lernt man, Botschaften von inneren Stimmen und Wunschdenken zu unterscheiden und auch die Qualität und Ebene der Botschaft zu beurteilen. Hierzu sind der Austausch mit anderen, eine Ausbildung und die beschriebenen Intuitionsübungen hilfreich. Im Buch „Der Draht zur geistigen Welt" von Linda Roetlisberger finden Sie weitere Gedanken und Übungen zu diesem Thema.

Je erfahrener jemand ist und je mehr er seine Verstrickungen und Bewertungen gelöst hat, desto weniger färbt das individuelle Programm den Inhalt der Botschaft.

Gefahren der erweiterten Wahrnehmung

Durch erweiterte Wahrnehmung erhält man Zugang zu Bereichen, die unsere normale Wahrnehmung ausblendet. Dies kann einem labilen Menschen Angst machen, ihn aus der Bahn werfen und Psychosen auslösen. Ich kenne zwei junge Menschen, die durch Training und Meditation ihre Wahrnehmungsfähigkeit enorm gesteigert hatten, aber selbst noch nicht stabil genug waren. Ihnen fehlten Urteilskraft, die Verankerung im Körper, eigener Wille und Standfestigkeit. Sie begannen Stimmen und Schwingungen auch während der normalen Wachzeit zu hören und konnten diese Stimmen nicht mehr von der „normalen" Realität unterscheiden. Die Ebenen verschwammen miteinander. Sie glaubten, den Aufforderungen dieser Stimmen folgen zu müssen und stürzten in ein emotionales Desaster. Eine versuchte sogar, sich aus dem Fenster zu stürzen, weil die Stimmen ihr dies befahlen. Beide befinden sich heute in einer psychiatrischen Klinik.

Wer Kontakt zur geistigen Welt bekommt, sollte sich erden, sich gut mit dem Körper verbinden, die eigene Kraft und Stabilität stärken, wissen, was er tut und mit welcher Ebene er sich verbindet. Und es ist wichtig, im eigenen Tempo zu wachsen. Jedes zu schnelle Vorwärtshasten birgt Gefahren. Lassen Sie sich von den hohen Lichtebenen führen und begleiten.

Sollten Situationen auftreten, in denen man selbst nicht weiter weiß, ist es wichtig, Hilfe bei erfahrenen Menschen zu holen.

Feinstoffliche Energie – je mehr, desto besser?

„Als ich mit den Meisteressenzen zu arbeiten begann, stürzte ich in eine tiefe, langanhaltende Depression. Und auch als ich aufhörte sie zu nehmen, wurde es nicht besser. Wie kann das sein?" fragte mich eine Anwenderin. Ich konnte es ihr auch nicht erklären. Es kommt zwar vor, daß Menschen mit den Meisteressenzen durch Prozesse gehen, daß noch einmal alte Muster, Krankheiten oder Stimmungen durchziehen. Doch meist dauert dies nur einige Tage. Den Anwendern ist meistens bewußt, daß dies ein Durchgang von Altem ist, ein Transformationsprozeß. Sie fühlen sich begleitet und wissen, daß es ihnen nach der Reinigung viel besser geht. Nehmen sie weniger Essenzen oder beenden sie die Anwendung, verschwinden die Symptome meist sehr schnell.

Als ich nachfragte, erklärte mir jene Frau: „Na ja, ich habe nicht nur die Meisteressenzen genommen, gleichzeitig hatte ich meine Einweihung zum Reiki-Meister, arbeitete mit Tachyonen, Edelsteinen und Prana-Energie, bekam Cranio-Sakrale Behandlungen und nahm homöopathische Hochpotenzen." Da wußte ich, warum die Frau in die Depression gefallen war. Der geballte Energieschub hatte bei ihr zu vieles gelöst und ans Licht gebracht. Sie konnte das nicht so schnell verarbeiten.

Manche Menschen benutzen feinstoffliche Energie so, als wenn sie keine Wirkung hätte. Sie kombinieren viele Techniken und Energiespender und können nicht genug davon bekommen. Ich frage mich, ob sie mit der feinstofflichen Energie nicht so umgehen, wie am Anfang Röntgenstrahlen oder DDT eingesetzt wurde: Röntgenstrahlen wurden zu Kosmetikbehandlungen eingesetzt, mit DDT wurden Menschen bepudert und es wurde großflächig ausgebracht. Im ersten Moment zeigte sich keine nachteilige Wirkung – die trat erst später auf. Wissen wir heute schon, wie sich ein Übermaß an feinstofflicher Energie auf unseren physischen Körper auswirkt?

An unseren Emotionen spüren wir die Wirkung meistens schnell. Ein Anwender der LichtWesen Meisteressenzen dachte, daß eine Mischung von allen 21 Meisteressenzen die schnellste Transformation bewirken müßte. So mischte er sich einen Cocktail aus allen 21 Tinkturen und nahm sie morgens und abends. Zwei Tage hielt er durch: „Das waren die zwei schlimmsten Tage in meinem Leben" stöhnte er. „Morgens wachte ich gerädert und mit schlechter Laune auf, alles ging schief, jeder nervte mich, meine Kollegen waren schräg drauf und selbst die Computer, mit denen ich arbeite, stürzten ständig ab. Nach zwei Tagen war ich völlig fertig und hörte auf, die Mischung zu nehmen. Der Zustand war schlagartig vorbei."

Was passiert, wenn wir sehr viel feinstoffliche Energie aufnehmen?

Am besten läßt sich das an einem Bild erklären: Stellen Sie sich einen Flußlauf vor, der schon lange Zeit wenig Wasser führt. Viele Steine und Äste sind liegengeblieben, an manchen Stellen verstopfen sie sogar den Wasserfluß. Wenn nun die Wassermenge langsam zunimmt, spült sie diese Hindernisse weg. Aber es dauert einige Zeit. Bricht eine Sturzfluß das Flußbett hinunter, reißt sie sofort alle Hindernisse ein und die kraftvollen Wassermassen toben das Flußbett entlang. Das Wasser spült alle alten Ablagerungen und den Müll hoch und schiebt sie vor sich her. Es sieht schmutzig aus. Genauso werden bei einer Sturzflut von Energie viele Blockaden plötzlich energisch weggerissen. Etliches tritt gleichzeitig an die Oberfläche, die Emotionen und Gedanken kochen und manchmal tut das auch der Körper.

Manche Menschen mögen die Wirkung von Sturzfluten, weil sie dann das Gefühl haben, daß wirklich etwas passiert. Bei dem langsam fließenden Wasser dauert es ihnen zu lange.

Meiner Meinung nach ist es wichtig, feinstoffliche Energie und Methoden bewußt einzusetzen, anstatt unbewußt alles auszuprobieren oder nach dem Motto zu handeln: viel hilft viel. Wir gehen in das Zeitalter der Bewußtheit, das Wassermannzeitalter. Jeder Mensch besitzt Intuition oder ein Gefühl für das, was ihm gut tut. Und diese Intuition sollte geschult und eingesetzt werden.

Menschen sind unterschiedlich. Manche schlafen umgeben von Edelsteinen, Tachyonen und Meeresessenzen und fühlen sich wohl. Anderen ist es schon zuviel, einen Edelstein längere Zeit zu tragen. Dieser Unterschied ist weder gut noch schlecht, es ist wie mit der Sonnenempfindlichkeit. Manche Menschen haben eine helle Haut und reagieren stark auf die Sonne, andere mit dunkler Haut können sich stundenlang in der Sonne aufhalten. Nach einem Sonnenbrand jedenfalls ist es ratsam, für einige Zeit ein Zuviel an Sonne zu vermeiden. So gibt es Zeiten, in denen wir viel Energie für Transformationsprozesse benötigen und Zeiten, in denen sich ein Entwicklungsschritt stabilisiert und das Energiesystem keine weiteren Impulse möchte.

Ich habe gelernt, meine innere Weisheit zu nutzen und sie zu fragen, wieviel mir gut tut. Solange man jedoch die innere Stimme noch nicht sicher wahrnehmen kann, sind Hilfsmittel wie Pendel, Biotensor und Kinesiologie hilfreich.

Die Spannungssymptome zwischen physischem und feinstofflichem Körper lösten sich bei mir vollständig auf, als ich die LichtWesen Integrationsessenz „Kristall" anwendete. Sie ermöglicht dem physischen Körper die hohen Energieschwingungen leichter zu integrieren.

4.
Was tun Aufgestiegene Meister?

Wie bereits beschrieben, sind Aufgestiegene Meister Wesenheiten höherer Bewußtseinsebenen, die Menschen auf ihrem Weg der spirituellen Entfaltung unterstützen. Dies tun sie seit Jahrhunderten. Doch in der heutigen Zeit der Veränderung sind sie besonders aktiv und präsent. Nicht nur weil immer mehr Menschen die Fähigkeit entfalten, Botschaften von höheren Bewußtseinsebenen zu erhalten, hört man so oft ihren Namen. Sie wenden sich gezielt an die Menschen und bieten ihre Hilfe an, um in dieser Zeit des Überganges und der Schwingungserhöhung zu wirken. Ein beeindruckendes Beispiel ist die Australierin Jasmuheen, die unter Anleitung der Aufgestiegenen Meister ihren Körper auf die Ernährung durch Prana umstellen konnte. Sie weist darauf hin, daß das Ziel der Pranaernährung letzlich nicht ist, keine irdische Nahrung mehr zu sich zu nehmen, sondern sich wieder einzustimmen, wieder in Einklang zu leben mit der Quelle des Seins. Auch andere Menschen wurden von den Aufgestiegenen Meistern begleitet und haben darüber berichtet und geschrieben.

Die Aufgestiegenen Meister vermitteln Einsicht, unterstützen Bewußtwerdung und empfehlen Techniken. Jeder Mensch kann mit ihnen direkt oder in Meditationen Kontakt aufnehmen und ihre Unterstützung und Weisheit nutzen. Auch wenn man ihre Antwort oder ihre Energie nicht wahrnimmt, sie wirken.

So wie Lehrer den Schülern deshalb besser helfen können, weil auch sie Schüler waren und wissen, wie schwer es manchmal fällt, etwas zu begreifen, kennen die Aufgestiegenen Meister unsere Schwierigkeiten, innere Widerstände und Möglichkeiten, denn sie sind selbst den irdischen Weg gegangen. Und wie gute Lehrer in der Schule, die bestrebt sind, ihre Schüler zu einem guten Abschluß und zur Eigenständigkeit zu bringen, ist das Ziel der Aufgestiegenen Meister, daß auch wir unabhängige Meister unseres Lebens werden. Und wie Lehrer lassen auch sie nicht locker, selbst wenn wir zwischendurch unsere Entscheidung bereuen oder aus den Augen verlieren. Manchmal verhalten wir uns wie Schulkinder: sie freuen sich auf die Schule, wollen lesen und rechnen lernen, aber wenn es schwierig wird und sie sich anstrengen müssen, wollen sie nicht mehr. Dann weinen sie, weigern sich zu üben, trotzen. Wenn sie dann die ersten Worte lesen können, sind sie stolz und glücklich. Nach einer Weile wird das Lesen normal, zur Routine, und sie können sich nicht mehr daran erinnern, daß es früher schwierig war.

So geht es auch mit unserer Entfaltung. Immer wieder stoßen wir auf Schwierigkeiten, Blockaden, dunkle Löcher – und manchmal weigern wir uns, weiter zu gehen, bemitleiden uns, trotzen, halten die Schwierigkeiten fest. Doch wenn wir uns einmal für den Weg entschieden haben, wird der Druck stärker, der uns weiter schiebt. Durch innere Widerstände, Trotz und Angst machen wir es uns schwer. Würden wir die anstehenden Schritte freudig tun, wäre es leichter.

Immer wieder bin ich beeindruckt und überwältigt von der unermeßlichen, bedingungslosen Liebe der Aufgestiegenen Meister. Sie sind verständnisvolle Lehrer, die jedoch das Ziel nicht aus den Augen verlieren. Ich bitte sie oft um Hilfe in Schwierigkeiten oder Situationen, in denen ich nicht weiter weiß – und bekomme immer Hilfe. Manchmal wird mir einiges klar, manchmal verändert sich etwas im Außen. Aus dieser Erfahrung heraus kann ich jeden nur ermutigen, immer wieder um Unterstützung zu fragen, sich zu öffnen für den Kontakt mit diesen Lehrern, deren Ziel es ist, uns unabhängig zu machen, uns zu zeigen, wie wir selbst Meister werden.

Die Wirkung der Aufgestiegenen Meister durch die LichtWesen Meisteressenzen

Vor einigen Jahren haben die Aufgestiegenen Meister zu uns Kontakt aufgenommen. Sie weihten uns ein, so daß wir die LichtWesen Meisteressenzen herstellen konnten. Die Energie der Meister, die über die Essenzen wirkt, unterstützt Menschen auf ihrem Bewußtwerdungsweg, löst Blockaden im Energiesystem und verbindet mit dem höheren Bewußtsein. Wie in Abbildung 2 (S. 36) dargestellt, verbinden die Aufgestiegenen Meister uns mit unserem Potential und höherem Bewußtsein. Gleichzeitig unterstützen sie uns, dies im Alltag zu leben und unserem wahren Sein im Alltag Ausdruck zu verleihen.

Da die Meisterschwingung in den Essenzen an eine irdische Trägersubstanz gebunden ist, kann sie direkt im mentalen oder emotionalen Körper wirken. Die Anwender erkennen schneller, welcher Lernschritt ansteht, verstehen Zusammenhänge und setzen Erkenntnisse schneller um. Auch Gewohnheiten ändern sich: eine Heilpraktikerin, die immer nur von rechts massiert hatte und deren eine Körperseite deshalb verspannt war und schmerzte, bemerkte nach Anwendung der Essenzen, daß sie unbewußt auf die linke Seite gewechselt hatte. Außerdem gehen die Anwender mit Krisensituationen anders um: sie tun sich nicht mehr selbst leid, sondern sehen es als Bewußtwerdungs- und Heilungsprozeß. Sie erkennen schneller, wann sie die Krise nicht mehr alleine bewältigen können und holen sich Unterstützung bei anderen.

Für die Anwendung der LichtWesen Meisteressenzen ist es unerheblich, ob jemand mit den Energien der geistigen Welt vertraut ist, einen Bezug zu den Aufgestiegenen Meistern hat oder daran zweifelt, ob es „so etwas" wirklich gibt. Die LichtWesen Meisteressenzen wirken über die feinstoffliche Schwingung, ähnlich wie Blütenessenzen oder homöopathische Hochpotenzen, unabhängig davon, ob Sie daran glauben oder nicht. Dies wurde durch zahlreiche Heilpraktiker bestätigt, die die Essenzen Menschen gegeben haben, die nichts darüber wußten und bei denen sich eine beeindruckende Wirkung zeigte. Auch Menschen, die nicht auf dem spirituellen Weg sind, erfahren durch die Essenzen Unterstützung. Eine Heilpraktikerin meinte: „Nach einiger Zeit strahlen die Menschen wie Glühwürmchen." Auch bei Kindern und Tieren zeigen sich Erfolge. Ebenso belegen EEG-Messungen, Kirlian-Photos und Aurabilder die Wirksamkeit (siehe Seite 143, Nachweis der Wirkung).

Wichtig für das Ergebnis ist die innere Bereitschaft. Ich habe genügend Skeptiker erlebt, die neugierig die Essenzen ausprobierten und die Wirkung erlebten. Wenn jemand sich innerlich – bewußt oder unbewußt – sperrt, verändert sich nichts.

Abgesehen von denen, die diese Art von Energiearbeit für Unsinn halten, gibt es auch Menschen, die nicht glauben, daß die Aufgestiegenen Meister ihre Energie an Materie binden würden. „Meister in Flaschen, die armen," habe ich schon gehört. Eine Anwenderin, die vor vielen Jahren ihren Weg bei der Theosophischen Gesellschaft begonnen hatte, erzählte mir, wie entsetzt sie war, als sie damals hörte, daß Vicky Wall (Begründerin von Aura Soma) die Meisterenergien in Plastikfläschchen abfüllte. Zuerst war es unvorstellbar für sie, aber dann begann sie mit diesen Produkten erfolgreich zu arbeiten. Als sie erfuhr, daß man „die Meister" jetzt einnehmen könnte, dachte sie, „das geht nun wirklich zu weit". Es brauchte ein Jahr, bis sie die Essenzen ausprobierte. Als sie die Wirkung erlebte, war sie beeindruckt und wußte, daß dies der nächste Schritt war.

Ich weiß, daß die Essenzen keine oder zumindest nicht diese kraftvoll unterstützende Wirkung haben könnten, wenn nicht die Energie der geistigen Welt dahinter stehen würde.

Obwohl ich bei mir selbst beeindruckende Veränderungen und Bewußtwerdungsschritte erlebte und Rückmeldungen bekam, die selbst ich nicht für möglich gehalten hätte, zweifelt mein wissenschaftlich ausgebildeter Verstand immer mal wieder und stellt alles in Frage. Ich denke, das ist normal für Menschen in unserer Gesellschaft. Wir leben in einer materiellen Welt die vom analytischen Denken dominiert wird. Feinstoffliche Phänomene und die geistige Ebene werden von vielen belächelt. Kinder werden von ihrem intuitivem Zugang dazu und ihren hellsichtigen Fähigkeiten abgeschnitten, weil Erwachsene ihre Wahrnehmung als Unsinn bezeichnen. Das analytische Denken dagegen wird gefördert. Ist es da nicht normal, daß sich die Zweifel immer wieder melden? Auch in diesem Punkt haben mich die Aufgestiegenen Meister unterstützt. Wenn meine Zweifel zu stark wurden, erhielt ich begeisterte Rückmeldungen von Anwendern.

5.
21 Lernschritte in Begleitung der Aufgestiegenen Meister

In den folgenden Abschnitten sind die Themen der einzelnen Meister und Meisteressenzen auf das Wesentliche konzentriert und in einem „typischen" Bild dargestellt. Die Beschreibung eines Menschen, der mit diesem Thema Probleme hat, ist daher deutlich überzeichnet. Wahrscheinlich wird es keinen genau solchen Menschen geben. Doch durch diese Darstellung können Therapeuten die Situation ihrer Klienten leichter nachvollziehen und Anwendern fällt es leichter, zu verstehen, wo sie festhängen und wie der „erlöste" Zustand aussieht. Blättern Sie deshalb nicht sofort weiter, weil die Beschreibung nicht genau auf Sie zutrifft. Vor allem dann nicht, wenn Sie dieses Thema durch einen Test (Kartenset, Biotensor, Kinesiologie etc.) gefunden haben.

Die Anwendererfahrungen zeigen, wie die Essenzen wirken. Die Erlebnisse anderer helfen auch zu erkennen, was sich im eigenen Leben durch die Essenzen verändert hat.

Die Beschreibung ist keine „Indikationsliste". Sie können die Essenzen nicht so verwenden, daß Sie sagen, „das möchte ich auch können" oder „wenn ich diesen unerfüllten Zustand los werden will, brauche ich nur diese Essenz nehmen." Jeder hat seinen individuellen Weg. Es kann sein, daß zum Erreichen dieses Zustandes vorher noch andere Schritte notwendig sind oder andere Blockaden gelöst werden wollen. Wie im Gebirge ist der gerade Weg nicht immer der schnellste – und schon gar nicht der leichteste.

1. Innere Weisheit – Maha Chohan

Themen: *Sich nicht in Situationen oder anderen Menschen verlieren, sondern bei sich bleiben; beobachten; sich abgrenzen können; die Froschperspektive verlassen und von einer höheren Warte sehen.*

Die Energie von Maha Chohan wird in Situationen benötigt, wo es um das Thema „Sich öffnen" und „Abgrenzung" geht. Manchen Menschen fällt es schwer, bei sich zu bleiben. Unbemerkt passen sie sich der Situation, der Umgebung, der Stimmung anderer an und verlieren sich selbst. Wenn sie in einer Umgebung mit Bauarbeitern sind, sprechen sie deren Sprache, verhalten sich so wie diese und haben scheinbar kein Verständnis für spirituelle Fragen. Sind sie in einer Gruppe resignierter Menschen, können sie sich kaum davon befreien und auch die Situation nicht ändern, obwohl sie vorher optimistisch und fröhlich waren. Sind sie in Meditationen, zieht hochschwingende Energie sie in andere Dimensionen und sie haben Schwierigkeiten zurück zu kommen. Egal in welcher Situation sie sind, sie verlieren sich selbst und passen sich an wie ein Chamäleon. Die dahinterliegende Fähigkeit ist, daß sie sich leicht einfühlen können und in Einklang mit ihrer Umgebung kommen. Dies können sie aber erst richtig nutzen, wenn sie das eigene Zentrum stabilisiert haben.

Auch Menschen in beratender oder heilender Tätigkeit hilft diese Qualität, bei sich zu bleiben. Manche sehen, wie sie anderen helfen können, erkennen, wo der andere gerade festhängt und leiden mit ihm, manchmal sogar mehr als der Klient. Deshalb versuchen sie, ihm aus seiner Situation herauszuhelfen. Sie erklären, geben Ratschläge oder nehmen ihm sogar seine Aufgaben und Schritte ab. Sie sind so betroffen, daß sie sich nicht entziehen können.

Im anderen Extrem befinden sich Menschen, die nur ihr eigenes Weltbild sehen, so daß sie unfähig sind, sich in andere hineinzuversetzen. Sie sind gefangen in der Froschperspektive.

Hier ist Maha Chohan-Energie sehr wirkungsvoll, da sie ermöglicht, mitzufühlen aber dennoch bei sich zu bleiben, sich in andere einzufühlen aber nicht mit ihnen zu leiden. Dann kann man dem anderen erlauben, seine Schritte in seiner Geschwindigkeit zu machen. Es fällt leichter zu akzeptieren, daß Leid ein Motor für Wachstum und Veränderung ist.

Die Maha Chohan-Energie unterstützt in allen Situationen des Alltags, bei sich zu bleiben, insbesondere in emotionsgeladenen Situationen oder wenn empfindliche Themen betroffen sind: Vorgesetzte, Eltern und Kinder, Freunde, Geld, Beziehung, Arbeit, Streß, Schuldgefühle. Dies sind die Übungsfelder, in denen wir lernen können, Beobachter zu bleiben, ohne uns in den Gefühlen zu verstrikken oder kalt und herzlos zu sein.

Im entfalteten Zustand sind Menschen in der Lage, in höhere Erkenntnisebenen zu gelangen und dadurch anders wahrzunehmen.

Anwendererfahrung

Helga – Mutter einer 18jährigen Tochter – hatte sich immer in das Leben ihrer Tochter eingemischt und ihre Entscheidungen beeinflußt. Sie glaubte, ihre Tochter übersehe vieles und wollte sie vor Fehlern und unangenehmen Erfahrungen bewahren. Und gerade dadurch gab es immer wieder Auseinandersetzungen zwischen den beiden. Dann nutzte Helga das Öl von Maha Chohan. In genau dieser Phase teilte ihr die Tochter mit, daß sie ausziehen werde und sich eine eigene Wohnung suche. Zu ihrem eigenen Erstaunen sagte Helga nichts dazu, außer wenn sie gefragte wurde und überließ sogar die Wohnungssuche und Einrichtung vollständig ihrer Tochter, ohne daß es ihr etwas ausmachte.

Als ein anderer Anwender sich von seiner langjährigen Geschäftspartnerin trennte, entstand eine ärgerliche Auseinandersetzung. Beide hatten zusammen eine gutgehende Praxis aufgebaut und bei der Trennung kamen die vorher unter den Teppich gekehrten Themen emotionsgeladen zur Sprache. Außerdem löste die Trennung existentielle Ängste aus. Dieses Thema kreiste ständig in seinen Gedanken und „kochte", was zu Bluthochdruck, extremen Nackenverspannungen, Ohrenrauschen und Hörverzerrungen führte. Und die Angst in ihm wuchs, daß sich der Tinitus (Ohrenrauschen) verschlimmern würde. Er zog eine Karte für seine Situation und wendete die Essenz von Maha Chohan als Öl an, trug sie auch auf die Stellen auf, wo er Beschwerden hatte. „Es war total verrückt", berichtete er „ich hatte ein Gefühl, als wenn Strom durch mich hindurchfließt und ein Rieseln, als wenn Kalk abbröckelt. Der Druck auf den Ohren und die Hörverzerrung verringerte sich, und beim Gedanken an meine Geschäftspartnerin – bei dem ich vorher immer auf 180 war – war ich jetzt viel ruhiger." Dadurch konnte er mit ihr reden und seine Verhandlungen führen. Er war gelassener, handelte mit Bedacht und die Trennung erfolgte so, wie er es sich gewünscht hatte.

Eine andere Anwenderin berichtete, daß sie Beziehungsprobleme und Auseinandersetzungen in der Familie, in die sie sich sonst verstrickt hatte, wie einen Film anschauen konnte.

Nachdem ein junger Therapeut mit der Nr. 16, der Hilarion-Essenz gearbeitet hatte, öffnete sich seine Wahrnehmung für höhere Bewußtseinsbereiche und für Energien. Gleichzeitig spürte er auch stärker, wie es den Menschen in seiner Umgebung ging und er wurde in ihre Probleme, in ihre Situation, in ihre Gefühle hineingezogen. Die Maha Chohan-Energie half ihm, unabhängig von den Schwingungen der anderen bei sich zu bleiben.

Sehr feinfühlige Menschen, die unter den unausgesprochenen Anforderungen, Erwartungen und Beschuldigungen ihrer Umgebung litten, berichteten, daß sie durch die Energie von Maha Chohan bei sich bleiben konnten. Sie fühlten sich nicht mehr gezwungen, auf die Schwingung ihrer Umgebung zu reagieren. Ähnlich erging es Lehrern, die vorher dem Druck der Klasse ausgesetzt waren.

Mit der Energie von Maha Chohan machte ich die Erfahrung, mit dem höheren Bewußtsein zu verschmelzen. Ich hatte das Gefühl, daß ich normalerweise wie durch eine Schicht von höheren Bewußtseinanteilen, dem Höheren Selbst, der Weisheit getrennt war. Als ich die Essenz eine Weile angewendet hatte, entstanden in dieser Trennschicht Löcher und ich befand mich in zwei Ebenen gleichzeitig. Dadurch erlebte ich die Situation wie gewohnt und mir wurde gleichzeitig bewußt, was dies auf der höheren Ebene bedeutet, welcher Lernschritt für mich und für den anderen damit verbunden war und welche Folgen meine unterschiedlichen Reaktionsmöglichkeiten haben würden. Ich hatte Erkenntnisse, die ich vorher nicht hatte und in Gesprächen sagte ich zunehmend Sätze, die „nicht auf meinem Mist gewachsen" waren.

2. Akzeptieren und innere Ruhe – Lao Tse

Themen: *Sich nicht über Geschehenes, Vergangenes, andere Menschen aufregen, sondern akzeptieren; im Moment sein; Urteile und Wertungen erkennen; aus der inneren Ruhe und Klarheit handeln; Meditation; verschmelzen mit dem Sein.*

Menschen für die Akzeptieren und Gelassenheit ein zentrales Thema ist, werten und vergleichen stark: „Das ist gut; das ist schlecht; meine Güte, wie kann er nur so sein; das würde ich nie machen; ich bin aber besser als ...; das kann ich aber besser", sind Aussagen, die man von ihnen hört. Werten ist ein Vergleich mit der Vergangenheit, ein Vergleich mit Bildern und Urteilen, die man von anderen übernommen hat oder ein Messen an Idealbildern. Es erzeugt Spannung und bringt uns aus der Erfahrung des Momentes. Das Gefühl, nie gut genug zu sein oder seine erworbenen Fähigkeiten wieder zu verlieren, erdrückt. Dieser Zustand macht sich besonders bemerkbar in Prüfungs- und Streßsituationen. Der selbst erzeugte Druck ist dann verstärkt, der Mensch hat schlaflose Nächte, ist unruhig und in der Prüfungssituation so angespannt, daß er nicht mehr klar denken kann oder sogar einen Blackout hat. Und weil diese Menschen sich selbst streng beurteilen, sind sie gegenüber Fehlern anderer verständnislos. Sie regen sich schnell auf und reagieren extrem auf Situationen, die nicht so verlaufen, wie sie es wollen.

Ihre vermeintliche Wertlosigkeit versuchen die Menschen dadurch auszugleichen, daß sie viel für andere tun. Doch auch das erleichtert nicht. Die Menschen fühlen sich gehetzt und stehen unter dem Druck, etwas tun zu müssen.

Sie sind von ihren Emotionen beherrscht, was Leid für sie und ihre Umgebung erzeugt.

Auch Verhalten zu interpretieren ist eine Form des Urteilens. Statt nachzufragen oder das Verhalten eines anderen neutral zu sehen, macht man sich das Leben schwer durch seine Deutung.

Menschen in solchem Zustand neigen zu übersäuertem Magen und zu Herzinfarkt.

Lao Tse-Energie löst die Haken der Emotionen, die uns immer wieder aus dem Zustand der inneren Ruhe herausziehen. Dadurch können wir in jeder Situation gelassen sein und handeln, ohne uns in Emotionen, Bewertungen und Urteilen zu verstricken. Der Zustand der Meditation kann dann auch im Alltag beibehalten werden.

Nachdem ich mehrmals mit der Essenz von Lao Tse gearbeitet hatte, erkannte ich, daß die Qualität des Akzeptierens eine Voraussetzung für ein erfülltes Leben, für Einssein und Erleuchtung ist. Ohne sich in Emotionen zu verstricken, ohne Bewertung kann man sich in alles hineinversetzen, verstehen, verschmelzen, eintauchen, auch in nicht-menschliche Wesen, in Pflanzen, Steine, etc. Auch die Schattenseiten können gesehen und akzeptiert werden, wodurch Vollkommenheit entstehen kann.

Anwendererfahrung

Eine Mutter berichtete, daß sie gelassen und ruhig bleiben konnte, als ihr Kind nach einem schweren Unfall ins Krankenhaus kam. Sie arbeitete in dieser Zeit mit der Lao Tse-Essenz. Normalerweise wäre sie in Panik geraten und hätte kopflos reagiert. Nun zog ein kurzer Panikanflug vorbei, danach war sie wieder klar, ruhig und gelassen und handelte überlegt.

Eine Anwenderin arbeitete mit der Lao Tse-Essenz, als sie ein Haus baute und dadurch Probleme mit den Handwerkern hatte. „Normalerweise hätte ich mich fürchterlich über die Handwerker aufgeregt, weil so vieles schiefging. Doch mit der Unterstützung von Lao Tse blieb ich ruhig und klar. Ich erklärte den Handwerkern mit Nachdruck, wie ich es haben wollte und hatte dabei auch die Ausstrahlung, daß sie es so machten." Interessant war, daß ihr das veränderte Verhalten erst in einem späteren Gespräch bewußt wurde. Zunächst hatte sie geglaubt, die Essenz hätte nichts bewirkt.

Eine andere Anwenderin arbeitete mit der Essenz, als sie in der Partnerschaft Probleme hatte: „Es war damals schwer für mich, die Beziehung so anzunehmen, wie sie ist, und nicht so, wie ich sie haben wollte. Ich bin mein Leben lang hinter der idealen Beziehung hergerannt. Sie sollte romantisch sein, zärtlich und liebevoll, eben alles, was man sich so erträumt. Und weil ich diese Verhältnisse nicht genauso in meiner Partnerschaft hatte, war ich voller Vorwürfe an ihn und mich und hatte Schuldgefühle deswegen. Mit der Nr. 2 war das verrückt. Ich habe diese Essenz total abgelehnt – allein der Geruch von dem Öl. Aber ich habe sie dann doch genommen. Drei Tage lang war die innere Ablehnung gegen diese Essenz unheimlich stark und dann gab es plötzlich etwas wie einen inneren Knacks in meinem Denken und Fühlen. Dann war ich wirklich zufrieden und konnte unsere Beziehung so annehmen, wie sie ist".

Anwender berichten, daß sie ruhiger und tiefer schlafen, wenn sie mit der Lao Tse-Energie arbeiten.

Manche Menschen wenden die Essenz auch gezielt in Streß- und Prüfungssituationen an oder wenn sie sich in ihren Gedanken drehen. Einen Tropfen aufs dritte Auge läßt sie ruhiger werden, die quälenden Gedanken werden leiser.

3. Vertrauen – El Morya

Themen: *Urvertrauen; Vertrauen in sich, seine Fähigkeiten, in die eigene Kraft und Stärke; sich von Ängsten befreien.*

Vertrauen ist ein Zustand, in dem man sich seiner Intuition und seinen Fähigkeiten überläßt. Bei kleinen Kindern kann man dies gut beobachten. Selbst von einer hohen Mauer lassen sie sich in die Arme von dem fallen, dem sie vertrauen. Vertrauen sie ihm nicht, weigern sie sich zu springen. Wenn Kinder zu laufen beginnen, vertrauen sie, daß sie es lernen. Auch wenn sie hinfallen, geben sie nicht auf, resignieren nicht, zweifeln nicht an sich selbst. Älteren Kindern und Erwachsenen fällt es oft schwer zu vertrauen. Negative Erfahrungen, anerzogene Sätze und Mißverständnisse verzerren das Urvertrauen, daß wir mitgebracht haben. Manche Menschen haben die Einstellung, „Ich kann niemandem vertrauen" und daraus resultiert, daß sie ständig kontrollieren oder die Arbeiten lieber selber erledigen. Sie tragen die ganze Last der Verantwortung und des Lebens allein auf ihren Schultern und haben dadurch Nackenprobleme und Schulterverspannungen. Sie grenzen sich ab von anderen, lassen sich nicht wirklich auf Verbindungen ein und wundern sich, warum sie keine erfüllende Beziehungen leben. Aber auch sich selbst vertrauen sie nicht wirklich und zweifeln an ihren Fähigkeiten.

Hinter dem Mißtrauen gegenüber der irdischen Welt liegt das Mißtrauen gegenüber der Existenz, ihrer Herkunft. Sie fühlen sich „von Gott" verlassen, allein gelassen, aus der Einheit geworfen und müssen ständig auf der Hut sein. Dadurch entsteht Angst und Resignation. Die Ängste können dann so stark werden, daß sie das Handeln blockieren.

Vertrauen ist wie der sichere Boden, auf dem man steht, auf dem man Schritte tun kann, der trägt, auch wenn man unsicher auf den Beinen ist oder stolpert. Vertrauen macht spielerisch und abenteuerlustig. Menschen können leichter Hilfe annehmen und darauf vertrauen, daß im richtigen Moment Hilfe kommt.

Die Energie von El Morya unterstützt auch beim Auflösen von Ängsten aus vergangener Zeit, insbesondere wenn sie auf die Zone der Angst (unter dem Schlüsselbein) aufgetragen wird.

Anwendererfahrung

„Früher hat mein Sohn immer in der Königshaltung geschlafen, auf dem Rücken liegend, die Arme zur Seite geöffnet" berichtete eine Mutter „doch nach einem unangenehmen Erlebnis schlief er jahrelang nur noch in der Embryohaltung, zusammengekauert. Als ich ihm das Öl von El Morya beim Zubettgehen auf den Bauch gerieben habe, schlief er eine Stunde später wieder in der Königshaltung."

Daß Vertrauen nicht blindes Vertrauen bedeutet, wurde einer Anwenderin bewußt. Sie hatte dreimal hintereinander die Karte „El Morya" gezogen, als sie fragte, welcher Lernschritt für sie anstehe. Zuerst glaubte sie, das Thema würde nicht zu ihrer Situation passen, weil sie jedem vertraute und schob die Karte deshalb wieder ins Set zurück. Als sie dann doch mit der Essenz arbeitete, begriff sie, daß sie jedem blind vertraute, weil sie keine Vorurteile haben wollte und damit oft auf die Nase fiel. Mit der El Morya-Energie lernte sie, ihrer Intuition zu vertrauen und begriff den Unterschied zwischen Vorurteil (ein Urteil aus alten Erfahrungen und Ängsten) und Intuition.

Ähnliches berichtete auch ein anderer Anwender, dem es immer schwer gefallen war, im geschäftlichen Bereich eine Entscheidung zu treffen. Er hatte Angst vor Fehlentscheidungen. Er begann in solchen Situationen das Öl von El Morya im Kniebereich aufzutragen und die Tinktur anzuwenden. Kurz darauf traf er klare Entscheidungen ohne zu zweifeln. Er spürte zwar noch seine Ängste, sie lähmten ihn jedoch nicht mehr. Er lernte, seine Intuition zu nutzen und ihr zu vertrauen, wobei ihm die Einstellung „alles, was geschieht, hat seinen Sinn und geschieht zu meinem Besten" half. Nun traute er sich auch, seine Meinung zu sagen.

Anwender schildern, daß die Energie von El Morya von Kindern geliebt wird. Einige beobachteten, wie ihre schüchternen, zurückhaltenden Kinder sich plötzlich mutig und selbstbewußt behaupteten, wodurch sich auch die Noten in der Schule besserten.

Auch Neugeborene werden ruhig und ausgeglichen. Eine Heilpraktikerin berichtete, daß sie diese Essenz einem Neugeborenen gab, das nur friedlich war, wenn es getragen wurde. Sobald man es hinlegte, wachte es auf und schrie. Drei Tage nachdem das Öl auf die Füße massiert und zusätzlich auf den Puls und die Nasenspitze getupft war, konnte die Mutter das Kind zum ersten Mal seit es geboren wurde hinlegen. Es schlief tief und fest.

4. Hingabe – Kwan Yin

Themen: *Sich vom Fluß des Lebens tragen lassen; Kontrolle loslassen; unterdrückte, zurückgehaltene Gefühle fließen lassen; Toleranz und Mitgefühl; die weibliche Seite entfalten.*

„Vertrauen ist gut, Kontrolle ist besser" sagt die Volksweisheit. Dies spiegelt die Situation der Menschen, die ihrer Wahrnehmung, ihren eigenen Gefühlen nicht vertrauen oder keinen Zugang dazu haben und deshalb kontrollieren. Sie fürchten die Katastrophe, wenn sie die Kontrolle aufgeben. Sie fürchten ihre Gefühle, weil sie glauben, damit nicht umgehen zu können, ihnen ausgeliefert zu sein. Und gerade deshalb haben sie auch keinen Zugang zur Intuition und ihren Gefühlen. Dadurch müssen sie noch mehr planen, organisieren, kontrollieren. Sie verhalten sich anderen gegenüber gefühllos und „kalt". Schließlich kommt es zur Starre und inflexiblem Verhalten. Oft ist die Redewendung „ich muß" zu hören.

Gerade in schmerzvollen Erlebnissen, dann, wenn eigentlich Tränen fließen wollen, unterdrücken Menschen ihre Gefühle. Dies um so mehr, je weniger die Umgebung mit Gefühlsausbrüchen umgehen kann. Sie haben dann einen Kloß im Hals, ungeweinte Tränen drücken auf Herz und Brust und erzeugen körperliche Symptome wie Lymphstau, „die Nase voll haben", Atembeschwerden, Ödemen (Wasser staut sich im Gewebe, Gefühle werden zurückgehalten).

Die Energie von Kwan Yin läßt Gestautes wieder fließen, auch als Tränen. Daher nennen manche Therapeuten die Essenz liebevoll „Die Heulessenz". Das Weinen löst den Gefühlsstau, befreit vom Druck, vom Festhalten und Festgefahrensein. Dadurch fühlt man sich frei, klar und leicht.

Wenn gestaute Gefühle wieder in den Fluß kommen, lösen sich auch körperliche Symptome: Lymphstauungen kommen ins Fließen, Verspannungen und Menstruationsbeschwerden entspannen sich, zurückgehaltenes Wasser löst sich aus den Geweben, Menschen nehmen ab.

Frauen, die glauben „ihren Mann stehen müssen" und deshalb männlich und hart wirken, kommen wieder in Kontakt mit ihrer weiblichen Seite und entdecken die Kraft der Sanftheit und des Mitgefühles.

Kwan Yin wird im asiatischen Raum verehrt als die Göttin des Mitgefühls. Ihr Name bedeutet soviel wie „Die die Schreie der Welt hört."

Anwendererfahrung
Eine Heilpraktikerin berichtete, daß sie das Öl von Kwan Yin erfolgreich in der Lymphdrainage anwendet. Bei einer Klientin, deren Lymphknoten entfernt wurden und die seitdem unter Lymphstau litt, verschwanden die Symptome. Bei der Massage einer anderen Klientin lockerten sich seit Jahren verspannte Muskeln, die vorher trotz unterschiedlicher Methoden verhärtet blieben. Die 60jährige Klientin begleitete Schwertransporte und dadurch verkrampften sich die Muskeln immer wieder.

Nach einer Massage mit der Kwan Yin-Essenz muß die Heilpraktikerin selbst häufig auf die Toilette.

Eine Anwenderin war angespannt und unruhig, als sie zum ersten Mal alleine in eine eigene Wohnung zog. Vorher hatte sie immer mit anderen oder mit ihrem Partner zusammengewohnt, und sie fürchtete, „nicht alles in den Griff zu kriegen". Durch ihre Angst verkrampfte sie sich noch mehr. Als sie dann die Essenz von Kwan Yin anwendete und mit dieser Energie meditierte, löste sich ihre Angst. „Ich war total gelöst und erleichtert und bin mit viel Spaß durch den Prozeß gewirbelt."

„Auf die Kwan Yin-Essenz reagiere ich stark körperlich. Mein Körper hat die Tendenz, Wasser zurückzuhalten. Wenn ich das Öl auf den entsprechenden Punkten auftrage, spüre ich bewußt und körperlich, wie Hingabe in den Körper kommt, die Spannungen sich lösen und ein starker Entwässerungsvorgang beginnt. Ich hatte immer sehr starke Fesseln. Mit Kwan Yin wurden sie schmal. Ich bin auch emotional lockerer und weicher geworden" schilderte eine Anwenderin.

Die interessante Erfahrung von Im-Fluß-Sein machte Andrea. Sie lernte gerade für die Heilpraktikerprüfung und hatte einen Tag, an dem sie sich nicht konzentrieren konnte. Aber sie wollte das auferlegte Pensum bewältigen. Da sie jedoch nicht weiterkam, erlaubte sie sich einen kurzen Spaziergang und ging in die benachbarte Buchhandlung, in der sie das Kwan Yin-Öl auftrug. Auf dem Rückweg traf sie Freunde, setzte sich mit ihnen in die Sonne und erzählte. Als sie wieder gehen wollte, erhielt sie eine Einladung zum Eis, die sie annahm. Anschließend ließ sie sich überreden, sich auf der Dachterasse zu sonnen. Nach dem Sonnenbad entdeckte sie die Badewanne in der Wohnung der Bekannten. Und da sie leidenschaftlich gerne badet, aber keine eigene Wanne hat, erlaubt sie sich, ein Bad zu nehmen. Am nächsten Tag konnte sie voll konzentriert arbeiten. Normalerweise hätte sie sich gezwungen, vor den Büchern sitzen zu bleiben, auch wenn sie nichts geschafft hätte.

Ein Junge nimmt die Essenz von Kwan Yin immer vor Prüfungen in der Schule, aus eigenem Antrieb. Seine Mutter ist sehr ängstlich und macht ihn vor Prüfungen nervös, so daß er blockiert ist. Durch die Essenz kommt die Energie wieder ins Fließen und er tut, was zu tun ist. Seine vorher schlechten Noten (ausreichend und mangelhaft) haben sich seitdem gebessert (auf gut).

5. Wahrheit und bedingungslose Liebe – Christus

Themen: S*eine eigene Wahrheit erkennen; Selbstfindung; sich von fremden Autoritäten befreien; die eigene Autorität entfalten; Führungsqualitäten entwickeln und zum Wohle aller einsetzen; Vaterthemen heilen; erkennen, was allumfassende Liebe bedeutet.*

Menschen mit dem Christus-Thema haben Probleme mit Autoritäten. Sie ordnen sich schnell unter, orientieren sich an der Meinung anderer, machen sich klein und versuchen vorauszudenken, um aufkommende Wünsche einer Autoritätsperson oder Institution schon im voraus zu erfüllen. Sind sie in einer Führungsposition, fällt es ihnen schwer, klare Anweisungen zu geben und zu bestimmen. Lieber versuchen sie, für Anordnungen Verständnis zu gewinnen. Sie glauben immer eine höhere Instanz über sich zu haben, der sie genügen müssen, von der sie streng beurteilt werden.

Gleichzeitig wollen sie selbst auch „König" sein, nicht um zu herrschen, sondern um die Welt zu retten. So neigen sie dazu, sich immer schwierige Aufgaben zu wählen oder Menschen auszusuchen, die sie retten können. Sie definieren sich über Helfen und sind dafür bereit, ihr Leben und ihre Bedürfnisse zurückzunehmen. Sie sind zu jeder Tages- und Nachtzeit für andere da, kämpfen und opfern sich für andere auf. Gerne werden sie zum Märtyrer. Erhalten sie jedoch nicht den erwarteten Dank, fühlen sie sich im Stich gelassen, von der Welt verraten, von Gott verlassen „Ich tue alles für euch, ich rette euch, aber ihr laßt mich im Stich."

Unter Liebe verstehen sie etwas „rosarot Einlullendes", immer nett sein, nie dem anderen weh tun, immer sanft mit anderen umgehen.

Diese Menschen neigen zu Rückenbeschwerden und Nackenverspannungen. Sie tragen die Last der Welt auf ihren Schultern und werden dafür gekreuzigt. Auch Halsprobleme treten auf, sie sind gehemmt im Selbstausdruck und im Aussprechen ihrer Wahrheit. Hilfreich ist sich die Frage zu stellen: „Was werfe ich meinem Vater/Gott/der Existenz vor?"

Sind die Blockaden zu diesem Thema gelöst, handelt der Mensch liebevoll, klar und kraftvoll. Er hat Führungsqualitäten entwickelt und setzt sich für sein Ziel ein, weil er es als richtig erkannt hat. Er dient gerne dem Wohle des Ganzen und ist im Einklang mit der höheren Ordnung. Er handelt und trifft Entscheidungen aus dem Herzen, auch Intuition und Verstand sind herzzentriert. Und er steht zu seiner Wahrheit, auch wenn sie von den Ansichten der anderen abweicht.

Manchmal ist „seine Wahrheit zu erkennen" ein Prozeß in mehreren Schichten, da widersprüchliche Ansichten und Gedanken auftauchen. Da glaube ich, ich will meinem

Freund beim Umzug helfen und als der Tag näher rückt, erkenne ich, daß ich das nur wollte, weil ich Angst hatte, daß er sonst ärgerlich mit mir ist. Wenn ich mich dann entscheide, zu mir zu stehen und ihm dies mitzuteilen, merke ich, daß es mir nun doch Freude machen würde, mit ihm seine Möbel zu tragen.

Christus- und Maria-Energie haben beide das Thema „bedingungslose Liebe". Sie sind zwei Seiten eines Themas. Siehe auch im Kapitel „Maria" (Seite 120). Bei der Lady Nada-Energie handelt es sich um die bedingungslose Liebe zu sich selbst, zum Körper und zum irdischen Sein.

Anwendererfahrung

Viele Anwender beschreiben, daß sie mit der Essenz das Gefühl gehabt hätten, begleitet zu sein, nicht mehr alleine dazustehen. Sie wurden sich der Liebe bewußt, die immer für uns da ist, auch wenn wir sie nicht spüren, der bedingungslosen Liebe des Seins, die uns immer einhüllt. Gestärkt durch dieses Gefühl konnten sie klar handeln und ihre Wahrheit aussprechen.

Heilpraktiker haben die Christus-Energie bei Rückenbeschwerden, insbesondere im Kreuzwirbelbereich, erfolgreich eingesetzt.

„Ich nehme die Christus-Essenz gern bei Massagen – entweder energetisiere ich damit meine Hände oder verwende sie direkt beim Klienten. Dadurch bin ich besser angeschlossen und die heilenden Energien können leichter durch mich hindurch fließen. Meine Wünsche und Vorstellungen kann ich zurücknehmen."

Die Wirkung der Essenz erlebte die Mutter eines pubertierenden Jungen. Der Sohn war zunächst sanftmütig und fühlte sich oft unterlegen. Besonders in den Auseinandersetzungen mit seiner bestimmenden Mutter mußte er nachgeben. Der Junge war hilflos und resignierte. Doch mit der Pubertät wurde es für ihn wichtig, seinen Platz einzunehmen. Als er das Öl der Christusenergie nutzte, gelang es ihm immer mehr, seine Position klar zu vertreten und für sein Alter ungewöhnlich sicher und souverän zu seiner Wahrheit zu stehen. Dabei verlor er seine sanftmütige, liebevolle Art nicht. Im Gegenteil, er fand den Weg, beides zu leben. Auch von anderen wurde er als außergewöhnlich sicher und warmherzig bezeichnet.

Einer Anwenderin wurde klar, daß sie immer den Retter spielte. Selbst spät abends war sie noch für ihre Freundinnen da, wenn diese Probleme hatten und nicht weiter wußten. Nachdem sie dieses Muster erkannt hatte, beendete sie es und teilte dies auch ihren Freundinnen mit. Plötzlich fanden diese eigene Lösungen.

6. Die eigene Kraft annehmen – Djwal Khul

Themen: *Selbstvertrauen; selbstbewußtes auftreten; erkennen, daß man selbst sein Leben in der Hand hat; seine Kraft annehmen und einsetzen; zentriert sein in der eigenen Kraft und Stärke; Durchhaltevermögen; Zuversicht; Selbstwert.*

Wer das Thema „Seine Kraft annehmen" hat, schwankt zwischen zwei Extremen. Auf der einen Seite steht das Opfersein. Das Opfer stößt immer wieder an Grenzen, erlebt immer wieder seine Ohnmacht und die Macht der anderen, die es unterdrücken. Dieser Mensch fühlt sich dem Schicksal ausgeliefert, versteht die auftretenden Schwierigkeiten nicht, verliert den Mut und resigniert. „Ich kann nicht, es hat keinen Sinn, es gibt keinen Ausweg, ich habe keine Chance" sagen die inneren Stimmen. Und obwohl er seine Kraft spürt und andere Menschen ihm Wege zeigen, wie es weiter gehen könnte, traut er sich nichts zu. Selbst die Existenz, das Schicksal scheint gegen ihn.

Im anderen Extrem lebt ein Mensch, der weiß, daß er Kraft hat und erreichen kann, was er will. Aber er glaubt, kämpfen zu müssen, um sein Ziel zu erreichen. Es kommt ihm gar nicht in den Sinn, daß es leicht gehen könnte. In jeder Anregung oder in jedem Einwand von anderen sieht er ein Hindernis, das sich ihm in den Weg stellt. Im Extremfall wird er zum „Angstbeißer": Bevor der andere mir schadet, schlage ich vorsichtshalber drauf. Jeder Mensch wird zum potentiellen Feind und muß sich erst als Freund beweisen. Aber auch bei Freunden ist Vorsicht geboten. Er muß wachsam bleiben. Dieser Mensch ist angespannt, immer „auf dem Sprung", um auf Angriffe zu reagieren und fühlt sich überfordert. Tief in ihm steckt die Angst, daß es doch jemanden gibt, der stärker ist. Und dann ist er das unterlegene, hilflose Opfer. Auch der Existenz kann man nicht vertrauen, denn auch von dort kommen ständig Schicksalsschläge, die es zu bekämpfen gilt.

Menschen mit diesem Thema lieben Kriegs- und Actionfilme mit klarer Gut-Böse-Zuordnung.

Der Mensch, der sich seiner Kraft bewußt ist und sie angenommen hat, ist weder Opfer noch muß er kämpfen. Ganz selbstverständlich handelt er aus einer inneren Stärke, ist offen für das, was ihm begegnet und kann Kritik und Widerstände annehmen. Er weiß, daß er kämpfen kann, wenn es notwendig ist. Seine Kraft kommt aus einer inneren Ruhe, aus dem Vertrauen in sich selbst und er ist verbunden mit der Liebe. Er fühlt sich zentriert in seiner Kraft, ist gelassen und nichts kann ihn so schnell herauswerfen. Wenn es Schwierigkeiten gibt, hält er durch und kann klar erkennen, was es zu lernen gibt. Seine innere Stimme sagt: „Ich kann und ich will." Eine Anwenderin beschrieb die Energie von Djwal Khul als einen Mandarin, der gelassen und ruhig herrscht.

Anwendererfahrung

Auf einer Ausstellung kam ein Paar neugierig an unseren Stand und jeder zog eine Karte für den anstehenden Lernschritt. Die Frau hatte die Nummer 4 – Kwan Yin – Hingabe, der Mann die Nummer 6 – Djwal Khul. Als die Frau sein Thema sah, zog sie ihn am Arm weg und meinte:

„Komm, das ist nichts für uns." Beide hatten die Qualität gezogen, die ihnen fehlte. Doch der Mann probierte die Essenz aus und kam später wieder, um sie mitzunehmen.

Obwohl eine Frau die Firma ihres Mannes managte, glaubte sie jahrelang, daß sie ohne ihn unfähig wäre und nichts wert. Er hatte jedoch Schwierigkeiten mit den praktischen Dingen, gab zuviel Geld aus, kalkulierte falsch und mußte zweimal Konkurs anmelden. Der Anwenderin gelang es immer wieder, die Firma neu aufzubauen. Als ihr Mann sie verließ, glaubte sie, das sei ihr Ende. Nun sah sie sich selbst vor dem Ruin stehen. Als sie begann, mit der Essenz zu arbeiten, erkannte sie ihre Kraft und daß sie es gewesen war, die den Erfolg in die Firma gebracht hatte. Sie nahm einen Kredit auf, übernahm das Geschäft, handelte kraftvoll und zielsicher und in kurzer Zeit hatte sie guten Gewinn. Und sie erfüllte sich ihren Kindheitstraum und kaufte sich zwei Pferde (Pferde sind Symbol der männlichen Kraft und Stärke).

Die Essenz stärkt die Aura und dadurch fließt die eigene Energie nicht ungewollt an andere. Menschen, die viel mit anderen zu tun haben wie Krankenschwestern oder Friseure, berichten, daß sie durch diese Essenz weniger von den Stimmungen anderer Menschen beeinflußt werden und sich nach der Arbeit nicht ausgelaugt, sondern immer noch kraftvoll und fit fühlen.

7. Himmel und Erde verbinden – Sanat Kumara

Themen: *Zugang zum höheren Bewußtsein; sich mit der Erde verbinden; gern auf der Erde leben; seine Fähigkeiten, sein Potential im Irdischen verwirklichen; Pole verbinden.*

Die Energie von Sanat Kumara ist wie eine Brücke, die Himmel und Erde verbindet. Sie hilft, sich gleichzeitig mit den höheren Bewußtseinsebenen zu verbinden, als sich auch tief in der Erde zu verwurzeln.

Manche Menschen mit Zugang zu höherem Bewußtsein, die sich sehr mit den feinstofflichen Ebenen verbunden fühlen, sind auf der Erde nicht zu Hause. Sie spüren eine Sehnsucht, die sie in andere Dimensionen führt, weg von der Erde. Sie fühlen sich von der Schwere und Last der Erde erdrückt. Da sie sich nicht wirklich entziehen können, flüchten sie gerne in Träume, Meditationen und innere Reisen. Sie lieben romantische Märchenfilme und Lovestories, die ihre Sehnsucht nach der idealen Liebe, der idealen Mann-Frau-Beziehung zeigen, aber enden, wenn das reale Leben beginnt.

Diese Menschen wirken durchscheinend, zerbrechlich, zart und haben kalte Hände und Füße. In ihrer Nähe spürt man eine sehr feine Schwingung. Ihr feinstofflicher Körper schwebt meist ein Stück über dem grobstofflichen. Sie sind nicht geerdet, in ihrem eigenen Körper nicht zuhause. Sie wollen sich nicht auf die Erde und das Leben einlassen. Ihre Fähigkeiten halten sie zurück, sie sind zu kostbar für diese rauhe, unfreundliche Materie.

Sanat Kumara zeigt, daß jedes Lebewesen auf der Erde und auch die Erde selbst das Göttliche spiegelt. Die Erde ist nicht der unwirtliche Ort, der fern aller göttlichen Liebe ist. In allem spiegelt sich das göttliche Licht. Wer das erkennt und versteht, kann sich hier einlassen, Freundschaft schließen mit diesem Planeten, diesem Leben und die Erde als Heimat annehmen.

Die Energie von Sanat Kumara verbindet mit dem Körper und ermöglicht, Ideen und Fähigkeiten auf die Erde zu bringen und zu leben. Wenn der feinstoffliche Anteil im grobstofflichen verankert ist, wird die Erde mehr zu dem, was diese Menschen sich wünschen. Sie werden erdiger und stabiler. Sie wollen leben und ihre Fähigkeiten und ihre Energie einsetzen, ihren Körper spüren und die Freuden der Erde genießen. So hilft diese Energie auch Babys und Kindern, sich mehr in ihrem physischen Körper zu verwurzeln und mehr von ihrem Potential, das sich noch in den feinstofflichen Bereichen befindet, in ihre irdische Aura und in den Körper zu bringen.

Als „Brücke" unterstützt die Energie von Sanat Kumara auch Menschen, denen der Zugang zu ihrem höheren Selbst und zum Göttlichen fehlt. Diese „erdlastigen" Menschen werden durch die Energie von Sanat Kumara leichter, bewußter und erkennen ihre Verbindung zu den feinstofflichen Anteilen und noch nicht gelebten Fähigkeiten.

Menschen, die dieses Thema entfaltet haben, können Welten verbinden und sind gute Vermittler.

Anwendererfahrung

Eine Mutter, die während ihrer Schwangerschaft Bronchitis bekam, erlebte, wie unruhig ihr ungeborenes Kind dadurch wurde. Sie zog die Essenz Nummer 7 – Sanat Kumara, und wenn sie das Öl auf den Bauch rieb, wurde ihr Kind augenblicklich ruhig. Auch andere Mütter berichten, daß ihre Kinder ruhiger wurden, als sie ihnen das Öl auftrugen.

Mein Prozeß mit Sanat Kumara ging durch mehrere Stufen und führte mich immer tiefer in seine Energie und auf die Erde. Beim ersten Durchgang wurde mir bewußt, daß ich eigentlich nicht auf der Erde leben wollte. Nach zwei Monaten machte mir das Leben Freude, ich lebte gerne und konnte die Schönheit der Erde erkennen. Als ich dann das zweite Mal die Karte zog, wunderte ich mich was noch kommen könnte. Ich war doch schon gerne hier. Dann merkte ich, daß ich hier so gerne bin, wie man in Urlaub ist. Aber mich hier verwurzeln, meine Fähigkeiten einbringen wollte ich nicht. Nach diesem Durchgang war ich bereit zu sagen: „Ich will hier leben." Beim dritten Durchgang bemerkte ich, daß ich vielleicht 10 Prozent meiner Kraft und meiner Fähigkeiten einbringen will und den Rest immer noch zurückhalte. Und mit jedem weiteren Durchgang mit dieser Essenz wurde ich erdverbundener, kraftvoller und gleichzeitig auch durchlässiger für das höhere Bewußtsein, so wie der Baum, dessen Krone mit der Wurzel wächst.

8. Transformation der Vergangenheit – Angelika

Themen: *Die Wunden der Vergangenheit heilen; die Schätze vergangener Erfahrungen nutzen; Transformation; lernen.*

Alle vorangegangenen Tage waren Vorbereitung für den heutigen Tag. Doch danach zu leben, gelingt uns nicht immer. Es gibt Erlebnisse, die für uns sehr schmerzhaft sind und die wir lieber verdrängen. Wir beschweren uns über die Vergangenheit, hadern mit den Schicksalsschlägen, wir sind ärgerlich über das, was unsere Eltern uns angetan haben und bedauern uns selbst. Wenn die Vergangenheit anders gelaufen wäre, wenn wir mehr Unterstützung bekommen hätten, dann könnten wir heute unser Potential leben, dann wären unsere feinfühligen Fähigkeiten nicht verloren gegangen, dann würde ich heute meine Kraft leben und mich nicht immer vor Autoritäten zurücknehmen, dann ... Die Schmerzen sind jedoch Hinweise, die uns etwas deutlich machen. Wie Schmerzen, die in der Gymnastik auftreten, wenn wir untrainiert sind, zeigen sie, hier gibt es noch etwas zu tun. Wenn die Muskeln trainiert sind, macht man die Übungen schmerzfrei. Und wenn wir uns weigern, uns mit dem Thema auseinanderzusetzen, wiederholen sich Erlebnisse.

Was heißt nun Transformation der Vergangenheit? Sie vergessen und neu anfangen? Nur die Gegenwart und unser Potential sehen und die alten Geschichten wegwerfen? Safi Nidiaye sagt in ihrem Buch „Den Weg des Herzens gehen" dazu: „Transformation heißt nicht, das Alte zu zerstören, sondern es umzuwandeln. Das Rohmaterial wird gebraucht, um daraus Edelsteine zu schleifen."

Was hindert uns, die Erfahrungen der Vergangenheit, ob schmerzlich oder freudevoll, anzunehmen und sie als Lernschritte und Schätze zu sehen? Es sind die schmerzlichen Gefühle. Wenn ein Erlebnis unangenehm war, bringt jede Erinnerung auch wieder den Schmerz mit sich. Und wir vermeiden unbewußt, daran zu denken. Im Extremfall wird die Vergangenheit anders erinnert, als sie war. Wenn jedoch die Gefühle, die mit dem Erlebnis verbunden sind, geheilt sind, können wir das Erlebnis betrachten und verstehen. Und genau das heißt Transformation, das ist es, worin die Energie von Angelika unterstützt. Wenn Wunden und Gefühle der vergangenen Erlebnisse geheilt sind, können wir sie betrachten ohne die damals erlebten Schmerzen. Wenn die Situationen mit Abstand angeschaut werden können, wird uns auch der dahinter liegende Sinn, die wertvolle Erfahrung deutlich. Denn mit jedem Erlebnis, ob schmerzhaft oder angenehm, haben wir etwas gelernt.

Mit der Energie von Angelika erhält man die Fähigkeit, Erlebnisse zu hinterfragen und dadurch schneller zu verstehen, warum wir ihnen begegnen, was wir aus ihnen lernen wollen. Mit dieser Fähigkeit wird das Leben leichter. Man braucht nicht mehr die Zaunpfähle, die gewunken werden, kleine Hinweise reichen. Und man kann auch die anderen stärker als Spiegel nutzen. „Was hat das mit mir zu tun?" frage ich mich, wenn mir jemand seine Situation erzählt und ich schmerzlich berührt bin. Wenn ich diesen Zusammenhang erkenne und meine Blockaden mit diesem Thema löse, dann brauche ich diese Erfahrung nicht selber zu machen. Es geht um Entfaltung und Lernen, nicht um den Schmerz.

Anwendererfahrung

Reinkarnationstherapeuten fühlen sich unterstützt von dieser Energie: „Die Klienten haben leichter Zugang zu den vergangenen Ereignissen, sie sehen schneller Bilder und leiden nicht mehr unter dem Vergangenen, sind nicht mehr damit identifiziert. Die Klienten erinnern sich an Schmerzen, durchleben sie aber nicht noch mal."

Eine andere Anwenderin trug das Öl Nr. 8 auf eine Verdickung am Rücken auf. Aus der Bioenergetik wußte sie, daß dies der Bereich der Muttererfahrungen ist. Sie hatte ein sehr schwieriges Verhältnis mit ihrer Mutter gehabt und nach der Anwendung kam zunächst ihre verdrängte Wut hoch. Doch es gelang ihr leicht, die tiefsitzenden Gefühle nochmals zu durchleben und immer mehr Abstand zu gewinnen. Anschließend hatte sie ein neutrales Gefühl ihrer Mutter gegenüber und die Einstellung, „jeder hat Fehler". Sie rieb die Stelle ein halbes Jahr ein und die Verdickung verschwand. Ärzte hatten ihr geraten, diese Stelle operieren zu lassen oder sich damit anzufreunden, sie würde sich nicht verändern.

Auch bei der Integration von Erfahrungen aus vergangenen Leben unterstützt die Essenz. Eine Heilpraktikerin war fasziniert von der Heilkraft der Kräuter und ätherischer Öle. Doch immer wenn sie sich damit beschäftigte, bekam sie Angst. So mied sie dieses Thema. Als sie mit der Angelika-Essenz arbeitete, kamen ihr plötzlich Bilder und Gefühle von einer Kräuterfrau im Mittelalter, die verbrannt worden war. Die Verknüpfung „Kräuterwissen – Heilen – Strafe – Tod" blockierte sie in diesem Leben. Doch es kamen weitere Bilder zu dieser Geschichte. Die Kräuterfrau hatte einen Mann behandelt, obwohl sie deutlich das Gefühl hatte, es nicht tun zu sollen. Und genau dieser Mann lieferte sie der Inquisition aus. Jetzt wurde ihr klar, daß die Frau nicht wegen ihres Kräuterwissen verbrannt wurde, sondern weil sie nicht auf ihre Intuition gehört hatte. Das war der fehlende Lernschritt. Als sie dies erkannte und sich selbst versprach, in Zukunft mehr ihrer Intuition zu folgen, verschwand ihre Angst. Sie beschäftigte sich mit dem Thema, es machte ihr Spaß und sie wußte plötzlich mehr, als sie in Büchern gelesen hatte.

„Ich kann mir seit der Anwendung der Angelika-Essenz ganz leicht Dinge merken. Vieles bleibt mir ganz leicht im Kopf. Das habe ich noch nie so gehabt. Das Wissen bleibt einfach bei mir und ich fühle mich viel sicherer", berichtete eine andere Anwenderin.

9. Visionen – Orion

Themen: *Visionen für den eigenen Lebensweg; Intuition; Verbindung zum Höheren Selbst; Klarheit; klares Erkennen.*

Von Naturvölkern wissen wir, daß Menschen sich immer wieder Zeit nahmen zur Visionssuche. Sie gingen in die Natur, zogen sich vom normalen Alltag zurück und warteten auf innere Bilder. In dieser Zeit stärkte sich die Verbindung zum Höheren Selbst, das den Lebensplan kennt. Die Energie von Orion bewirkt ähnliches: Sie stärkt die Verbindung zum Höheren Selbst, klärt das Dritte Auge und läßt uns die anstehenden Schritte bewußt werden. Menschen für die das Thema Orion ansteht, spüren, daß sich etwas in ihrem Leben verändert, daß etwas Neues kommt. Aber sie können nicht konkret sagen was und wissen auch nicht, was als nächstes zu tun ist.

Manche stehen „völlig im Dunkeln oder im Nebel", haben das Gefühl, sich verrannt zu haben und wissen nicht, wie sie weiter gehen sollen. Manchmal sehen sie viele Möglichkeiten, können sich aber nicht entscheiden, weil sie nicht wissen, was sie wirklich wollen, weil sie ihr Ziel nicht kennen (im Unterschied zur Unentschiedenheit bei der Nr. 18 – dort können die Menschen sich nicht entscheiden, weil sie eigentlich beides oder alles haben wollen). Auf Vorschläge und Hilfen von anderen reagieren sie meist mit „aber ...". Im Extrem fühlen sie sich orientierungslos, diffus, so, als wenn sie im Nebel stehen. Sie leben in den Tag hinein, weil Richtung und Sinn fehlen. Sie wissen nicht, was ihnen Spaß macht, haben keinen Zugang zu ihren Herzenswünschen. Sie sind unzufrieden mit ihrem Leben, da sie aber keine Alternative sehen, fühlen sie sich frustriert. Da sie wenig aus innerem Antrieb tun, lassen sie sich leicht von Meinungen anderer beeinflussen und steuern. Auch ihre Arbeit tun sie halbherzig. Ihr drittes Auge und ihre Intuition sind kaum aktiv.

Im Extrem haben diese Menschen kein Bild von sich selbst, wer sie sind, was sie wollen. Sie sehen nur, was geschieht, verstehen die Zusammenhänge jedoch nicht. Ihnen fehlt das Weltbild. Ist der Mensch verbunden mit seinem Höheren Selbst, weiß er, was zu tun ist. Er empfängt klare Visionen (auch für andere) und hat ein aktives 3. Auge.

In manchen Situationen löst die Orion-Essenz auch Kopfdruck und das Gefühl von Unklarheit und Nebel, wenn man sie auf die Stirn aufträgt.

Anwendererfahrung

Anwender berichten, daß ihnen klare Visionen in den Träumen erscheinen. „Die Orion-Essenz hatte ich nachts in der Hand und träumte Richtungsweisendes." Oder sie wissen plötzlich, was zu tun ist: „Wenn Orion aufs dritte Auge kommt, weiß ich sofort, was zu tun ist."

Manchmal manifestieren sich die Veränderungen auch im Außen, ohne daß vorher klare Gedanken bemerkt wurden. Eine Anwenderin war unzufrieden mit ihrer Situation, sie suchte eine neue Stelle, wollte umziehen und war seit langem ohne Partner. Aber es war ihr nicht klar, was sie genau wollte. So nahm sie die Nr. 9 – Essenz mit in ihren dreiwöchigen Urlaub und wendete sie täglich an. Nach dem Urlaub rief sie etwas erbost an, weil ihr immer noch nicht klar war, wie es weitergehen sollte. In der darauffolgenden Woche bekam sie eine neue Stelle angeboten, die ihr gefiel, sie lernte einen netten Mann kennen und nach kurzer Zeit zog sie mit ihm in eine gemeinsame Wohnung.

Ein Heilpraktiker berichtet: „In Umbruchphasen bringt Orion Ordnung, klärt das Feld und zeigt wunderbar, was als nächstes zu tun ist. Das ist nicht immer die grandiose Vision für die Zukunft – wenn Zukunftsperspektiven verloren gegangen sind, kann Orion auch erst mal zeigen: Bleibe noch bei der Vergangenheit, du solltest jetzt erstmal deine Steuererklärung abgeben. So hat es oft gewirkt. Zuerst stand eine Aufräumphase an und dann zeigte sich, welcher Schritt als nächstes zu tun ist. Dazu ist es manchmal unterstützend, auch Kamakura zu nehmen, um die nötige Kraft zur Umsetzung zu bekommen."

10. Handeln – Kamakura

Themen: *Zielgerichtetes Handeln; Projekte und Aufgeschobenes beenden; Visionen umsetzen; Freude am Handeln; Handeln im Zustand innerer Ruhe.*

Die Kamakura-Energie ist die Energie eines Samurai: Er handelt zielgerichtet, mit genau der richtigen Kraft und zum richtigen Zeitpunkt trifft er sein Ziel. Menschen, die mit diesem Thema Schwierigkeiten haben, verzetteln sich und handeln planlos. Es fällt ihnen schwer, Prioritäten zu setzen und sie arbeiten nicht effektiv. Von den vielen Ideen werden nur wenige in Angriff genommen und kaum eine verwirklicht. Sie verfallen in Aktionismus, erreichen aber wenig. Sie werden von einem inneren Kampf gebremst, sind wie gelähmt. Sie wissen genau, was zu tun ist, nehmen es sich immer wieder vor und tun es doch nicht. Etwas kommt immer dazwischen, sie fühlen sich nicht in der richtigen Stimmung oder werden von bleierner Müdigkeit befallen.

Auf der anderen Seite stehen die Workaholics. Auch sie verzetteln sich im Tun, könnten effektiver arbeiten und dabei mehr erreichen. Doch sie beziehen ihr Selbstbewußtsein aus dem Tun statt aus dem Sein. Sie rennen weg vor dem Nichtstun, vor Momenten des Leerlaufs, vor der Ruhe, indem sie ständig beschäftigt sind.

Die ausgeglichene Qualität ermöglicht gezielt und effektiv zu handeln und letztlich zu handeln aus dem Zustand des Nichthandelns heraus.

Die Essenz ist stark energetisierend und sollte nicht abends angewandt werden.

Anwendererfahrung

Manche Anwender nehmen diese Essenz an Tagen, an denen sie sich viel vorgenommen haben, an denen viel zu tun ist oder sie lange Aufgeschobenes erledigen wollen. Die Essenz beendet den inneren Kampf mit den Widerständen. Man beginnt ohne lange zu überlegen und nutzt seine Energie, um das Ziel zu erreichen. „Buchführung mag ich überhaupt nicht. Mit der 10 lief mir das ganz leicht von der Hand. In zwei Stunden hatte ich erledigt, wozu ich sonst 2 Tage brauche. Und – bei mir bleibt nichts mehr liegen, alles wird sofort erledigt." – „Ich habe dann soviel Energie, daß ich alles, was ich mir vorgenommen habe, auch schaffe. Und dabei werde ich noch nicht einmal müde", berichteten Anwender.

Viele unternehmen Schritte, die schon lange geplant aber nicht ausgeführt waren: Eine Frau zog vom Norden in den Süden Deutschlands und klärte alle Fragen bezüglich Schule, Wohnung etc.; eine Anwenderin begann mit dem lange geplanten Sprachkurs; eine andere tätigte lange aufgeschobene Behördengänge.

„Mein Mann war arbeitslos und sprühte nicht gerade vor Energie. Ich war froh, daß er wenigstens mit einem Bekannten dreimal die Woche ins Sportstudio ging. Sein Bekannter war ein richtiger Bär – mein Mann ist eher zart gebaut – aber wenn er die 10 genommen hatte, stemmte er Gewichte, daß der Bekannte nicht mitkam. Das war total verrückt. Vor allem: als er einmal die 10 vergessen hatte, war der Bär eindeutig der stärkere", berichtete eine Frau.

Wie Kamakura bei sehr aktiven Menschen wirkt, erlebte eine Frau, die von morgens bis spät abends beschäftigt war und die Kamakura-Energie nutzen wollte, um noch mehr zu schaffen. Erbost meinte sie: „Ich bin furchtbar müde und schlafe soviel, wie ich vorher nicht geschlafen habe." Dennoch erledigte sie alles, was zu tun war. Dadurch erkannte sie, wie uneffektiv sie vorher gehandelt hatte.

Die Energie von Kamakura hilft gegen den Jetlag. Sie wirkt wie der reset-Knopf an der Uhr und stellt den Körper auf die Ortszeit ein, wenn man einen Tropfen am Ankunftsort aufs dritte Auge aufträgt.

11. Verbindung zur Erde – Kuthumi

Themen: *Erdung; sich im Körper wohl fühlen; Realitätssinn; Geduld; Heiterkeit; Wahrnehmung von feinstofflichen Energien.*

Die Energie von Kuthumi stärkt die Verbindung zwischen feinstofflichem und grobstofflichem Körper. Menschen, bei denen diese Verbindung nur sehr schwach ausgeprägt ist, wirken auf andere durchscheinend, zerbrechlich, als ob sie schweben, fast unirdisch. Sie haben wenig Bezug zum Körper und verletzen sich leicht. Sie fühlen sich oft schwindelig und schwach, atmen nur flach und haben Schwierigkeiten, sich zu konzentrieren. Sie sehen schlecht im tatsächlichen und übertragenen Sinn. Außerdem leiden sie oft unter kalten Füßen und Händen. Manche haben Beschwerden an den Füßen, zum Beispiel Ekzeme. Auch im übertragenen Sinne haben sie wenig Boden unter den Füßen, haben Probleme „im Leben Fuß zu fassen". Sie wollen die Realität nicht sehen und neigen dazu, in Traumwelten oder andere Sphären zu entfliehen. Da ihnen der Realitätsbezug fehlt, schätzen sie Situationen und Menschen falsch ein. Außerdem sind sie ungeduldig. Manchmal vergessen sie mitten in der Handlung, was sie erledigen wollten oder verlieren im Satz den roten Faden. Sie haben keine Lust zu leben, weil sie das Irdische als zäh und langwierig empfinden. Und sie neigen zu Depressionen. Die Impulse der Intuition können sie nicht umsetzen.

Da diese Menschen ihren Platz im eigenen Körper nicht ausfüllen, können Fremdenergien sich leichter ansiedeln.

Wenden diese Menschen die Kuthumi-Energie an, erleben sie manchmal zum erstenmal – wie es ist, sich völlig im Körper zu befinden. Zuerst gefällt ihnen das überhaupt nicht. Der Körper ist eng wie ein zu enges Kleidungsstück, schwer, das Gehen ist mühsam, die Füße scheinen auf dem Boden zu kleben. Sie realisieren, daß ihr feinstofflicher Anteil ein Stück oberhalb des Körpers geschwebt hatte und nicht mit dem physischen Körper verbunden war.

Ist dieses Thema integriert, lebt der Mensch freudevoll und verspielt in der Materie. Etwas von der Leichtigkeit des Deva-Reiches umgibt ihn. Er fühlt sich heiter, kraftvoll, klar und wohl in seinem Körper und erkennt die Wechselwirkung zwischen dem feinstofflichen und grobstofflichen Bereich. Dadurch kann er auch im feinstofflichen wirken um im grobstofflichen etwas zu verändern. Seele und Geist werden zum Reiter, der mit Freude sein Pferd „Körper" lenkt (siehe auch „Mensch-Himmel-Erde", S. 11).

Anwendererfahrung

Anwender berichten, daß sie ruhiger und gelassener wurden, besser schliefen und sich morgens erholter fühlten, nicht mehr hektisch und nervös waren. „An Tagen wo ich richtig hibbelig bin, reibe ich Kuthumi-Essenz auf die Hände und Füße und atme den Duft tief ein. Sofort bin ich wieder mit den Füßen auf dem Boden und ruhig", berichtet eine Anwenderin.

Manche spüren einen Wärmestrom durch sich hindurch ziehen, ein warmes wohliges Gefühl breitet sich aus: „Mit dem Öl werden meine Füße auf angenehme Art schwerer und zum ersten Mal habe ich das Gefühl, in meine Mitte zu kommen, bei mir selbst sein zu können und mich nicht ständig von den Energien anderer beeinflussen zu lassen. Ich bin einfach viel mehr bei mir, das ist eine ganz tolle Erfahrung".

„Kuthumi nehme ich immer für die Knie und die Fußsohlen. Mir tut das total gut, ich bin dann super geerdet und mache meine Arbeit gern. Mit Kuthumi habe ich genauso viel Kraft in den Beinen wie im Kopf".

12. Angenommen sein und Lebensgenuß – Lady Nada

Themen: *Sich angenommen fühlen; den Selbstwert erkennen; sich selbst mit seinen Licht- und Schattenseiten annehmen; den Körper annehmen; Sinnlichkeit; das Leben mit allen Sinnen genießen; "Wonneweib".*

Wie bei Christus- und Maria-Energie geht es beim Lady Nada-Thema um bedingungslose Liebe. Lernschritt ist, seinen Körper und sich selbst mit allen Licht- und Schattenseiten zu lieben und die sinnlichen Freuden des irdischen Lebens zu genießen. Seine Schattenseiten annehmen heißt auch, sich selbst zu verzeihen.

Menschen die dieses Thema noch nicht gelöst haben, können sich selbst nicht ausstehen und fühlen sich wegen ihrer Fehler ständig schuldig. Sie finden sich zu dick, häßlich, unfähig und sehen nur ihre Schattenseiten. Der Körper ist ihnen lästig, fast wie ein Fremdkörper, und daher neigen sie dazu, den Körper zu ruinieren: sie essen zuviel, rauchen, leben ungesund. So fühlen sie sich auch von ihrer Umgebung ungeliebt und abgelehnt. Konflikte interpretieren sie als Angriff. Ihnen fehlt Lebenslust. Sexualität ist für sie ein Problem. Manche Frauen lehnen es ab, weiblich zu sein und wirken sehr männlich.

Im Extrem fühlen sich die Menschen wertlos und dadurch ständig abgelehnt. Sie glauben, sich Zuneigung und Liebe erdienen zu müssen. Und auch wenn sie geliebt werden, können sie dies aufgrund des schlechten Selbstbildes nicht annehmen.

Das "Wonneweib" ist die gelebte Form dieses Themas. Der Mensch ist sinnlich, schätzt die Möglichkeiten und Sinne des Körpers und lebt gerne. Er genießt das Leben und liebt Musik, Düfte, Geschmack. Der Körper wird zum Tempel der Seele. Der Mensch akzeptiert, daß er nicht perfekt ist – und will es auch gar nicht sein.

Anwendererfahrung

„Ich war immer stolz, daß ich meinen Mann stehe", sagte eine Anwenderin „fand rosa kitschig und habe nicht gemerkt, wie meine weibliche Seite verkümmert ist. Nach Anwendung der Essenz konnte ich auch meine zarte Weiblichkeit annehmen".

„Ich hatte das Thema, meinen Körper anzunehmen, meine körperlichen Bedürfnisse zu akzeptieren und mehr Fülle zu leben. Ich war lange ohne Partner und fand mich viel zu dick und unansehnlich. Ich habe mich hinter weiten Klamotten versteckt und mochte mich überhaupt nicht zeigen. Meine Freundinnen waren ganz verzweifelt: „Dich kann man ja nicht verkuppeln, so wie du dich versteckst." Durch das Auftragen des Öls lernte ich, mich selbst zu berühren. Jetzt trage ich körperbetonte Kleider, habe mir viele Massagen geben lassen, was vorher nicht leicht war: Ausziehen vor anderen, berühren lassen und genießen. Ich bin überhaupt liebevoller mit mir geworden und im Spiegel schaue ich mir an, was schön ist an mir. Ich kriege jetzt auch ziemlich viel positives Feedback und finde mich hübsch."

Eine Anwenderin, die sehr unter ihrem Übergewicht und ihren immer wiederkehrenden erfolglosen Diäten litt, begriff plötzlich, daß sie ihr Körpergewicht bisher immer als Ausrede für alle nicht geliebten Schattenseiten genommen hatte: „Ich bin nicht erfolgreich, weil ich dick bin. Ich bin nicht geliebt, weil ich dick bin. Ich kann mein Potential nicht leben, weil ich dick bin." Sie hatte an ihrem Dicksein festgehalten, aus Angst vor Nähe, aus Angst vor Gesehenwerden und im Mittelpunkt stehen, aus Angst in der Materie und den irdischen Gelüsten festzukleben.

Für eine andere Anwenderin war die Narbe einer Operation der Grund, sich zu verstecken. Sie hatte sich zu einem dicken Wulst ausgebildet und auch drei Jahre Behandlung mit Spezialcreme blieben erfolglos. Sie traute sich nicht, sich zu zeigen. Als sie jedoch ihre Schönheit akzeptierte, sich annehmen konnte, so wie sie war, verschwand diese Narbe, nachdem sie drei Monate das Lady Nada-Öl eingerieben hatte.

Andrea wollte am Wochenende in die Disco und bekam am Freitag einen Pickel auf der Nase. Ganz unglücklich ging sie tanzen und glaubte, alle Menschen starren nur auf ihren Pickel. Am liebsten hätte sie sich verkrochen. Und tatsächlich stand nach einer Weile ein Mann neben ihr, der immer wieder ihre Nase anschaute. „Mein Gott" dachte sie „auch er sieht nur meinen Pickel." Nach einer Weile spricht der Mann sie an: „Darf ich ihnen etwas sagen? Sie haben eine wunderschöne Nase". Er hatte den Pickel nicht einmal bemerkt.

Wir neigen dazu, unsere Schattenseiten wie Elefanten zu sehen, die das Licht unserer inneren Schönheit völlig verdecken. Wenn wir uns jedoch unserer Schönheit bewußt sind, verändert sich unsere Ausstrahlung und wir sind schön, unabhängig von unserer äußeren Erscheinung.

13. Die irdische Kraft – Seraphis Bey

Themen: *Den Körper annehmen; die körperliche Kraft annehmen; die animalische Seite; das erste Chakra; Reinigung; Bewußtheit in die Materie bringen.*

Die eigene Kraft anzunehmen und einzusetzen ist für einige Menschen schwierig. Man sieht ihnen förmlich an, daß sie vor Energie und Durchsetzungskraft, vor Durchhaltevermögen strotzen. Man sieht, daß sie genügend Kraft haben, das zu erreichen, was sie wollen. Doch wenn sie sich beschreiben, klingt aus einer dünnen brüchigen Stimme eine Geschichte von Hilflosigkeit, „ich kann nicht, ich habe keine Kraft, ich bin zu schwach." Bei manchen sieht man an kräftigen Beinen und am Beckenbereich, die unproportional dick im Vergleich zu ihrem Oberkörper sind, wie sie ihre Kraft unterdrücken. Dahinter steht oft die Angst vor ihrer Kraft. Sie haben – in diesem und in vergangenen

Leben – erlebt, wie sie für ihre Kraft bestraft wurden, wie diese Kraft Schaden anrichtete und anderen Schmerzen zufügte. Und das „nie wieder" steckt in ihnen. Daher lehnen sie auch ab, was ihnen helfen könnte, in die Kraft zu kommen. Sie finden Sport und Bewegung schrecklich, muskulöse Körper unansehnlich und sind zu träge, um ihren Körper zu trainieren. Sie merken nicht, wie die Ablehnung des Körpers auch ihre geistige Entwicklung blockiert. Denn der Körper und die Kraft sind der Tempel, der das Bewußtsein trägt.

Die irdische Kraft zu leben bedeutet auch, mit Materie umzugehen, sich in die Materie einzulassen. Doch Menschen die Angst haben gebunden zu sein, vermeiden Materie und damit auch Reichtum, Geld, Besitz, Status und Erfolg.

Manche Menschen weigern sich, auf dieser Erde zu leben. Daher sind sie ungreifbar und legen sich nicht fest. Sie vermeiden, in der materiellen Welt Fuß zu fassen. Auch für mich war das ein schwerer Schritt. Ich habe früher immer so gelebt, daß ich relativ schnell die Brücken hinter mir abbrechen und etwas Neues beginnen konnte. Als dann die LichtWesen-Firma zu wachsen begann und Mitarbeiter beschäftigte, war mir sehr unbehaglich. Ich realisierte, daß ich nun gebunden war. Es gibt Läden, die die LichtWesen Essenzen führen und damit rechnen, daß sie die Essenzen weiterhin bekommen, es gibt Vertriebspartner, die ihren Vertrieb darauf aufgebaut haben, die Mitarbeiter müssen regelmäßig bezahlt werden, es gibt ein Lager mit Vorräten, in denen das Geld gebunden ist und der Kredit muß abbezahlt werden. Ich hatte das Gefühl, in der Materie gefesselt zu sein.

Die Energie von Seraphis Bey hilft, eine andere Einstellung zur materiellen Welt zu gewinnen, die Materie nicht als schwer, belastend, erdrückend oder bindend zu betrachten, sondern als Platz der Möglichkeiten. Sie heilt die Widerstände und es macht Spaß, in der Materie zu wirken. Plötzlich ist die Aufgabe und der Besitz keine Last mehr, sondern Möglichkeit. Plötzlich ist die Kraft keine Gefahr mehr, sondern birgt das Potential, seine Vorstellungen zu verwirklichen. Plötzlich ist der Körper kein Gefängnis mehr, sondern die Chance, sinnlich zu leben und Materie zu gestalten. Plötzlich ist das Leben nicht mehr dunkel, sondern der Regenbogen der Möglichkeiten spannt sich auf.

Anwendererfahrung

Anwender der Seraphis-Essenz berichten, daß sie sich durch die Essenz klar und kraftvoll fühlen. Besonders im Beckenbereich und den Beinen fließt die Energie und erzeugt Stehvermögen. Viele bekommen Lust auf Bewegung und Sport, obwohl sie sich vorher geweigert haben, zu träge waren, auch nur eine Übung zu machen. Nun gehen sie plötzlich mit Freude bis an die Grenzen ihrer Erschöpfung, um festzustellen, daß sich dann ein neues Energiereservoir öffnet.

Eine Anwenderin schilderte, daß sie durch die Essenz von Seraphis ihr Muster, Kraft zu unterdrücken, in der ganzen Tragweite überblicken konnte. Sie erkannte, daß sie sich im Beruf immer den Männern unterordnete und sich nichts zutraute, um nicht zu erkennen, wieviel sie leisten kann. Sie wurde gelebt und ließ andere ihr Leben bestimmen. Und sie entdeckte, daß sie aus Angst – insbesondere vor deren Kraft – Männer immer auf Abstand gehalten hatte. Zweimal heiratete sie einen Mann aus einer anderen Kultur, um leichter Distanz halten zu können. Nachdem sie mit der Seraphis-Essenz gearbeitet hatte, erkannte sie ihre Power und setzte sie ein. Zum ersten Mal hatte sie das Gefühl, selber Herr ihres Lebens zu sein.

Da die Seraphis-Essenz die Verbindung des feinstofflichen mit dem physischen Körper stärkt, wirkt sie unterstützend bei Reisen. Durch hohe Geschwindigkeit bei Auto-, Bahn- oder erst recht Flugreisen leidet der feinstoffliche Körper. Teile verlieren den Kontakt und es dauert eine Weile, bis alle Anteile wieder angekommen sind: Der Jetlag. Besonders hilfreich ist eine Mischung aus Seraphis-, Baum- und Uriel-Essenz, die ca. alle zwei Stunden angewendet wird.

14. Wachstum – Victory

Themen: *Auf der Schwelle zum nächsten Abschnitt; wachsen; gemachte Erfahrungen, Erkenntnisse und neue Schwingungsbereiche integrieren; Durchbruch; Chakren und Energiekörper harmonisieren.*

Die Energie von Victory unterstützt insbesondere Menschen, die Schwierigkeiten haben, Neues zu integrieren. Oft sind diese Menschen in den Bereichen Körper, Geist und Seele disharmonisch. Ein Bereich ist besonders gut entwickelt, ein anderer Bereich hinkt weit hinterher. Daher erleiden sie immer wieder Rückfälle. Zum Beispiel sind sie im geistigen und spirituellen Bereich sehr bewußt, ihr Körper paßt aber nicht dazu, sie essen ungesund und rauchen. Sie erkennen und verstehen, setzen aber nicht um. Oder sie sind im Beruf ein Genie, im Alltag aber unfähig zurechtzukommen. Sie haben ein Studium oder sogar eine Promotion gut abgeschlossen, arbeiten aber als Sekretärin. Bereiche klaffen auseinander, seit Jahren hängen sie an einem Punkt und bewältigen ihn nicht. Sie blenden diesen Mangel aus, haben extreme „blinde Flecken". In ihrer Entwicklung sind sie dadurch gebremst. Sie wissen um ihr Potential, trauen sich aber trotzdem nichts zu, gehen kleine Schritte und weichen den Herausforderungen aus.

Auf der energetischen Ebene sind die Chakren unbalanciert und die Aurakörper unterschiedlich entwickelt.

Der Schritt in einer solchen Situation ist, eine innere Harmonie herzustellen und die Chakren und Aurakörper auszugleichen, damit die Energie wieder harmonisch fließen kann. Körper, Verhalten und geistige Einstellungen kommen wieder in Einklang und wirken zusammen. Der Mensch wirkt homogen. Er ist mit sich selbst in Einklang. Nun ist er in der Lage, Entwicklungssprünge zu machen und er sucht Herausforderungen. Er setzt Ideen schnell um. Seine Energie fließt harmonisch.

Ein energetisches Ungleichgewicht kann auch nach einer energetischen Behandlung, Homöopathie, einer Einweihung, einem Seminar, nach bedeutsamen Veränderungen auftreten. Dies führt zu den bekannten Heilkrisen. Der feinstofflichen Körper paßt sich schneller an die Schwingungserhöhung an als der physische. Da die Victory-Energie harmonisiert, hilft sie dem Energiesystem, die neue Schwingung zu integrieren. Heilkrisen werden gemildert. Dies wird von Reiki-Meistern genutzt, die nach der Einweihung die Essenz bei ihren Schülern anwenden oder sie ihnen mitgeben.

Anwendererfahrung

Eine Ehefrau beobachtete bei ihrem Mann, daß er spontaner und entscheidungsfreudiger wurde, nachdem er mit der Victory-Essenz gearbeitet hatte. Insbesondere wenn er wieder zögerlich wird, Schwierigkeiten hat sich zu entscheiden, wendet er die Essenz an und er bekommt einen klaren Impuls und erkennt die Richtung.

Eine andere Anwenderin benutzt die Victory-Essenz für Fußmassagen, wenn ihr Mann oder Freunde erschöpft sind. Innerhalb kurzer Zeit regeneriert sich das Energiesystem und der Mensch ist wieder erfrischt und ausgeglichen.

15. Freiheit – Saint Germain

Themen: E*motionale Verwicklungen erkennen und sich befreien; Verhaltensmuster und mentale Glaubenssätze durchschauen; Karma lösen; die freie Wahl haben.*

Freiheit bedeutet, die freie Wahl zu haben. So richtet sich die Energie von Saint Germain darauf, die Verhaftungen und Verwicklungen zu lösen. Menschen, die diese Qualität noch nicht entfaltet haben, fühlen sich gefangen. „Ich würde gerne, aber ich kann nicht ..." ist von ihnen zu hören. Sie hängen fest in ihrem Arbeitsverhältnis, in Beziehungen und Verhaltensmustern, obwohl sie wissen, daß diese nicht mehr passen. Sie haben jedoch nicht die Kraft, etwas zu verändern. Wie in einem emotionalen Sumpf kleben sie in ihren Gefühlen. Die Gefühle verhindern, den Schritt zu tun. Sie sind Opfer des Leids und haben keine Wahl. (Im Unterschied zum Opfer-Sein bei Djwal Khul, wo dem Opfer die *Kraft* fehlt, ist das Opfer bei Saint Germain unfähig, sich von seinen *Emotionen* zu befreien). Diese Einstellung wird von ihren Glaubenssätzen, Erfahrungen und emotionalen karmischen Verstrickungen verstärkt. Manchmal steigern sie sich so in ihre Gefühle hinein, daß sie keinen klaren Gedanken fassen können. Emotionen, Leid und Drama steuern das Leben. Sie lieben Dramafilme und dramatische Theaterstücke und leiden mit den Helden.

Außenstehenden erscheint es manchmal, als ob diese Menschen das Leid lieben, weil sie scheinbar keine leidvolle Verstrickung auslassen.

Hervorragende Beispiele aus der Literatur für diesen Zustand sind die Werke von Shakespeare, der eine Inkarnation von Saint Germain war. Er hat sich in seinen Werken mit dem Thema „Leid" auseinander gesetzt. So entsteht das Drama in Romeo und Julia, weil Romeo kopflos emotional handelt.

Intensive Gefühle sind für manche Menschen wie ein Lebenselixier. Sie stürzen sich berauscht von einer Ekstase ins nächste Drama. Gefallen nicht auch uns Filme mit Action und Drama besser als Filme, in denen nichts passiert? Gefühle machen unser Leben lebendig. Menschen, die nicht die feinen Schwingungen spüren, suchen heftige, manchmal auch schmerzhafte Gefühle, um sich lebendig zu fühlen.

Die Energie von Saint Germain löst diese Haken. Er ist der Alchimist, der transformiert, der Blei in Gold verwandeln kann. Man fühlt sich frei, kann sich wirklich entscheiden. Auch bei dramatischen Filmen leiden die Menschen dann nicht mehr mit. Sie erkennen die Verstrickungen und können sogar darüber lächeln. Mitleid wechselt zu Mitgefühl. Das Leben wird mit einem Lächeln gesehen, aus einem anderen Blickwinkel. Emotionen behalten den Reiz, doch man tanzt *über* dem Gefühlssumpf, in dem man früher versunken ist.

Was damit gemeint ist, zeigt die Antwort von Saint Germain zum Thema „Warum gibt es so viel Leid und Schmerz auf der Erde?"

„Leid und Schmerz sind der Hit des Urlaubsortes Erde. Hier gibt es Drama, Grusel, Leid, Horror, Schmerz, Pein, all diese aufregenden, intensiven Gefühle. Zustände, die fast konträr sind zum göttlichen Sein. Und genau das ist der Ansporn, wieder in die Einheit zurückzukehren. Je tiefer ihr in Leid und Schmerz eintaucht, desto größer die Kraft, wieder herauszugehen, desto größer die Sehnsucht nach dem Einssein. Natürlich könnt ihr jederzeit in die Einheit zurückkehren. Doch wozu? Es wäre so, als wenn ihr in einem spannenden Theaterstück mittendrin rausgeht und das Happy-End verpaßt".

Anwendererfahrung

Anwender berichten, daß sie Entscheidungen umgesetzt haben, die sie schon lange geplant hatten. Vorher hinderten sie Angst, Zweifel oder ihre Gefühle.

Insbesondere in Trennungssituationen wird oft die Essenz von Saint Germain gezogen. Der Schmerz und (karmische) Bindungen lösen sich und die Menschen beginnen kraftvoll, ein neues Leben nach ihren Vorstellungen aufzubauen.

Durch die Energie wird bewußt, wo man sich gefangen fühlt, ohne es zu merken. Eine Anwenderin bekam kurz vor Feierabend noch einen dringenden Auftrag von ihrem Chef. Sie hatte eine Verabredung und wußte, daß sie diese Verabredung versäumen würde. Zuerst war sie sauer, doch dann erkannte sie, daß sie selbst gewählt hatte: Um sich den Ärger mit ihrem Chef zu ersparen, erledigte sie den Auftrag und versäumte die Verabredung. Sie hätte auch pünktlich Feierabend machen können.

„Ich habe immer Schwierigkeiten gehabt, mich meiner Kollegin gegenüber abzugrenzen. Ich reagierte nach dem

„Ich-muß-nett-sein"-Muster. Nachdem ich die 15 genommen hatte, konnte ich mich beobachten, so als wenn ein Schauspieler seinen eigenen Film anschaut. Und plötzlich verhielt ich mich ganz anders, als ich es von mir selbst kannte," berichtete eine Anwenderin.

16. Die universelle Wahrheit – Hilarion

Themen: *Die eigene Lebensaufgabe erkennen und erfüllen; seinen Raum, seinen Platz finden und einnehmen; Pionier; die eigene Größe annehmen; Verbindung zum höheren Bewußtsein.*

Menschen, deren zentrales Thema die Energie von Hilarion ist, suchen ihren Platz und ihre Lebensaufgabe. Sie haben oft das Gefühl, für sie gibt es keinen Platz. Ihre Arbeit befriedigt sie nicht, sie fühlen sich nirgendwo zu Hause. Da sie sich für dieses Leben eine besondere Aufgabe ausgesucht haben, die Verbindung zum höheren Bewußtsein aber abgerissen ist, leben sie ein normales Leben und verstecken sich. Damit sind sie unzufrieden und sie bleiben auf der Suche.

Die andere Gruppe hat ihren Platz gefunden und bewußt oder unbewußt eingenommen. Doch sie sind mit ihrer besonderen Aufgabe Pioniere. Daher werden sie von den Menschen ihrer Umgebung nicht gerade gemocht. Pioniere sind unbequem. Und diese Menschen fühlen sich wie unverstandene, allein gelassene, ausgestoßene Einzelkämpfer. Doch sie erfüllen ihre Aufgabe weiter, da sie von einem inneren Gefühl getrieben sind.

Beiden Gruppen fehlt die Verbindung zum höheren Bewußtsein, zur kosmischen Ordnung. Manchmal bricht sie plötzlich durch und die Menschen sagen Dinge oder haben Visionen, Erkenntnisse, die sie nicht einordnen können.

Wenn diese Menschen sich wieder verbinden mit dem höheren Bewußtsein, dem All-eins-Sein, wissen sie, was sie tun wollen und fühlen sich angenommen und geliebt, auch wenn Menschen sie ablehnen. Sie wissen, daß dies ihr Platz im kosmischen Rahmen ist und sie handeln selbstverständlich, aus dem Verständnis des Selbst heraus.

Anwendererfahrung

Auf einer Ausstellung zog eine Besucherin die Essenz von Hilarion und las die Beschreibung. Als sie das Öl auftrug, schossen ihr Tränen in die Augen und sie verschwand. Etwas später kam sie wieder und erklärte, daß sie immer als Spinnerin und Phantast bezeichnet worden war und für ihre Ideen und Projekte kämpfen mußte. Aber sie konnte vieles durchsetzen, weil sie innerlich wußte, daß es richtig war, was sie tat. Dennoch litt sie unter der Reaktion der anderen. In dem Moment, als sie das Öl auftrug, spürte sie die Liebe der Existenz für ihr Sein, für ihre Arbeit, und Last und Anspannung fiel von ihr ab. Sie fühlte sich, wie zu Hause angekommen.

Als eine andere Anwenderin die Essenz auswählte, war sie verzweifelt, voller Selbstzweifel und stellte ihre Entscheidung, die Heilpraktikerausbildung zu machen, in Frage. Sie hatte drei Monate später als die anderen angefangen und Probleme, sich zu konzentrieren und den Stoff zu behalten. Durch ihre beiden Kinder und den großen Haushalt fand sie wenig Zeit fürs Lernen. Mit der Hilarion-Energie wurde ihr klar, daß dies ihr Weg war. Sie konnte sich damit besser konzentrieren und den gelernten Stoff behalten.

Eine 6jährige litt darunter, daß sie nicht wie die anderen Kinder in die Schule durfte. Sie suchte sich die Flasche mit der Hilarion-Energie aus und rieb sich das Öl selbst auf die Stirn. Kurz darauf entspannte sich die Situation und sie akzeptierte, daß sie noch zu klein war.

Eine andere Anwenderin litt darunter, daß sie „nicht genügend Raum" bekam. Sie glaubte, nicht wahrgenommen zu werden und keinen Platz zu haben. Als sie nach zwei Jahren Mutterschaftsurlaub an ihre Arbeitsstelle zurückkam, hatte eine andere Kollegin ihre Aufgabe übernommen. Und als sie wieder ihre Arbeit tat, wurde sie von der Kollegin kritisiert und angegriffen. Mit der Energie von Hilarion brauchte sie nicht mehr um ihren Platz kämpfen. Sie nahm ihn ein, fühlte sich gesehen und die Angriffe verstummten.

17. Freude und Fülle – Pallas Athene

Themen: *Logik und Intuition verbinden; rechte und linke Seite, männlich und weiblich, Yin und Yang in Einklang bringen; kreativer Selbstausdruck; Heilung des inneren Kindes; Gefühle spontan ausdrücken und leben; sich für die Fülle öffnen.*

Pallas Athene ist die Meisterin des *Und*. Menschen, die diese Qualität noch nicht entfaltet haben sind im *Oder*. Sie haben Schwierigkeiten, Bereiche zu verbinden, haben eine einseitige Begabung. Manche sind kreativ-intuitiv, assoziativ, leben gefühlsgesteuert. Jedoch ist es für sie schwierig, die Ideen und die reiche innere Welt so zum Ausdruck zu bringen, daß andere sie verstehen können. Sie sehen sich tanzen, aber wenn sie es versuchen, fallen sie hin. Sie hören innen wundervolle Musik, scheitern jedoch beim Spielen. Sie sehen prächtige innere Bilder, bekommen sie aber nicht aufs Papier. Da ihnen der Realitätsbezug fehlt, fühlen sie sich schnell ungerecht behandelt. Sie können sich selbst nicht einschätzen, sehen sich als Genie oder Versager. Deshalb ziehen sie sich oft in das Ei ihrer inneren Welt zurück und sind schwer zu erreichen.

Andere sind logisch, verstandgesteuert. Für sie zählen nur Fakten. Der Kontakt zu ihren Gefühlen oder gar der Intuition fehlt.

Gelingt es, die beiden Seiten zu verbinden, rechte und linke Gehirnhälfte, Logik und Intuition, männlich und weiblich, Empfangen und Handeln, öffnet sich eine große Spannbreite von Möglichkeiten. Es ist wie bei einem Vogel, der den rechten und linken Flügel braucht, um zu fliegen. Die Gefühle können spontan ausgedrückt werden, die Realität wird wahrgenommen und gleichzeitig öffnet die Kreativität den Raum für Wunder. Das Leben wird mit den Augen des staunenden, kreativen Kindes betrachtet.

Anwendererfahrung

Ein Mann nahm seine Freundin wieder gefühlvoll in den Arm und erzählte, was ihn belastet und was er fühlt, nachdem er die Pallas Athene Essenz angewendet hat. Vorher hatte er seine Gefühle nicht gezeigt.

Ein schwieriges, aggressives Kind wurde aufgrund seiner Lernschwierigkeiten in eine Förderklasse versetzt. Eine Heilpraktikerin behandelte den Jungen mit Kinesiologie und der Essenz Nr. 17. Nach wenigen Wochen sagte der Lehrer: „Ich weiß nicht, wieso der Junge in der Förderklasse ist." Seine Leistungen waren gut, er war ruhiger und kindlicher geworden.

Eine Anwenderin beschrieb, wie sie nach der Anwendung von Pallas Athene-Essenz plötzlich einen Blick für Kleidung bekam, die zu ihr paßte, dafür, was sie kombinieren konnte und sie fand nun in den Läden mit einem Griff passende Kleidung zum günstigen Preis. Das hatte sie sich jahrelang vergeblich gewünscht.

Nach der Anwendung wurde einer Frau bewußt, in welchem Mangel sie lebte und wie wenig sie sich gönnte. Da sie jedoch kein Geld hatte, um dies zu ändern, begann sie ihre Wohnung auf- und umzuräumen und mit Tüchern und Blumen zu schmücken. Neue Kleider konnte sie sich nicht leisten, sie gönnte sich jedoch ein wohlriechendes Duschgel. Einige Tage später erhielt sie von einer ihr unbekannten Frau „ausgemusterte" Kleidung geschenkt und war überhäuft mit hochwertigen, eleganten, femininen, teilweise neuen Kleidern, Schuhen und Accessoires.

Eine andere Anwenderin verlor ihre jahrelange Angst vor Geldmangel und Ruin. Sie wurde zuversichtlich.

18. Im Gleichgewicht sein – Lady Portia

Themen: *Innere Balance; innerer Frieden; Zufriedenheit; sich Entscheiden können; die Spannung zwischen den Polen ertragen.*

Wer die innere Mitte, das Gleichgewicht in sich noch nicht gefunden hat, wird von schwierigen Situationen, Menschen oder durch die inneren Zweifel leicht verunsichert und aus der Bahn geworfen. Er läßt sich von einem Extrem ins andere ziehen, weil er die Spannung zwischen den Polen nicht aushält. Es fällt ihm schwer, eine Entscheidung zu treffen. Selten weiß dieser Mensch, was er will. Sobald eine Entscheidung getroffen ist, wird sie wieder in Frage gestellt. Er pendelt zwischen Extremen, ist unbeständig und läßt sich leicht verunsichern. Anderseits liebt er Extremes. Ausgeglichenheit erscheint ihm tot. Frauen tragen nur Hosen, geben sich maskulin. Wenn dieser Mensch sich ein Auto wünscht, schwankt er zwischen Porsche Cabrio oder Wohnmobil.

Durch die Stabilität in der inneren Mitte fühlt man sich zufrieden, ruhig, ausgeglichen, erfüllt, gelassen. Dort ist keine Mittelmäßigkeit, kein Kompromiß aus zwei Polen sondern ein innerer Frieden. Dort kann die Einheit, in der die Pole und Extreme aufgehoben sind, ertragen werden. Entscheidungen kommen aus der inneren Gewißheit und werden klar getroffen, ohne daß man lange überlegen oder abwägen muß.

Anwendererfahrung

Die Essenz von Lady Portia wird oft auf Ausstellungen und Messen gezogen. Die Besucher fühlen sich von allem angezogen und verlieren durch die Energien und Angebote ihre Mitte. Von manchen erhielten wir die Rückmeldung, daß sie sich nach Anwendung der Lady Portia-Essenz wieder stabil fühlten und entscheiden konnten, was sie interessiert.

„Ich hatte innerhalb von drei Monaten drei Kündigungen zu verkraften: meine Wohnung, Job und mein Freund

– lauter Trennungen. Als ich die 18 genommen habe, bin ich relativ schnell mit diesen extremen Umbrüchen klargekommen und war wieder im Lot. Sie hat mir besonders auf der emotionalen Ebene sehr geholfen, wenn es mir schlecht ging", berichtete eine Anwenderin.

Eine andere Anwenderin nutzte die Essenz ebenfalls in einer Umbruchzeit, als sie durch Streß aus dem Gleichgewicht geriet. Sie schrieb ihre Diplomarbeit, hatte lange nichts getan und brauchte eine Stelle. Das schlechte Gewissen tat sein übriges. „Mit der Lady Portia änderte sich das schlagartig. Ich habe vor dem Spiegel gestanden und mich plötzlich einfach anlachen müssen. Ich habe eine solche Freude gespürt und mich total wohl gefühlt. Ich spürte, wie ich wieder ich selber wurde und konnte mit einem Mal richtig gut arbeiten."

Eine 70jährige männlich wirkende Malerin hatte ihr Leben lang in kräftigen, knalligen Farben gemalt. Als sie eine Weile die Essenz von Lady Portia angewendet hatte, fühlte sie sich plötzlich weiblicher, weicher und begann in Pastellfarben, insbesondere in Lachs zu malen. Sie war verwundert, daß sie nun die Farben mochte, die sie früher abgelehnt hatte.

Als ich diese Begebenheit auf einem Seminar erzählte, meinte eine tatkräftige, handfeste Frau, die fast nur Hosen in kräftigen Farben trug: „Jetzt wird mir erst bewußt, daß ich mir zwei lachsfarbene Kleider gekauft habe, als ich mit der Lady Portia-Energie arbeitete. Ich habe mich damals über mich selbst gewundert."

19. Charisma – Helion

Themen: S*ein Charisma leben; sein Licht nicht unter den Scheffel stellen; Ausstrahlung; Selbstliebe.*

Menschen, die Helion als zentrale Lernaufgabe haben, verstecken sich und halten sich selbst für unscheinbar, glanzlos und unbedeutend. Obwohl andere ihnen ihre Ausstrahlung, ihr Charisma ansehen, reagieren sie mit „Wer ich? Ich bin doch nicht so. Ich habe doch nichts Besonderes." Sie lieben es, ihr Licht unter den Scheffel zu stellen, sich klein zu machen und auch unscheinbar zu wirken. Um nicht aufzufallen oder gesehen zu werden, verstecken sie sich hinter Masken, wie dem schlechten Selbstbild aber auch Masken der Professionalität und des Erfolges. Sie sind die Reichen in Bettlerkleidung. Um Anerkennung zu erhalten, müssen sie hart arbeiten und viel leisten. Sie neigen dazu, andere Personen auf einen Sockel zu stellen und haben unerreichbare Ideale.

Im Grunde wollen sie gesehen werden und selber auf der Bühne stehen. Daher „meißeln sie heimlich am Sockel der Götter".

Im entfalteten Zustand wird die charismatische Ausstrahlung selbstverständlich gelebt. Sie wird nicht zur Schau gestellt, sondern ist natürlich. Die Masken sind weggefallen, der Mensch zeigt sich wie er ist. Er läßt sich im Herzen berühren. Manchmal hat man den Eindruck, als wenn seine Aura leuchten würde.

Anwendererfahrung

Eine schüchterne Studentin traute sich, nach der Anwendung der Helion-Essenz, in der Universität vor großem Publikum einen Vortrag zu halten. Völlig souverän meisterte sie diese Aufgabe, die sie vorher immer vermieden hatte.

Eine andere Anwenderin hatte den Mut für ein Jahr als Tauchlehrerin auf ein Schiff nach Ägypten zu gehen. Vorher hatte sie sich das nicht zugetraut.

Viele Anwender werden angesprochen, was sie an sich verändert hätten, ob sie verliebt wären, sie würden besonders gut ausstehen und hätten eine besondere Ausstrahlung.

Eine Frau sollte mit ihrem Mann zu einer eleganten Veranstaltung gehen. Sie fühlte sich schon bei dem Gedanken unwohl, denn sie empfand sich als graue Maus und hätte sich am liebsten versteckt. Am Abend nahm sie

Helion-Essenz und fühlte sich plötzlich wohl unter den vornehm gekleideten Menschen und mit der Aufmerksamkeit, die sie bekam.

Eine andere Anwenderin wurde sich ihrer Körperhaltung bewußt und spürte, wie sie nun gerade und aufrecht ging.

Eine Frau, die Fußreflexzonenmassagen gab, hatte sich nie getraut, das auszusprechen, was sie an den Füßen sah oder spürte. Nachdem sie eine Weile die Essenz genommen hatte, sprach sie Dinge an und erlebte, wie ihre Klienten die Gespräche dankbar annahmen und die Anregungen umsetzten.

20. Den Schöpfer in sich erkennen – Aeolus

Themen: *Schöpferkraft; Zusammenhang zwischen innerem Zustand und äußerem Geschehen; bewußtes Erschaffen; vollkommene Bewußtheit.*

Ein Bereich des Themas Schöpferkraft ist Magie. Der Lernschritt dreht sich um die Auseinandersetzung mit „mein Wille-dein Wille", Manipulation und Verführung. Menschen mit diesem Thema sind fasziniert von den Möglichkeiten, andere zu beeinflussen, heimlich zu herrschen, Macht über andere zu haben und im Hintergrund als „graue Eminenz" die Fäden zu ziehen. Das zeigt sich auch in ihrer Vorliebe für Filme und Literatur über Magier, Zauberei, Verführung, Gedankenkraft. Im einen Extrem haben die Menschen einen starken Willen, klare Ziele und erreichen ihre Ziele meist. Dabei nutzen sie auch die Fähigkeit, andere zu bereden und diese auch gegen deren Willen zu einer Handlung zu bringen.

Im anderen Extrem sind diese Menschen unfähig, ihren Willen auszudrücken. Sie halten sich völlig zurück und ordnen sich lieber den anderen unter. Dabei erkennen sie meist, was sie tun oder was geschieht.

Menschen, die stark mit diesem Thema verbunden sind, haben einen ausgeprägten Mentalkörper. Meist haben sie Gedankenkräfte und magische Erfahrung aus anderen Leben und nun wollen sie lernen, dies im Einklang mit der kosmischen Ordnung zu nutzen. Sie wollen lernen, den Willen des anderen zu respektieren. Im ausgeglichenen Zustand übernehmen sie die volle Verantwortung für ihr Leben und erkennen die Zusammenhänge zwischen Gedankenkraft, innerem Zustand und äußerem Geschehen.

Anwendererfahrung

Menschen, die mit Mentaltraining und Avatar-Techniken arbeiten, empfinden die Energie von Aeolus als unterstützend.

Als ein zurückhaltender, sanftmütiger Mann, der üblicherweise seinen Willen und seine Meinung zurückstellte, die Essenz nahm, veränderte sich sein Verhalten so, daß seine Umgebung ihm vorwarf, intolerant geworden zu sein. Seine Reaktion: „Na und, dann bin ich eben intolerant". Er stand zu sich und dem was er wollte. Und auch sein Verhalten Banken und Ämtern gegenüber veränderte sich. Er stellte Forderungen, was er sich vorher nicht getraut hätte.

„Als ich die Aeolus-Essenz verwendet habe, ist mir überaus deutlich bewußt geworden, daß ich mein Leben und alles um mich herum selbst gestalte. Dieses Bewußtsein hält immer noch an", berichtete ein Anwender.

Eine Studentin, die schon immer in Geldschwierigkeiten gesteckt hatte, erkannte nach der Anwendung der Aeolus-Energie den Zusammenhang mit ihrer Einstellung zu Geld. Die Veränderung ihrer Situation erreichte sie erst in Kombination mit der Nr. 10 – Kamakura.

21. Die Einheit erkennen – Maria

Themen: *Mütterliche, nährende Liebe; sich genährt und geliebt fühlen; sich nähren; geben und nehmen; "Nein"-sagen lernen; Erdenmutter; erkennen, daß alles miteinander verbunden ist.*

Oft sind Menschen, die die Maria-Essenz auswählen, aufopfernde All-Mutter-Typen. Sie geben gerne, verpassen aber den Punkt, an dem sie sich verausgaben. Auch dann fällt es ihnen schwer, "nein" zu sagen. Sie können sich jedoch auch nicht regenerieren, indem sie aufhören zu geben. Dann wird die sprudelnde Quelle wie mit einem Deckel geschlossen und das fließende Wasser stockt. Sie selbst erhalten dann auch keine Energie mehr. Sie geben gerne, haben aber Schwierigkeiten anzunehmen oder sich von anderen helfen zu lassen.

Obwohl sie gerne geben und keine Gegenleistung dafür wollen, hoffen sie insgeheim doch auf Dank und Anerkennung. Wenn dieser Dank ausbleibt oder die Beschenkten sich undankbar verhalten, sind sie enttäuscht und verbittert. Was diese Menschen lernen wollen, ist die Energie, die Liebe aus der Quelle fließen zu lassen und nicht ihre eigene Energie abzugeben. Sie geben aus der Fülle und werden gleichzeitig selbst von der Quelle genährt. Sie wollen zum Gefäß werden, durch das das Wasser des Lebens fließt. Dadurch erfahren sie, daß es keine Grenzen gibt, das alles miteinander verbunden ist und sie Teil dieser Einheit sind. Sie lernen, Grenzen aufzulösen und haben gleichzeitig die Fähigkeit, für sich selbst Grenzen zu ziehen.

Die Maria-Essenz ist der "weibliche" Aspekt des Themas bedingungslose Liebe. Es geht um Fließenlassen, Nähren und Dabei-genährt-Werden. Wie beim "männlichen" Aspekt dieses Themas, der Christus-Energie, besteht auch hier die Neigung, sich zu opfern. Während die Menschen der Christus-Energie sich im *Kampf* für die gerechte Sache und das Wohl opfern, geben die Menschen des Maria-Themas ihr „eigenes Blut".

Anwendererfahrung

Viele Anwender fühlen sich von der Energie genährt, geborgen, geschützt. Einige beschreiben die Wirkung mit „genährt wie ein Baby an der Mutterbrust".

Eine Anwenderin setzte sich mit ihrer Rolle als Mutter auseinander und begann, die Beziehung zu ihrer Mutter aufzuarbeiten.

Ein 6jähriges Mädchen war noch nie mehrere Tage ohne Mutter gewesen. Als die Mutter zu einem Seminar wollte, vereinbarten die beiden, daß sie das Wochenende bei der Oma verbringen sollte. Vor der Abfahrt ging das Mädchen zu den Essenzen und nahm sich die Maria-Essenz, die sie am Wochenende öfter einrieb. Am Sonntag stellte sie die Flasche wieder weg und benutzte sie nicht mehr. Das Wochenende war ohne Probleme verlaufen.

Eine gestreßte Mutter von drei chaotischen Kindern war unzufrieden mit ihrer Mutterrolle und darüber, daß sie für sich selbst keine Zeit hatte. Von ihrem Mann fühlte sie sich im Stich gelassen. Nach der Anwendung der Essenz fühlte sie sich kraftvoll, begann das Muttersein wieder zu lieben, ließ sich nicht mehr stressen und es gelang ihr, auch in Zeiten von Chaos ruhig zu bleiben. Trotz der Arbeit nahm sie sich Zeit für sich und begann wieder mit Yogaübungen. Und dieser Zustand hielt an, auch als die Essenz nicht mehr verwendet wurde.

Eine Anwenderin, die lange Jahre unter Ichtiose (hornige Schuppenhaut) litt, erfuhr durch die Maria-Essenz Besserung. Und gleichzeitig erlebte sie, wovon sie normalerweise abgetrennt war: „Durch Maria habe ich zum ersten Mal gespürt, mit allem verbunden zu sein. Das war bei einem Spaziergang. Es war wie ein hin- und heratmen zwischen mir und der Natur, eine deutliche Erfahrung, daß ich ein Teil vom Ganzen bin. Diese Verbundenheit ist für mich ganz besonders kostbar, weil ich doch mein ganzes Leben die Getrenntheit durch die Ichtiose kannte."

„Maria war die allererste Meisteressenz, die ich genommen habe. Ich hatte eine sehr depressive Phase, weil ich mitten in einer dicken Ehekrise war. Mein Mann und ich hatten uns in einem sehr arbeitsreichen Jahr auseinandergelebt und er war fremdgegangen. Die Scheidung drohte und ich hatte dauernd Weinanfälle. Ich kann sehr wortgewaltig sein und normalerweise kann mein Mann mich da nicht schlagen. Ich hätte ihm meine Sache gesagt, hätte mich umgedreht und wäre gegangen. Mit der Maria-Essenz war ich sehr, sehr ruhig und habe plötzlich mit ihm geredet. Wir haben uns wirklich ausgetauscht und ich konnte auch mein Verhalten erkennen, das zu dieser Situation geführt hat. Seitdem hat sich in der Beziehung viel gewandelt und wir sind noch zusammen. Mein Mann meinte mal, er hätte eigentlich damit gerechnet, daß ich ihm die Augen auskratze, aber statt dieser Aggressionsexplosion habe ich Verantwortung übernommen."

„Mein Mann hatte letztes Jahr eine ziemlich depressive Phase. Ich habe die 21 für ihn gezogen. Nach zwei Wochen meinte er, er merke überhaupt nichts. Aber ich habe was gemerkt: Er hatte seinen Humor wiedergefunden", schilderte eine Anwenderin.

6.
Der Einsatz der LichtWesen Meisteressenzen

Anwendung

Hier ist die Anwendung der LichtWesen Meisteressenzen nur kurz erläutert. Eine umfassendere Beschreibung finden Sie im Buch „LichtWesen Meisteressenzen".

LichtWesen Meisteressenzen sind in drei Formen erhältlich: als Tinktur, Öl und als Meisterenergie-Kugel. Der Unterschied zwischen diesen drei Formen besteht im Schwingungsbereich: die Tinkturen wirken vor allem im mentalen, die Öle im emotionalen und körpernahen Bereich, die Meisterenergie-Kugel in den spirituellen Aurakörpern. Ein Beispiel: Die Tinktur der Essenz Nr. 3 – El Morya mit dem Thema „Vertrauen" wirkt besonders in Situationen, in denen angstvolle **Gedanken** wie „das kann ich nicht, das schaffe ich nicht, es wird schief gehen" lähmen. Diese Gedanken verändern sich zu: „na ja, anderes war auch schon schwierig und ich habe es geschafft, ich werde es versuchen, ich kann es schaffen". Das Öl hilft besonders in Situationen, in denen das **Gefühl** der Angst und Unsicherheit die eigene Kraft lähmt und man bereits Bauchschmerzen hat vor Aufregung. Die Meisterenergie-Kugel stärkt das Urvertrauen.

Wendet man die LichtWesen Meisteressenzen über eine längere Zeit an (einige Tage), dann breitet sich die Wirkung in alle Auraschichten hinein aus, unabhängig davon, ob Sie Öl, Tinktur oder Meisterenergie-Kugel verwendet haben.

Die Auswahl erfolgt nach den Themen, intuitiv oder mit Hilfe des Kartensets oder Tests (Biotensor, Pendel, Kinesiologie, oder andere). Man kann keine „falsche" Essenz auswählen. Alle unterstützen die Entfaltung. Jedoch erkennt man bei den Essenzen, die „den Punkt treffen" deutlicher die Veränderung oder spürt mehr. Man könnte es mit der Situation beim Aufräumen vergleichen: ist die Wohnung in Unordnung, erkennt man nach zwei Stunden Arbeit deutlich, was sich verändert hat. Ist die Wohnung ordentlich und man investiert zwei Stunden in Staubputzen und Saugen, sieht man nachher kaum einen Unterschied.

Von der Tinktur werden zweimal bis mehrmals täglich (nach Bedarf) einige Tropfen in die Mundhöhle gegeben, auf Körperstellen aufgetragen, in die Aura gefächelt oder gesprüht.

Vom Öl trägt man morgens und abends (außer Nr. 10, diese nur vormittags) und wann immer Sie Bedarf haben einige Tropfen auf Körperstellen auf. Lassen Sie sich dabei von Ihrer Intuition leiten. Universelle Stellen sind: Puls am Handgelenk und Halswirbel.

Die Meisterenergie-Kugel wird wie ein Schmuckstück getragen oder auf Körperstellen gelegt.

Weitere Anwendungsmöglichkeiten

Reinigung: Zur Reinigung der Aura, von Räumen und Edelsteinen dient vor allem die Energie von Seraphis Bey. Verreiben Sie einige Tropfen auf den Handflächen und lassen Sie die Energie von dort in die zu reinigenden Bereiche oder Gegenstände fließen. Die Tinktur können Sie auch direkt oder verdünnt in Wasser versprühen. Die Energie von Seraphis Bey neutralisiert von unangenehmen, belastenden Energien, und insbesondere Edelsteine erhalten dadurch ihre Kraft zurück. Wir haben die Essenz auch beim Streichen von Räumen verwendet und sie unter die Farbe gerührt. Dadurch werden die Energien, die noch in den Wänden haften, gelöst und die Räume sind klar und frisch. Die Energie des Vorbewohners, die sonst noch solange in den Räumen verweilt, bis man sie mit der eigenen Energie gefüllt hat, löst sich.

Aufladen von Räumen: Öl und Tinktur können zum Aufladen von Räumen verwendet werden. Dazu verreibt man einige Tropfen auf den Handflächen und geht damit durch den Raum, die Tinktur kann auch in den Raum gesprüht werden.

Baden: Am besten in Kombination mit einem Salzbad, denn Salz zieht belastende Energien aus der Aura. Nehmen Sie ein bis zwei Handvoll Salz und träufeln einige Tropfen Tinktur oder Öl darüber. Streuen Sie dann das Salz ins Badewasser. Am besten ist Meersalz, sollten Sie dies jedoch nicht zur Hand haben, verwenden Sie normales Küchensalz. Sie können auch Sahne oder Honig mit den Essenzen anreichern und ins Badewasser geben. Dies ist besonders beim Öl vorteilhaft, da Sahne und Honig als Emulgatoren wirken und das Öl mit dem Wasser verbinden. Beim Salzbad schwimmt Öl auf der Wasseroberfläche.

Essenzenmischungen

Wie beim Relax können Sie auch für Ihre persönliche Situation eine Tinktur-Mischung herstellen. Allerdings sollten sie nur in Ausnahmefällen mehr als 3 bis 4 unterschiedliche Energien mischen. Die Erfahrung zeigt, daß die Wirkung gemischter Essenzen sanfter, „runder" ist. Blockaden, die sich lösen, lassen nun andere Blockaden deutlich werden, die vorher verdeckt waren. So sah ich mich immer, wenn ich mit der Nr. 16 Hilarion (seine Lebensaufgabe und seine Größe leben) arbeitete, auf einem Berg stehen – und dann wurde ich abgeschossen. Die Hilarion-Essenz löste bei mir das Gefühl aus, daß ich abgelehnt und umgebracht werde, wenn ich meine Lebensaufgabe erfülle. Als ich dann eine ergänzende Essenz mit dem Kartenset auswählte, erhielt ich die Nr. 12 – Lady Nada – sich angenommen fühlen. Nach kurzer Zeit veränderte sich mein Angstbild: nun stand ich auf dem Berg und fühlte mich angenommen.

Wenn Sie zuviel unterschiedliche Essenzen in eine Mischung geben, "kochen" viele Blockaden gleichzeitig, was unangenehm werden kann (siehe dazu auch "Feinstoffliche Energie – je mehr, desto besser?" S. 64)

Wie Sie Tinktur-Mischungen herstellen
Klären sie zuerst, wieviel Tinkturen gemischt werden. Verwenden Sie dazu die Testverfahren (Biotensor, Pendel, Kinesiologie, o. ä.) oder das Kartenset. Beim Kartenset suchen Sie die Karten mit den Zahlen 1 bis 3 (oder 4) heraus, legen diese verdeckt vor sich, mischen und ziehen dann mit der Frage: "Wieviel Essenzen sollte ich für meine Situation mischen?" eine Karte. Anschließend wählen Sie mit dem vollständigen Kartenset die Essenzen, die gemischt werden.

Von jeder Tinktur wird dann der gleicher Anteil in eine leere Flasche gegeben und einige Sekunden geschüttelt. Dadurch stimmt sich die Wirkung der einzelnen Essenzen aufeinander ab. Die Meisterenergien arbeiten nun "im Team" zusammen.

Die Wirkung ist anders, wenn Sie die gleichen Essenzen tropfenweise nacheinander nehmen. Man könnte sie dann mit Handwerkern vergleichen, die sich nicht absprechen und jeder tut nur, was er zu tun hat.

Die Essenzenmischung wird wie eine normale Tinktur angewendet.

Essenzen für andere auswählen

Oft werden wir gefragt, wie man für jemand anderen eine Essenz auswählen kann. Ich empfehle, das Kartenset zu verwenden und sich auf die betreffende Person einzustellen (zum Beispiel indem Sie eine Lichtverbindung zwischen den beiden Herzen visualisieren oder das Höhere Selbst der Person bitten, die Auswahl zu unterstützen). Dann mischen Sie die Karten und ziehen wie für sich selbst, jedoch mit der Frage: „Was ist die passende Essenz, die *Name der Person* im Moment auf eine **angenehme** Weise unterstützt?"

Das Relax

Relax-Tinktur und -Spray ist eine Mischung aus 5 verschiedenen Meisteressenzen, die in Krisensituationen und nach energetischen Schockzuständen wie zum Beispiel traumatischen Erlebnisse oder Verletzungen wieder stabilisiert. Gleichgültig welche Krise, Schock oder Ereignis jemanden aus der Bahn geworfen hat, durch die Anwendung von Relax beruhigt sich derjenige relativ schnell wieder und kommt in seine Mitte. Relax stärkt und harmonisiert den Energiefluß des Körpers, der in Notfallsituationen aus dem Gleichgewicht gerät. Es ist leichter möglich, die eigentliche Ursache der Ereignisse und den dahinterstehenden Lernschritt zu erkennen. „Eigentlich müßte die Relax 'be present' heißen", meinte eine Anwenderin, „denn sie bringt mich augenblicklich in den Moment und wieder zu mir selbst." Ich selbst habe die Relax in meiner Handtasche und im Auto immer griffbereit.

Mütter berichten, daß sie diese Essenz auch gerne bei Kindern anwenden, wenn diese außer sich sind, sich verletzt haben oder erschrocken sind: „Ich reibe dann einige Tropfen auf das Kronenchakra und kann zusehen, wie mein Sohn sich wieder sehr schnell beruhigt", teilte eine Anwenderin mit.

Relax sollte nur in Ausnahmefällen (zum Beispiel kurzzeitig, wenn die Karte gezogen wurde oder sie auf andere Art und Weise getestet wurde) wie eine „normale" Essenz eingesetzt und regelmäßig genommen werden. Liegt keine Krise vor, kann die Essenz auch starke, manchmal unangenehme Reaktionen hervorrufen.

Wie bei den anderen Tinkturen können sie von der Relax einige Tropfen unter die Zunge geben (nicht vom bedufteten Spray) oder sie in die Aura einfächeln oder sprühen. In Schocksituationen kann es mehrmals, am besten nach Bedarf, angewendet werden.

Die Relax-Mischung enthält

- Nr. 8 – Angelika: Transformiert die Vergangenheit und die hinter dem Ereignis liegende Ursache; unterstützt das Verstehen des Lernschrittes.
- Nr. 9 – Orion: klärt Intuition und Denkvermögen und hilft zu wissen, was zu tun ist, was der nächste Schritt ist.
- Nr. 13 – Seraphis Bey: reinigt und stärkt den gesamten Energiefluß; wirkt insbesondere auf Hara und erstes Chakra.
- Nr. 18 – Lady Portia: bringt wieder ins Gleichgewicht, aus dem man durch den energetischen Schock herausgefallen ist; bringt inneren Frieden und Zufriedenheit.
- Nr. 21 – Maria: starke energetische Heil- und Harmonisierungswirkung; beruhigt.

Aus diesen Bestandteilen können Sie sich die Relax-Mischung auch selbst herstellen, indem Sie von allen fünf Essenzen jeweils den gleichen Anteil zusammen schütten und dann einige Sekunden schütteln.

Anwendererfahrung

Ich verwende Relax in allen großen und kleinen Krisen. Nach einem beinahe Unfall auf der Autobahn wurde ich sehr schnell wieder ruhig und klar. Mückenstiche hören nach dem Auftragen auf zu jucken. In Auseinandersetzungen mit meinem Partner nehmen wir beide die Relax. Innerhalb weniger Minuten steigen wir aus unseren „Kisten" (Emotionen und Projektionen) aus und erkennen, was uns wirklich beschäftigt. Auch bei Verletzungen wende ich es an, um den Schock aus dem Gewebe zu nehmen.

Manche Anwender berichten, daß durch die Relax-Tropfen die Nebenwirkungen einiger Medikamenten gemildert wurden. Insbesondere eine Frau, die eine Chemotherapie bekam, fühlte sich durch vorherige und nachfolgende Anwendung von Relax wesentlich besser.

„Meine Kinder (9 und 14 Jahre) nehmen die Relax häufig, wenn sie Schulprobleme haben. Die Kleine hatte einmal Zoff mit ihrer Freundin und kam wahnsinnig wütend nach Hause. Ich habe ihr vorgeschlagen, daß sie die Relax nehmen kann, was sie dann auch tat. Ungefähr eine Stunde später kam sie aus ihrem Zimmer und meinte zu mir: „Übrigens hatte die Andrea eigentlich recht, ich war nämlich ganz schön stur".

Eine andere Anwenderin berichtete: „Ein sechsjähriger Schüler hatte sich in einer Tür richtig schlimm den Finger gequetscht. Die blaue Quetschung war deutlich zu erkennen und der Junge weinte bitterlich. Ich habe ein Papiertaschentuch naß gemacht, 2 Tropfen Relax drauf getan und den kleinen Finger damit umwickelt. Binnen zwei Sekunden – wirklich, ich konnte es kaum fassen – ging ein Strahlen über sein Gesicht und tschüs, weg war er. Ich habe ihm noch nachgeschaut, wie er mit seinen Freunden gespielt hat, als wäre nichts gewesen."

„Als ich im Sommer mit nackten Füßen in einen Schuh reinfahren wollte, erwischte mich eine Wespe. Das war ein extrem schmerzender Stich. Ich habe die Relax drauf getan. Der Schmerz ließ sofort nach und der Fuß ist überhaupt nicht angeschwollen."

Wirkung auf Körper und Gesundheit

Wie bereits im Buch „LichtWesen Meisteressenzen" beschrieben, ist eine Krankheit ein Signal. Sie will den Menschen in der Sprache des Körpers aufmerksam machen, daß etwas in seinem Leben nicht stimmt, daß ein geistiger Lernschritt ansteht. Sie zeigt den Weg „heil" zu werden, zeigt was fehlt, um wieder vollständig zu werden. Im energetischen System ist die Ursache der Krankheit eine Blockade.

LichtWesen Essenzen lösen energetische Blockaden, machen die anstehenden Lernschritte bewußt und unterstützen die geistige Entfaltung. Dadurch entfällt der Sinn der Krankheit, die Energie fließt wieder harmonisch, in dem Maße, wie es für diesen Menschen richtig ist. Der Körper kann wieder gesunden. LichtWesen Essenzen wirken nicht wie Medikamente auf den physischen Körper. Man kann sie auch nicht symptombezogen einsetzen, da unterschiedliche Lernschritte hinter gleichen Krankheiten stehen können. Der eine leidet unter Bluthochdruck, weil er Gefühle und Tränen unterdrückt und diese wie in einem Dampfkochtopf zu immer größerem inneren Druck führen. Der Lernschritt ist, die Gefühle fließen zu lassen, Nr. 4 – Kwan Yin – Hingabe. Der andere ist sehr feinfühlig und hat Probleme, sich abzugrenzen. Um weniger von anderen zu spüren, raucht er und legt sich durch übermäßiges Essen einen Fettpanzer an. Doch leider belastet dies Kreislauf und Leber, was zu Bluthochdruck führt. Ihn würde die Nr. 1 – Maha Chohan – Innere Weisheit unterstützen.

Eine Anwenderin berichtete: „Seit meiner Kindheit hatte ich starke Verdauungsprobleme. Ich konnte mich nie durchsetzen, habe immer alles geschluckt und mich an meinen Problemen festgebissen. Ich habe mich immer nur geärgert und solange geschluckt, bis ich Wutausbrüche hatte. Der Ärger und die Unzufriedenheit war wie ein roter Faden in meinem Leben. Dann arbeitete ich mit der Energie von Saint Germain (Nr. 15 – Freiheit). Und meine Verdauungsprobleme verschwanden. Mittlerweile kann ich ganz anders umgehen mit dem, was ich erlebe. Ich habe mein altes Muster losgelassen, setze mich durch und kann freier entscheiden, was ich eigentlich will."

Wirkung bei Kindern

Die LichtWesen Meisteressenzen unterstützen auch Kinder bei ihren Lernschritten, unabhängig von ihrem Alter. Auf Seite 92 (Anwendererfahrung bei Sanat Kumara) ist beschrieben, wie ein ungeborenes Kind und Neugeborene bei der Anwendung des Öles von Sanat Kumara ruhiger wurden. Prinzipiell kann man für Kinder die passende Essenz durch das Kartenset oder durch andere Testverfahren auswählen (siehe S. 123 – Anwendung). Sind Kinder alt genug, sollten sie selbst entscheiden. Manchmal wollen sie einen Lernschritt ohne die Unterstützung von Hilfsmitteln machen. Dann lehnen Kinder die angebotenen Hilfen ab oder man sieht bei Kleinkindern, daß sie es nicht mögen. Man sollte die Essenzen nicht aufzwingen.

Viele Eltern haben uns berichtet, daß ihre Kinder sich die Essenzen selbst auswählen und regelmäßig auftragen oder die Eltern daran erinnern. „Wenn meine Kinder sich eine LichtWesen Essenz ausgewählt haben, drängeln sie mich, bis ich sie ihnen gebe oder auftrage. Das haben sie bei anderen Essenzen nicht gemacht", berichtete eine Mutter. Kinder wissen genau, was ihnen hilft und wann sie genug haben. Manche Kinder nehmen die Essenzen nur in bestimmten Situationen, zum Beispiel bei Prüfungen, wenn sie Angst oder sich verletzt haben. Die Erfahrung zeigt, daß Kinder keine Gegenreaktionen haben, sondern direkt den positiven transformierten Zustand erleben. Da die Tinktur Alkohol enthält, empfehle ich, das Öl zu verwenden oder die Tinktur auf Körperstellen aufzutragen, in die Aura zu fächeln oder zu sprühen.

Eine Anwenderin berichtete: „Janis war immer ein sehr ängstliches Kind, hatte kein Selbstvertrauen, schaute immer sehr schwer nach vorne und litt in der Schule an Lernblockaden. Ob es darum ging, ein Telefonat zu führen oder wenn er vor einem leeren Blatt saß und Hausaufgaben machen sollte, immer kam von ihm: „Ich kann das nicht". Als er in der 4. Klasse war, bekam er auch noch eine sehr strenge Lehrerin und kam überhaupt nicht mehr klar.

Dann hat mein Bruder ihm die Tinktur von El Morya (Nr. 3) und von der Christus-Energie Tinktur und Öl gegeben. Das Öl haben wir ihm auf den Hals und zwischen die Schulterblätter gerieben. Also der Junge ist jetzt ein ganz anderes Kind. Er ist unheimlich frei geworden und schon nach einer Woche waren seine Ängste so gut wie weg. Er ist viel selbstbewußter, traut sich plötzlich alles, was er bisher nie wollte und der Satz „Ich kann das nicht" ist wie verschwunden. Seine Augen waren früher immer ein bißchen trübe, jetzt strahlen sie richtig und er ist voller Elan. Das ist, als wenn eine Knospe aufblühen würde."

Wirkung bei Tieren

Die Meisteressenzen bewirken auch bei Tieren schnelle Veränderungen des Verhaltens. Mehrere Tierhalter berichteten, daß die Tiere sich manchmal die Essenzen selbst „holen". Eine Anwenderin hatte zwei Hunde, von denen einer eingeschläfert wurde. Der andere litt unter dem Verlust, war wenig aktiv und schlich bedrückt durch die Wohnung. „Und jetzt passierte was Verrücktes: er holte sich aus dem Karton mit den 21 Essenzen – an den er niemals vorher gegangen war – ein Fläschchen raus. Es war die 12 (Lady Nada – angenommen sein)."

Eine Reiterin verwendete bei ihrem Pferd die Essenz Nr. 3 – El Morya – Vertrauen. Sie konnte das Pferd vorher nachts nicht auf der Weide lassen, weil es zu ängstlich war. Tagsüber stand es immer abseits von den anderen Pferden. Nach 2 Tagen blieb das Pferd nachts auf der Weide und stand tagsüber mitten zwischen den anderen.

„Ich habe eine ziemlich ängstliche Katze, die ich zum Jahreswechsel auch noch in ein Katzenheim geben mußte. Als ich sie wieder zurückholte, saß sie nur noch hinter dem Sofa und war durch nichts hervorzulocken. Ich habe die ganze Katze mit dem Öl Nr. 3 – El Morya ausgestrichen und nach 10 Minuten war sie wie umgewandelt, als ob nichts gewesen wäre!"

Bei Tieren können Sie Öl oder Tinktur aufs Fell streichen oder die Tinktur dem Trinkwasser zufügen.

Kombination mit anderen Techniken

Eigene Erfahrung und Hinweise und Erfahrungen von Therapeuten zeigen, daß LichtWesen Meisteressenzen andere Therapien unterstützen können. Insbesondere wenn Sie mit mehr irdisch/körperlichen Methoden kombiniert werden, stabilisiert die geistig/feinstoffliche Wirkung der Essenzen den Behandlungserfolg. Mehrere Ebenen – körperliche, emotionale und geistige – werden gleichzeitig angesprochen. Die Wirkung muß sich nicht erst von einer Ebene auf die anderen ausbreiten.

Die Auswahl der Essenz erfolgt wie im Kapitel Anwendung (Seite 123) beschrieben durch den Klient selbst oder den Therapeuten. Es kann aber auch eine allgemein unterstützende Essenz zum Beispiel Nr. 14 Victory oder eine zu dieser Technik passende eingesetzt werden. Eine Liste von Kombinationsmöglichkeiten finden sie im Anhang.

Nachfolgend sind einige Erfahrungen und Anregungen zu unterschiedlichen Techniken aufgeführt. Die Liste ist nicht vollständig. Sie soll Raum lassen für eigene Erkenntnisse und Mut machen, auszuprobieren und die eigene Methode zu finden.

Manche Therapeuten haben Probleme, den Klienten die LichtWesen zu erklären. Deshalb werden sie mit einer skeptischen und ablehnenden Haltung des Klienten konfrontiert. Andere Therapeuten haben kein Problem mit Schwingungen aus der geistigen Ebene und erklären den Klienten, daß diese Essenzen kosmische Energie beinhalten oder ähnlich wie Blütenessenzen wirken. Ihre Klienten sind offen und betrachten die Essenzen wie jedes andere Mittel.

Homöopathie: Heilpraktiker, die LichtWesen Essenzen und Homöopathie kombinieren, berichten, daß weniger Erstverschlimmerungen auftraten und unangenehme Heilreaktionen seltener waren. Die Wirkung des homöopathischen Mittels hingegen wurde verstärkt.

Blüten- und Edelsteinessenzen: Die Erfahrungen mit Blüten- und Edelsteinessenzen sind ähnlich denen mit

Homöopathie, da beide Mittel eher zu den „irdischen Schwingungsträgern" zählen. Die geistige Ebene der Licht-Wesen Essenzen vergrößert den angesprochenen Schwingungsbereich.

Reiki, Energiearbeit, Fernheilung: Diese ebenfalls energetischen Techniken arbeiten meistens mit einem ungerichteten, breiten Energiespektrum. In Kombination mit den Meisteressenzen bekommen diese Energien eine Richtung, einen Fokus. Eigene Erfahrungen und die Berichte von Anwendern zeigen, daß sich die Wirkung verstärkt. Bei der Reiki-Anwendung, der Energiearbeit und der Fernheilung wird die für den Klienten passende Essenz oder eine eher universelle Essenz ausgewählt und in die Handflächen verrieben. Anschließend wird die Behandlung wie üblich durchgeführt. Auch beim Fernreiki oder bei der Fernheilung wurden die Essenzen eingesetzt, indem sie direkt in die Hände gerieben wurden oder indem die Flasche zwischen den Händen gehalten oder auf das Photo des Klienten gesetzt wurde.

Bei **Tachyonprodukten** mit ungerichtetem Schwingungsspektrum hat sich gezeigt, daß sich die Wirkung verstärkt. Eigene Erfahrungen und Rückmeldungen zeigen, daß sich die Wirkung verstärkt und diese Wirkung zusätzlich auf ein Thema gerichtet ist, wenn man sie mit den LichtWesen Essenzen kombiniert. In der Anwendung wurde zuerst die Essenz aufgetragen und dann das Tachyonenprodukt darüber gelegt. Auch zum Aufbau von Energiefeldern haben wir Tachyonen und Meisteressenzen gemeinsam genutzt.

Edelsteinbehandlungen können ebenfalls mit den Essenzen kombiniert werden. Zum Aufbau von Energiefeldern oder Steinkreisen wurde beides kombiniert.

Bei **Massagen** kann sowohl das Öl als auch die Tinktur eingesetzt werden. Es empfiehlt sich, zuerst den Körper mit dem Basisöl einzuölen, dann einige Tropfen Essenz auf der Hand zu verreiben oder auf Körperstellen aufzutragen und dann die Massage wie gewohnt fortzuführen. Der

Zeitpunkt, zu dem die Essenz dazu genommen wird, kann intuitiv gewählt werden. Manche geben die Essenz direkt zu Beginn nach dem Einölen, andere setzen sie während der Massage mehrmals ein oder streichen am Ende damit aus. Der Abschluß kann zusätzlich auch mit der Essenz Nr. 14 – Victory gemacht werden, weil diese das Energiesystem balanciert.

Gleiches gilt auch für **kosmetische Behandlungen**. Die Essenz kann in die Hände des Behandlers gegeben oder in die verwendeten Präparate gemischt werden.

In **Cranio-Sakral-Behandlungen** und beim **Rebalancing** wird die Essenz auf die Hände des Behandlers gegeben oder auf Körperstellen aufgetragen.

Auch beim **Shiatsu** zeigte sich eine stärkere, schnellere und in einigen Fällen harmonischere Wirkung, wenn diese Techniken kombiniert wurden.

Gleiches erlebten wir mit der **Farbpunktur** (nach Peter Mandel). Hier lassen sich die Essenzen den Farben, Meridianen und Funktionskreisen zuordnen.

Auch in der **Kinesiologie** unterstützen die Essenzen das Lösen von Blockaden und alten Mustern. Bei manchen Klienten tritt bereits ein Erfolg ein, wenn die Essenz während der Behandlung in die Hand gegeben wird. Auch die Kurzbeschreibungen helfen dem Klienten.

Manche **Astrologen** geben die Essenzen passend zum Lebensthema oder zur anstehenden Situation an den Klienten.

In **NLP**-Strukturen können die Anwender schneller Zusammenhänge erkennen. Gleichzeitig können die Essenzen als Ressourcen genutzt werden.

Reinkarnationstherapeuten und Therapeuten der **Familienaufstellung** nutzen vor allem die Essenzen Nr. 8 – Angelika – Transformation der Vergangenheit, damit die Klienten schneller durch die Emotionen gehen und den Lernschritt und die Erfahrung erkennen. Nr. 5 (Christus) und Nr. 21 (Maria) dienen, um Vater- und Mutterthemen zu heilen, die Nr. 12 (Lady Nada), damit der Klient sich angenommen fühlt.

Teilnehmer und Ausbilder der **Avatar-Technik** berichteten, daß die Essenzen helfen, alte Muster loszulassen und bewußter zu leben. Hier wurden insbesondere die Nr. 8 Angelika und die Nr. 20 Aeolus erwähnt.

Eine Rückmeldung erhielten wir aus dem Bereich **Sterbebegleitung**: eine Heilpraktikerin testet für eine ältere Dame, die einige Monate sehr verwirrt gewesen war und keinen klaren Gedanken mehr fassen konnte, eine Mischung der Essenzen Nr. 2 (Lao Tse – Akzeptieren und innere Ruhe), Nr. 4 (Kwan Yin – Loslassen), Nr. 8 (Angelika – Transformation der Vergangenheit) und Nr. 21 (Maria – Einheit). Wenige Stunden nach der Anwendung begann die alte Dame aus ihrer Vergangenheit zu erzählen und erzählte schließlich Erlebnisse, die sie jahrelang verschwiegen hatte und die sie belastet hatten. Im Laufe der nächsten Wochen wurde sie wieder klar und starb nach einiger Zeit ruhig und ausgeglichen. Gerade in der Sterbebegleitung sehe ich für Menschen, die für eine spirituelle Begleitung offen sind, eine wunderbare Unterstützung. Die Essenzen können helfen, Lernschritte geistig zu vervollständigen, Frieden mit Menschen zu schließen und in den letzten Tagen und Stunden noch das zu lösen, was man sein Leben lang mit sich herum geschleppt hat. Auch können die Essenzen die Verbindung zur geistigen Welt und zum Höheren Selbst stärken, so daß erkannt wird, daß der Tod nicht das Ende des Daseins, sondern ein Wechsel zu einem anderen Abschnitt ist.

Auch im **Feng Shui** haben Anwender positive Erfahrungen gemacht, wenn sie Essenzen zum Ausgleich negativer Einflüsse eingesetzt haben. Oft wurde auch die Nr. 13 – Seraphis Bey zur Reinigung von belastenden Energien eingesetzt.

Viele Therapeuten setzen die Essenz von Seraphis Bey zur energetischen **Reinigung** der Räume, von Edelsteinen und der eigenen Aura vor und nach Sitzungen ein.

Das System der 21 Meisteressenzen

Die LichtWesen Meisteressenzen lassen sich in ein System einteilen, ein System aus 3 Reihen und 7 Spalten. Es hilft, die Themen und Zusammenhänge besser zu verstehen und zu erkennen, welche Aspekte auf anderen Ebenen zum gleichen Thema gehören. Durch die Auswahl über ein Testverfahren erkennt man auch, in welcher Ebene man das anstehende Thema bearbeitet.

Spalte	1	2	3	4	5	6	7
1. Reihe:	1	2	3	4	5	6	7
2. Reihe:	8	9	10	11	12	13	14
3. Reihe:	15	16	17	18	19	20	21

Erste Reihe:

Die Lebensqualität in sich selbst entdecken

Die Essenzen der ersten Reihe (gelbes Etikett) stärken Lebensqualitäten und Prinzipien, die wir in uns tragen, die wir mitgebracht haben und entfalten wollen. Sie helfen, diese zu erkennen und anzunehmen. Themen sind zum Beispiel Kraft, Wahrheit, bedingungslose Liebe.

Zweite Reihe:

Die Lebensqualität im Irdischen leben

Thema der Essenzen der zweiten Reihe (blaues Etikett) ist, die mitgebrachten Lebensqualitäten im Alltag, im irdischen Leben umzusetzen. Ging es in der ersten Reihe um bedingungslose Liebe, geht es in der zweiten Reihe um die Liebe zum Körper, um Handeln und irdische Kraft.

Dritte Reihe:

Die Lebensqualität integrieren

Die Essenzen in der dritten Reihe (magentafarbenes Etikett) haben das Ziel, die erkannte und im alltäglichen Leben erfahrene Lebensqualität in einen größeren Rahmen, in die gesamte Seinsstruktur zu integrieren und sie im Einklang mit der kosmischen Ordnung zu leben. Ging es bei Orion (Nr. 9 – zweite Reihe) um die anstehenden Schritte und die Verbindung zum Höheren Selbst, unterstützt Hilarion (Nr. 16), die eigene Lebensaufgabe und seinen Platz in der kosmischen Ordnung zu erkennen und zu höheren Bewußtseinsanteilen Kontakt aufzunehmen.

Spalte 1: Befreiung

Die Essenzen der Spalte 1 haben das Thema frei zu werden von den Verstrickungen mit den Emotionen, der Vergangenheit und den Verhaltensmustern. Nr. 1 Maha Chohan (in der Reihe: Die Lebensqualität erkennen) läßt verstehen, was es heißt, frei zu sein von allen Verstrickungen, Bindungen und Selbstbildern. Alles was geschieht kann beobachtet werden, ohne sich darin zu verstricken. Der Beobachter kann jede Rolle einnehmen, ohne sich damit zu identifizieren.

Nr. 8 Angelika-Energie (in der Reihe: Die Lebensqualität im irdischen Leben) transformiert die Verstrickungen mit der Vergangenheit, mit Ereignissen und Situationen des irdischen Lebens, die uns noch belasten, während Nr. 15 Saint Germain-Energie (in der Reihe: Die Lebensqualität integrieren) von den Verhaftungen in Vorstellungen, Verhaltensmustern, gesellschaftlichen Konventionen und karmischen Bindungen befreit. Dadurch erhalten wir Kontakt zu unserem wahren Sein und haben die freie Wahl.

Spalte 2: Einklang

Die Essenzen der Spalte 2 bringen uns in Einklang mit dem Sein (Nr. 2 – Lao Tse), mit unserem Höheren Selbst und dem Lebensweg (Nr. 9 – Orion), der kosmischen Ordnung und höheren Bewußtseinsebenen (Nr. 16 - Hilarion). Geht es bei Lao Tse (1. Reihe: Erkennen) darum, zu erkennen, daß wir Teil des Ganzen sind und mit allem verschmelzen können, darum, im Einklang mit dem Moment zu leben, hilft die Orion-Energie (2. Reihe: Umsetzen) zu sehen, was das für uns konkret im irdischen Leben bedeutet und welche Schritte anstehen, um im Einklang mit unserem Lebensweg zu sein. Hilarion (3. Reihe: Integrieren) hilft, unsere Lebensaufgabe zu erkennen und zu leben und damit unseren Platz im Universum einzunehmen.

Spalte 3: Vertrauen
Nr. 3 El Morya-Energie stärkt das Urvertrauen und läßt uns Vertrauen erleben. Vertrauen ins irdische Leben umsetzen heißt Handeln (Nr. 10 Kamakura), das tun, was man (nach der Vision mit Orion) als nächsten Schritt erkannt hat. Letztlich bringt uns dies in den vertrauensvollen Zustand des Kindes, das den spontanen Impulsen folgt und seine Gefühle äußert. Im Zustand des Vertrauens ist es offen und erlebt die Freude und Fülle der Welt und der gesamten Schöpfung mit staunenden Augen (17 Pallas Athene).

Spalte 4: Hingabe
Nr. 4 Kwan Yin-Energie lehrt die Lebensqualität der Hingabe, sich hingeben an das Leben, zur richtigen Zeit zu handeln und geschehen zu lassen. Sie lehrt, sich vom Leben tragen zu lassen *und* die eigene Kraft zu benutzen. Bei Kuthumi (Nr. 11 – Verbindung zur Erde) geht es um die Hingabe an die irdische Energie und an den Körper, darum, sich von der irdischen Energie tragen und nähren zu lassen und den richtigen Zeitpunkt zu treffen. Bei Lady Portia (Nr. 18 – Im Gleichgewicht sein) ist das Thema, sich den Veränderungen und Extremen des Lebens hinzugeben, ohne die eigene Mitte und den inneren Frieden zu verlieren, die Spannung zwischen den Polen auszuhalten, ohne den Boden unter den Füßen zu verlieren.

Spalte 5: Liebe

Die Christus-Energie Nr. 5 repräsentiert das Prinzip der bedingungslosen Liebe, der Liebe, die frei ist von irdischen Bedingungen. Wer in der Liebe ist, ist auch in der Wahrheit. Das Thema Liebe im Irdischen bedeutet, sich selbst und seinen Körper mit allen Licht- und Schattenseiten bedingungslos anzunehmen und zu lieben (Nr. 12 – Lady Nada). Wer sich selbst liebt, kann auch andere so annehmen, wie sie sind und genießt den Körper und die Sinne.

Ist die Liebe ins Sein und ins Leben integriert, bekommen wir eine besondere Ausstrahlung. Wir strahlen das Licht, die Liebe aus, zeigen uns so, wie wir sind und leuchten aus unserem Sein heraus (Nr. 19 – Helion).

Spalte 6: Kraft

Nr. 6, die Energie von Djwal Khul zeigt uns, daß wir die Kraft in uns tragen und was es bedeutet, sie zu leben. Nr. 13 Seraphis Bey läßt uns die Kraft im Irdischen einsetzen, während Aeolus (Nr. 20) uns lehrt, daß wahre Kraft bedeutet, unser Leben durch unsere Gedanken, Visionen und Taten zu erschaffen, was heißt, die eigene Schöpferkraft anzuerkennen.

Spalte 7: Integration

Die Essenzen der Spalte 7 integrieren. Nr. 7 Sanat Kumara stärkt unsere Fähigkeit, zwei Ebenen oder zwei Pole zu verbinden; Nr. 14 Victory harmonisiert das gesamte Energiesystem und integriert gemachte Entwicklungsschritte und neue Schwingungsebenen ins Energiesystem während Maria Nr. 21 uns mit allem, der Einheit verbindet. Gleichzeitig bilden diese Essenzen auch den Übergang zur nächsten Ebene.

Diese Beschreibung ist nur ein kurzer Einblick, wie die Essenzen zusammen wirken. Wenn Sie sich mehr mit dieser Einteilung beschäftigen, werden Ihnen auch andere Zusammenhänge und Erkenntnisse deutlich werden.

Diese Einteilung kann Therapeuten helfen zu erkennen, auf welcher Ebene und in welchem Zusammenhang das

Thema eines Klienten steht und seine Maßnahmen darauf abzustimmen.

Zur Diagnose des Entwicklungsgrades dient dieses System nicht, denn keine Reihe oder Spalte ist höher oder besser. Wie bereits im Buch LichtWesen Meisteressenzen beschrieben, hat jeder einige Lebensqualitäten schon recht gut entwickelt, andere aber gerade erst entdeckt. Außerdem gibt es für jeden Menschen Schwerpunktthemen (Spalten), durch die er immer wieder geht. Nachdem jemand die eigene Kraft angenommen (Nr. 6) und im Irdischen erprobt hat (Nr. 13), taucht das Thema Schöpferkraft (20) auf. Danach begibt er sich irgendwann auf die nächste Ebene und beginnt wieder mit dem Grundthema Kraft und der Meisterenergie von Djwal Khul (Nr. 6).

Eine Technik zum Lösen von Blockaden

Die im folgenden vorgestellte Technik unterstützt die Wirkung der Essenzen beim Lösen von Blockaden. Sie kann insbesondere bei hartnäckigen Verhaltensmustern, aber auch für körperliche Symptome oder Erkrankungen eingesetzt werden.

Blockaden sind Bereiche im Energiesystem, in denen die Lebensenergie nicht in der optimalen Stärke fließt. Meistens werden sie als negativ angesehen und wir sind bemüht, sie möglichst schnell loszuwerden. Sie sind jedoch zu einer Zeit entstanden, als diese Blockade notwendig und positiv für uns war. Wenn Kinder die Hellsichtigkeit verlieren, hilft ihnen das, sich leichter der Außenwelt anzupassen und sich einzugliedern. In manchen Fällen schützt diese Blockade davor, nicht ausgegrenzt zu werden. Als Erwachsene können sie ihr Leben selbst bestimmen, dann wird diese Blockade überflüssig, manchmal sogar hinderlich. Man könnte es mit einem Kinderpyjama vergleichen, der dem Erwachsenen nicht mehr paßt. Oder mit einem Regenschirm, der uns bei Regen schützt, aber im Sonnenschein verhindert, daß uns die Sonne berührt.

Wenn Sie die Technik anwenden, bedenken Sie, daß die Blockade Ihnen lange Zeit gedient und sie geschützt hat. Und sie hat dazu beigetragen, daß Sie heute an dieser Stelle stehen. Vielleicht gelingt es Ihnen mit diesem Wissen leichter, sich bei dem Verhaltensmuster, dem Symptom oder der Krankheit zu bedanken.

Diese Technik können Sie alleine durchführen. Sie können sich aber auch von jemandem begleiten lassen, der dann die Fragen stellt und auch genauer nachfragt.

Wählen Sie die unterstützende Meisterenergie für dieses Thema (zum Beispiel mit dem Kartenset oder mit einem Pendel). Geben Sie die Essenz in die Aura (auf den Handflächen verteilen und Hände durch die Aura führen) und auf Körperstellen wie zum Beispiel den Puls.

Atmen Sie bewußt und lassen Sie die Energie der Essenz mit Ihrem Atem durch den ganzen Körper fließen.

Denken Sie nun an das Thema, das Symptom oder die Erkrankung und beschreiben Sie es: wo im Körper es sich befindet, die Größe, Konsistenz, Farbe, welche Gefühle darin stecken, vielleicht können Sie es auch mit einer Landschaft vergleichen.

Bedanken Sie sich bei der Blockade, denn sie hat sich mit einer positiven Absicht gebildet und Ihnen einige Zeit gedient. Vielleicht wird Ihnen nun auch bewußt, welche positive Absicht diese Blockade hatte und was sie positives für Sie bewirkt hat.

Lassen Sie nun noch einmal mit jedem Atemzug Meisterenergie an diese Stelle fließen, solange bis die Stelle von der Energie vollständig eingehüllt ist und sich die Blockade gelöst hat. Die Energie beginnt dann wieder in der Stärke zu fließen, wie es jetzt für Sie richtig ist.

„Baden" Sie zum Abschluß noch einmal in der Meisterenergie. Mit dem Atem fließt sie durch Ihren ganzen Körper und die Auraschichten und hüllt Sie ein. Zusätzlich können Sie die Essenz noch einmal durch Ihre Aura fächeln.

Nachweis der Wirkung

Bisher gibt es noch keine anerkannten Meßinstrumente und Methoden, die feinstoffliche Energieströme oder Energiefelder direkt messen oder nachweisen. Danach wird noch gesucht, denn Wissenschaft und Technik beginnen erst zu forschen, nachdem die Phänomene aufgetreten sind. So war es zum Beispiel auch bei der Radioaktivität. Sie konnte erst durch den Geigerzähler gemessen werden, war aber schon immer vorhanden.

Die Methoden, die bisher genutzt werden, um feinstoffliche Phänomene zu untersuchen wie Kirlian-Photos, Aurabilder, Video-Motion, sind umstritten. Außerdem können sie auch nur die Wirkung, die Veränderungen im körperlichen und geistigen Bereich messen und nicht die Energie direkt. Gleiches gilt für EEG-Messungen.

Wir haben die Wirkung der LichtWesen Meisteressenzen dennoch durch alle oben genannten Verfahren prüfen lassen. Mit allen Verfahren konnte eine eindeutige Verbesserung des energetischen Zustandes bestätigt werden.

Aura-Fotografie heißt korrekt Biofeedback-Imaging-System. Durch Sensoren werden verschiedene Parameter der Haut gemessen. Die erhaltenen Daten werden von einem Computer ausgewertet, in Farbe umgesetzt und auf ein Sofortbild belichtet. Der erfahrene „Aura-Photograph" kann anhand der Farben sowohl Aspekte der Persönlichkeit als auch den momentanen Energiehaushalt erkennen. Die „farbige Aura" auf einem Aurafoto ist nicht die wirkliche Aura sondern eine farbige Darstellung der gemessenen Parameter.

Die Wirkung der Essenzen wurde bei mehreren Personen gemessen. Dazu wurde vor der Anwendung ein Foto aufgenommen. Dann nahm die Testperson die Flasche in die Hand oder trug die Essenz auf und unmittelbar anschließend sowie 5 und 15 Minuten später wurden weitere Fotos gemacht. Bei allen Personen zeigte sich eine Wirkung, die abhängig war vom Zustand der Person und vom

Thema der Essenz. Bei den Testpersonen, die noch nie mit den Essenzen gearbeitet hatten, zeigten sich die deutlichsten Veränderungen. Aber auch bei mir selbst konnte immer noch eine Wirkung gesehen werden, auch wenn sie nicht so intensiv war. Bei der Essenz Sanat Kumara (Nr. 7) mit dem Thema Himmel und Erde verbinden öffnete sich zum Beispiel innerhalb von wenigen Minuten das Kronenchakra und war deutlich sichtbar. Wie die Aura-Fotographie, nur komplexer, arbeiten die Video-Motion-Stationen und ähnliche Apparate. Auch sie messen Parameter und setzen sie durch einen Computer in farbige Bilder um. Sowohl bei der **Video-Motion Station** als auch bei einem vergleichbaren System konnte die Verbesserung des Energiehaushaltes dargestellt werden. Interessant war die Wirkung von Relax bei einer Frau, die die Essenzen noch nie vorher genommen hatte. Als sie ihr erstes Bild machen ließ, waren ihre Chakrenfarben durcheinander: das Basischakra zeigte grün, das Solarus Plexus Chakra war rosa etc. Ihre Aura war zusammengezogen und dünn. Als sie mit Relax eingesprüht wurde, regulierten sich die Chakren augenblicklich und nahmen ihre „normale" Farbe wieder an (Basischakra rot etc.). Die Aura dehnte sich aus.

Kirlian-Fotos zeigen die Stärke des Energieaustrittes an Fingerkuppen und Zehen. Sie werden zu Diagnosezwecken eingesetzt. Auch mit dieser Methode konnte eine sofortige und deutliche Harmonisierung des Energiehaushaltes gezeigt werden. Viele Heilpraktiker arbeiten mit der **Elektroakupunktur** nach Voll und testen damit die Essenzen aus. Auch hier zeigt sich eine schnelle Wirkung im Energiesystem, wenn der Klient die passende Essenz in die Hand nimmt.

Auch eine **EEG-Untersuchung** zeigte, daß die Essenzen eine harmonisierende Wirkung auf die Gehirnwellen haben. Der Versuch war als Doppelblindversuch aufgebaut, die Testperson hatte die Augen verbunden, die Essenzen steckten in Kästchen und auch die Person, die der Testperson die Kästchen reichte, wußte nicht, welche Essenz sich darin befand. In einem Kästchen befand sich eine Flasche mit Wasser. Bei der Wasserflasche war keine Reaktion festzustellen. Als die Testperson die Kästchen mit der Essenz in der Hand hielt, war augenblicklich eine Veränderung im Gehirnwellenmuster zu sehen. Auch hier zeigte sich, daß Personen unterschiedlich auf die gleiche Essenz reagieren.

7. Meditationen

Anleitung zur Meditation

Meditation ist ein Weg in die innere Welt, die innere Mitte. Die hier beschriebenen geführten Meditationen und inneren Reisen sind auf die Energie der Meister und damit auf Lebensqualitäten abgestimmt. Sie dienen dazu, die inneren Lebensqualitäten, die ja bereits vorhanden sind, zu entfalten und zu stärken. Der Teilnehmer kann Erfahrungen machen, die über den Verstand, über das normale Verstehen hinaus gehen. Die Kombination von Essenz und entsprechender Meditation verstärkt die Wirkung.

Diese Reisen können Sie in Meditationen mit Gruppen oder mit Freunden einsetzen. Wenn Sie diese Reisen für sich alleine machen wollen, ist es zweckmäßig, sie zusammen mit Musik auf Kassette zu sprechen. Insbesondere wenn Sie sich mit einem Thema intensiv beschäftigen oder dieses immer wieder auftaucht, empfiehlt es sich, die inneren Blockaden mit Hilfe der entsprechenden Reisen anzuschauen und zu lösen. Aus den Bildern Ihres Unterbewußtseins erhalten Sie zusätzliche Hinweise. Symbolbücher können helfen, diese Bilder zu entschlüsseln.

Die hier beschriebenen inneren Reisen sind keine Therapie, sie dienen der Stärkung innerer, oft noch verborgener Qualitäten und Fähigkeiten. Sie verbinden mit inneren Räumen und fördern so die spirituelle Entfaltung. Dennoch sollte der nicht therapeutisch ausgebildete „Reiseleiter" darauf achten, daß die Teilnehmer nicht unter Psychosen oder schweren Angstzuständen leiden.

Therapeuten können diese Reisen als zusätzliches „Werkzeug" in ihrer Behandlung anwenden.

Hinweise für den „Reiseleiter"

Die Einleitung ist bei den meisten Reisen kurz gehalten. Ungeübte Reisende brauchen mehr Zeit, um die Aufmerksamkeit nach innen zu richten. Beginnen Sie dann mit der Lichtreinigung und lassen die Einleitung der „Meisterreise" weg. Die Stelle, an der Sie mit der „Meisterreise" weitermachen ist mit diesem Symbol gekennzeichnet: ✺. Die Lichtreinigung kann jeder Meditation außer bei Seraphis Bey und Victory vorangestellt werden.

- Der Raum sollte sauber sein und einen angenehmen Duft haben. Räucherstäbchen oder extreme Gerüche sind nicht zu empfehlen, da sich während der inneren Reisen die Wahrnehmung der Sinne verstärkt und zu starke Gerüche als störend empfunden werden. Ebenfalls sollte die Musik nicht zu laut sein, da sich auch das Gehör verfeinert. Die richtige Lautstärke während der inneren Reise erscheint zu Beginn vielleicht zu leise.
- Die ausgewählte Musik sollte gleichmäßig, ohne dramatische Wechsel sein. Sie bildet den unaufdringlichen Hintergrund. Bei den Reisen sind Musikvorschläge angegeben. Für alle Reisen eignen sich die CDs von Robert Haig Coxon: The Silent Path, Beyond Dreaming, The Inner Voyage, The Silence Within und auch die Musik von Merlin's Magic aus dem Windpferd Verlag: Healing Harmony, Reiki Light Touch, Reiki, Engel, die himmlischen Helfer.
- Stimmen Sie die Lautstärke Ihrer Stimme und der Musik aufeinander ab.
- Durch die Entspannung während der Reise kann es den Teilnehmern leicht kühl werden. Bringen Sie daher den Raum auf eine angenehme Temperatur und/oder empfehlen Sie den Teilnehmern, sich in warmen Decken einzuhüllen. Dadurch fühlen sich die Teilnehmer meist geborgener.
- Diese Reisen dienen dazu, die Qualität der einzelnen LichtWesen Meisteressenzen zu erfahren. Reichen Sie

daher zu Beginn der Meditation die Essenz herum, so daß jeder Teilnehmer sie auf seinen Puls auftragen kann. Die Reisen können natürlich auch ohne Essenzen durchgeführt werden.
- Sorgen Sie dafür, daß Sie nicht gestört werden, (Türklingeln und Telefon abstellen, eventuell Fenster schließen, um störende Geräusche von außen zu vermeiden). Sollten dennoch einmal unerwartete Störgeräusche auftreten, bauen Sie diese in die Reise mit ein, zum Beispiel: „… und während das Flugzeug über das Haus fliegt, fühlst du Dich sicher und geborgen." oder „ … und jedes Geräusch läßt Dich noch tiefer entspannen."
- Lassen Sie sich Zeit, den Text langsam zu lesen, hasten Sie nicht. Die Teilnehmer sind in einem anderen Zeitgefühl und normale Lesegeschwindigkeit ist ihnen zu schnell. Beim Lesen sollte Ihre Stimme jedoch nicht gekünstelt oder wie ein zu langsam gespieltes Tonband klingen.
- Sprechen sie langsam und bewegt, mit natürlicher normaler Stimme, nicht zu leise, nicht heilig oder gekünstelt und schon gar nicht gehaucht. Denken Sie daran, daß auch weiter entfernt liegende Teilnehmer Sie hören wollen und Sie vielleicht lauter und deutlicher sprechen müssen, als wenn die Teilnehmer sitzen (die Ohren sind anders ausgerichtet). Manchmal empfiehlt es sich, ein Mikrophon zu benutzen.
- Halten Sie Taschentücher bereit, wenn befreiende Tränen fließen.
- Lesen Sie den Text vorher, damit er Ihnen vertraut ist und markieren Sie die Pausen. Empfehlenswert ist, den Text zu vergrößern. Dann können Sie ihn leichter lesen und sich außerdem markieren, welche Stellen sie betonen wollen.
- Im Text sind alle Pausen ausgewiesen. Kurze Pausen (1 bis 2 Atemzüge) sind mit Auslassungspunkten … gekennzeichnet, bei langen Pausen ist die jeweilige Zeit angegeben. Die Angaben sollen ein Anhaltspunkt sein. In einigen Grup-

pen ist es angebracht, diese Zeit zu kürzen, in anderen sie zu verlängern. Probieren Sie aus, achten Sie auf Ihr Gefühl und die Reaktionen der Gruppe. Fragen Sie die Teilnehmer hinterher, wie sie die Pausen empfunden haben, um ein Gefühl für die richtige Dauer zu bekommen. Sie können die Teilnehmer auch um weitere Anregungen bitten, dadurch steigern Sie ihre Fähigkeit als „Reiseleiter".
- Stellen Sie sich eine gut lesbare Uhr, am besten mit Sekundenzeiger, bereit. Wenn Sie die Dauer der Pause ankündigen, sollten Sie diese Zeit auch genau einhalten. Das Unterbewußtsein hat Zeitgefühl.
- **Hervorgehobene** Worte sollen betont werden.
- Lassen Sie Ihre Stimme am Ende der Reise lauter, kräftiger und energischer werden.
- Am Schluß, wenn die Teilnehmer zu einem tiefen Atemzug aufgefordert werden, sollte der „Reiseleiter" deutlich hörbar einatmen.
- Geben Sie den Teilnehmern Zeit, wieder ganz im Hier und Jetzt anzukommen.
- Wenn ein Teilnehmer Schwierigkeiten hat, von der Reise zurückzukehren, berühren Sie sanft das Dritte Auge oder halten und massieren Sie seine Füße. Fordern Sie ihn nochmals auf, zurückzukehren.
- Bevor die Teilnehmer nach der Reise den Raum verlassen, stellen Sie sicher, daß sie vollständig wieder hier angekommen und bewußt sind. Hierbei unterstützen auch Ohrmassagen, gegenseitiges Massieren, belebende Körperübungen oder tanzen.
- Manche Reisen führen in Bereiche, die das Bewußtsein nicht wahrhaben will. Die Teilnehmer schalten dann oft ihr Bewußtsein ab (sie empfinden das als Schlafen) oder hören zwar die Stimme des „Reiseleiters", verstehen aber den Sinn der Worte nicht. Manche beginnen sich unruhig zu bewegen. Erlauben Sie den Teilnehmern ihre Reaktion. Jede Reise erweckt etwas im Innern, bei manchen mehr, bei anderen weniger, ganz so wie es für den einzelnen richtig ist.

Was Sie den Teilnehmern mitteilen sollten

- Fordern Sie die Teilnehmer auf, zu „erlauben, was geschieht". Es gibt kein richtig oder falsch auf inneren Reisen.
- Falls jemand noch nie eine solche Reise gemacht hat, erklären Sie ihm, daß jeder seine Art und Weise hat zu reagieren. Manche Menschen sehen direkt Bilder oder Farben. Andere sehen nichts, sondern folgen der Reise über ihre Gefühle und Empfindungen oder entspannen einfach. Auch wenn scheinbar nichts passiert oder der Teilnehmer einzuschlafen scheint, das Unbewußte hört und führt genau die Prozesse durch, die für den Teilnehmer richtig sind.
- Es kann sein, daß die Teilnehmer in eine tiefe Entspannung gelangen. Manche Menschen neigen dann zum Schnarchen. Wenn jemand weiß, daß er während innerer Reisen schnarcht, ist es besser, er bleibt in einer sitzenden Haltung.
- In der Entspannung entspannen auch innere Organe, was an den Darmgeräuschen zu hören ist. Gestaute Energie löst sich manchmal als Husten oder in Tränen. Diese befreienden Reaktionen sollten nicht unterdrückt werden.
- Manchmal kommen andere Bilder als die beschriebenen. Da spricht der „Reiseleiter" von einem Wald, während der Teilnehmer sich am Meer befindet. Die Teilnehmer sollten den Bildern aus ihrem Inneren folgen, auch wenn sie vom Gesprochenen abweichen.

Allgemeine Einleitung – Lichtreinigung

Lege oder setze Dich entspannt hin und lausche Deinem Atem ... wie er ein- und ausströmt ... der Atem, der Dich lebendig hält ... der beim Einströmen Deinen Körper mit Sauerstoff und Lebenskraft füllt ... und durch die Lungen

ins Blut und in jede Zelle bringt, dort wo er gebraucht wird, wo er ausgetauscht wird gegen den verbrauchten Sauerstoff, der sich in CO_2 verwandelt hat. Das Blut transportiert die verbrauchte Luft zurück in die Lungen und von dort strömt der Atem wieder hinaus ...
– Einatmen und ausatmen ...
– ein und aus ...
Das ist der Rhythmus des Lebens. Anspannung und Ruhe. Wachen und Schlafen. In der äußeren Welt sein – in der inneren Welt sein. Der Rhythmus des Lebens.

Und wie das Ein- und Ausatmen geschieht dieser Rhythmus von allein. Du brauchst nichts zu tun. Der Atem fließt, auch wenn du mit ganz anderen Dingen beschäftigt bist. Genauso wie Dein Herz schlägt und das Blut durch die Adern pumpt, wie Deine Hormone den Körper steuern, wie die Nieren das Blut entgiften. Alles geschieht, **ohne** daß Du es regeln mußt, es passiert, weil Dein Körper lebendig ist. Und vielleicht möchtest Du ihm dafür jetzt danken, dafür, daß er Dich lebendig erhält, **ohne** daß Du etwas tun mußt. Es geschieht **ohne** Dein Wollen, **ohne** Deine Anstrengung, ja sogar ohne daß es Dir **bewußt** ist.

Und noch mehr geschieht, ohne daß Du es bewußt steuern mußt: Dein Körper und auch Deine Energiekörper nehmen kosmische Nahrung und Energie der Erde auf und versorgen damit alle Teile. Alles fließt miteinander ... und wie für den physischen Körper ist es auch für die feinstofflichen Körper hin und wieder angenehm, sich zu reinigen, unter einer Lichtdusche zu duschen. Stell Dir nun vor, wie Du unter einer Lichtdusche stehst. Statt Wasser fließt weißes oder farbiges Licht über Dich – je nachdem was für Dich im Moment am besten ist. Zuerst fließt es durch Deine äußeren feinstofflichen Körper, den Mentalkörper – und auch wenn Du nicht weißt, wo sich diese Körper befinden, das Licht findet die richtige Stelle (20 Sekunden Pause), durch den Emotionalkörper (20 Sekunden) und durch den Ätherkörper (20 Sekunden Pause). Dann fließt die reinigende und heilende Kraft der Lichtdusche auch durch Deinen physischen Körper, reinigt und klärt zuerst den Kopf ... dann den Hals und Kehlkopf ... und vor allem den Nacken- und Schulterbereich. Alles Belastende, Schwere wird einfach abgespült, wie beim Duschen ..., und die Lichtkraft fließt die Wirbelsäule und den gesamten Rücken entlang ... ebenso den Brustbereich ... mit allen darin liegenden Organen: den beiden Lungenflügeln, dem Herzen ..., und weiter in den Bauchbereich ..., klärt und reinigt auch die dort liegenden Organe: Magen ... und Darmtrakt ..., Milz ..., Leber ..., Bauchspeicheldrüse ..., Nieren ..., Blase ..., Geschlechtsorgane ..., und fließt durch die Beine, reinigend, klärend, heilend ... und in die Füße ..., bis das Licht schließlich in die Erde fließt und auch die Erde reinigt, klärt und heilt.

Und während Dein Körper sich nun nach dieser Reinigung harmonisiert, kannst Du jetzt eine Reise in die innere Welt antreten. Und auch jetzt brauchst Du nichts zu tun. Laß geschehen, was geschieht ... (ab hier folgt die Meditation nach diesem Symbol ❋ in einer der folgenden Meditationen zu einem der Meister – beschrieben auf den folgenden Seiten).

Begegnung mit einem Meister

Musikvorschlag: „Celtic Story" von Jon Marc
(Kuckuck/Celestial Harmonies)

Und während Du Dich bequem legst oder setzt ... und Dein Gewicht auf der Unterlage wahrnimmst ... bemerkst Du die Geräusche in diesem Raum ... die Musik ... meine Stimme ... und falls es nicht schon geschehen ist, erlaube Deinen Augen sich jetzt langsam zu schließen ... Und Du hast eine Meisteressenz angewendet, deren Schwingung jetzt langsam Deinen Körper erfüllt ..., und Dich auf eine Begegnung mit diesem Meister vorbereitet ... Und während Du mehr und mehr entspannst ..., erinnere Dich an Momente tiefen Friedens ... und vielleicht bemerkst Du, daß an einer Stelle Deines Körpers dieses Gefühl entsteht ... sich mehr und mehr entwickelt ... und sich ausdehnt ..., den ganzen Körper erfüllt (30 Sekunden Pause) während Du vielleicht neugierig bist, was Du als nächstes wahrnimmst, auf Deiner Reise in die innere Welt ...

✳ werden Zeit und Raum immer unwichtiger ... und gleichgültig, wie tief Deine Entspannung jetzt bereits ist ..., bringt der nächste Atemzug noch mehr Loslassen ..., und kannst Du genau die Tiefe erreichen, die für diese Reise richtig ist ..., die Tiefe, in die Du jetzt hineingleitest ..., in Deine Mitte, in das Zentrum Deiner inneren Welt aus dem jetzt oder gleich Bilder und Geräusche wie von selbst auftauchen ..., in eine Landschaft, die Du von einem Hügel überblicken kannst ..., eine Landschaft, die in den intensiven Farben leuchtet ... Wie sieht die Landschaft aus? ...Gibt es Pflanzen ... oder Flüsse? ... Wie duftet sie? ... Und während Du die Landschaft immer deutlicher wahrnimmst ..., entdeckst Du einen Tempel ..., den Du vielleicht aus vergangenen Reisen, aus einer vergangener Zeit kennst ..., einen ganz besonderen Platz. Wie magisch zieht er Dich an und so beginnst Du, den Hügel hinunterzugehen ... tiefer und tiefer ... Deine Füße sicher auf den Boden aufsetzend ... Und während Du den Hügel hinunter gehst ... und in die Richtung des Tempels ..., spürst Du den Boden, ob er hart oder weich, steinig oder grasbewachsen ist ..., hörst Du die Geräusche dieser Landschaft ... während Du Dich dem Tempel näherst ..., erkennst Du seine Mauern ..., seine eindrucksvolle Größe und Ausstrahlung ..., den prachtvollen Eingang, der für Dich geöffnet ist oder sich nun öffnet ... Wenn Du den Tempel betrittst, empfängt Dich der unbekannte Wohlgeruch einer besonderen Essenz ..., und eine vertraute, angenehme, kraftvolle Energie, die Du in vollen Zügen aufnimmst. Sie versetzt Dich in einen ganz besonderen Zustand ..., und das Innere des Tempels verstärkt diesen Zustand noch. Du schaust Dich um ..., alles scheint wie von innen heraus zu leuchten ... ein besonderes, kraftvolles, klares Licht ... und doch sanft ... und während Du die Wände betrachtest ... und den Boden, entdeckst Du das Muster einer Blüte ..., und der Mittelpunkt der Blüte hat eine besondere Ausstrahlung ... Wenn Du an die kuppelartige Decke schaust, entdeckst Du auch dort das gleiche Blütenmuster ..., doch der Mittelpunkt ist hier eine Öffnung, durch die von außen Licht hinein strömen kann ... Und Du scheinst genau zum richtigen Zeitpunkt gekommen, denn wenn Du jetzt zum Mittelpunkt der Lotusblüte schaust, entsteht ein Lichtstrahl, ein Lichtstrahl, der den Mittelpunkt des oberen und des unteren Lotus miteinander verbindet ... und in diesem Lichtstrahl entdeckst Du plötzlich eine Gestalt ... ist sie unbemerkt herein getreten oder hat sie sich vor Deinen Augen materialisiert, Du weißt es nicht ..., doch Du kennst die Gestalt, auch wenn Du sie vorher noch nie gesehen hast, Du weißt, daß dies der Aufgestiegene Meister ist, dem Du hier im Tempel begegnen wolltest ...

Und während Du ihn genauer betrachtest, kommt er oder sie Dir fremd und gleichzeitig vertraut vor ..., ein Meister, ein mächtiges Wesen und gleichzeitig ein Freund ..., voller Kraft, Liebe und Güte ... wie aus einer anderen Welt und doch vertraut mit den alltäglichen Dingen, mit den menschlichen Schwächen und dem Weg ...wissend und vollkommen und doch so nahe und natürlich ... Wenn Du Dich diesem Wesen näherst ..., wirst Du umfangen von einem ganz besonderen Duft ... und hast nun Zeit, seine Energie zu spüren, sie ganz in Dich aufzunehmen, Dich von ihr berühren zu lassen (1 Minute Pause).

Und während Du das freundliche, aufmunternde Lächeln auf dem Gesicht erkennst, hörst Du seine Stimme – hörst Du sie wirklich oder ist es nur ein Stimme in Deinem Innern ? – und Du hörst wie er Dich auffordert, ihm all das zu geben, was Dich im Moment belastet, Dich schwer macht, Dir das Leben schwer macht ..., alle Sorgen und Schwierigkeiten ..., alle Zweifel und Ängste (1 Minute Pause).

Und wenn Du dies alles in seine Hände gibst, merkst Du, wie es Dir leichter wird, wie Du mehr Du selbst bist ...

Und nun hörst Du, wie das Wesen Dich auffordert, all die Fragen zu stellen, die Du im Moment hast und auf die Du eine Antwort erhalten willst. Und die Antwort wirst Du nun oder später bewußt empfangen (1 Minute Pause).

Und nachdem Du alle Antworten bekommen hast, erscheint ein liebevolles, verständnisvolles Lächeln auf seinem Gesicht und Du weißt, daß Du nun noch eine Botschaft erhältst, die über Deine Fragen hinaus geht, etwas, was für Dich in Deiner Situation, für Deinen Weg, für die weiteren Schritte, für Dein Erblühen von Bedeutung ist ... und auch diese Botschaft kannst Du nun oder später ganz bewußt wahrnehmen, so wie es für Dich richtig ist und sie kann durch ein Symbol verstärkt werden (1 Minute Pause).

Zum Abschluß empfängst Du seine Energie, die Dich ganz erfüllt, Dich stärkt, stabilisiert, und Kraft gibt für den weiteren Weg. Und um ganz wahrzunehmen, was sie bei Dir bewirkt, schließt Du die Augen, richtest Deine Aufmerksamkeit nach innen (2 Minuten Pause).

Als Du die Augen wieder öffnest, ist die Gestalt und der Lichtstrahl nicht mehr zu sehen, nur der besondere Duft liegt noch in der Luft. Und doch ist es so, als wenn der Meister noch da wäre, nicht mehr sichtbar und dennoch da. Und auch die Botschaft und die Antworten, die Du bewußt oder unbewußt empfangen hast, werden in Deinem Leben wirken ..., genauso wie diese Energie Dich begleiten wird ..., auch wenn Du jetzt den Tempel wieder verläßt ..., und in die Landschaft hinaustrittst ..., erfüllt von den Ereignissen, den Antworten, der Energie ... und den Hügel wieder hinaufgehst ... dankbar in Deinen Körper zurückkehrst ... Nimm Dir jetzt die Zeit, ins Hier und Jetzt zurückzukehren, um Dich frisch und munter zu erleben ..., und mit jedem Atemzug mehr hier ankommst ... bis Du frisch und erholt Deine Augen öffnest ... Dich reckst und streckst ... und frisch und munter bist.

Maha Chohan

Musikvorschlag: „Projekt Erde 11:11" von Christoph Hausmann und Martin Stark (CMS Music)

Setze oder lege Dich bequem hin und für eine Weile lausche Deinem Atem ..., wie Du ein- und ausatmest, ... und sich dabei Dein Brustkorb hebt und senkt. Während der Atem Deine Lungen füllt und durch Deinen ganzen Körper transportiert wird, kannst Du mehr und mehr entspannen ...

✸ Du hast die Meisteressenz von Maha Chohan angewendet. Und so wie der Atem, strömt jetzt auch die Energie von Maha Chohan durch Deinen ganzen Körper, verteilt sich in Deinem Energiesystem ..., in den Energiebahnen, die den Körper wie Blutgefäße durchziehen ... und in den Aurakörpern, die ihn umgeben ... Und während die Energie Dich mehr und mehr erfüllt, lade ich Dich ein zu einer Reise ... ein Reise in einen Zustand, in dem Du **klar** siehst ..., in der Du Situationen, in denen Du den Überblick verloren hast, durchschauen und die Lösung erkennen kannst ...,in dem Du Dein Leben, Dich selbst aus einer höheren Perspektive beobachten kannst ..., so, als wenn Du auf einen Berg steigst und sich dort der Blick **über** die Landschaft öffnet, **in** der Du vorher gestanden hast ... Und für diese Reise laß Dich nun in Deine inneren Räume sinken ..., tiefer und tiefer ... wie ein Blatt, das langsam, vom Wind getragen, auf den Boden hinabsinkt ..., sinkst Du nun in die tiefen Räume Deiner inneren Welt ... und vor Deinem inneren Auge öffnet sich das Tal einer gebirgigen Landschaft ... und Du befindest Dich auf einem Weg am Fuße eines Berges. Und dieser Weg schlängelt sich den Berg hinauf ... Schau Dir Deine Umgebung an ..., das Tal ..., den Berg ..., gibt es Bäume oder Sträucher? ... Ist der Weg zum Gipfel schneebedeckt oder frei? ... Wie steil oder sanft führt er nach oben? ... Und nun beginnst Du langsam den Berg hinaufzusteigen ..., Schritt für Schritt ..., entfernst Du Dich aus der Dichte und Enge des Tals. Vielleicht ist der Weg steil, steinig und anstrengend ..., vielleicht ist es aber auch einer jener lieblichen Wanderwege, auf denen Du so bequem zum Gipfel kommen kannst. Wie auch immer Dein Weg aussieht, er bringt Dich höher und näher zum Gipfel ... Immer wenn Du Dich umdrehst und ins Tal zurückschaust, hast Du mehr Abstand gewonnen, kannst Du das, was sich dort abspielt, besser überblicken ... Und dann verändert sich das Tal. Du siehst nicht länger das Tal vor Dir, sondern eine Situation aus Deinem Leben, eine Situation in der Du Dich verstrickt hast, aus der Du noch keinen Ausweg siehst ... Und wie vorher beim Tal, so gewinnst Du nun auch zu dieser Situation mehr Abstand ..., bekommst einen Überblick ... Und während Du langsam Schritt für Schritt den Berg hinaufsteigst,..., blickst Du immer wieder auf die Situation ..., von immer neuen Stellen des Weges ..., fasziniert, aus welch unterschiedlichen Perspektiven Du auf das Geschehen blicken kannst. Und immer entdeckst Du neue Facetten, die Du von Deinem vorherigen Standpunkt aus nicht erkennen konntest (längere Pause, bis zu 3 Minuten).

Und je höher Du den Berg hinaufsteigst, desto weiter entfernst Du Dich von dem Geschehen, bis Du es schließlich aus den Augen verlierst ... Und dennoch führt Dich der Weg noch weiter den Berg hinauf. Während Du ihm folgst, bemerkst Du vielleicht, wie sich die Luft verändert. Sie scheint klarer zu werden, scheint Dich mit einer ganz besonderen Energie zu erfüllen, fast so, als wenn Du selbst klar wie die Luft wirst. Und je höher Du kommst, desto mehr scheinst Du mit etwas verbunden zu sein, was diese Klarheit ausstrahlt, was das Zentrum dieser Klarheit, des Wissens und der Weisheit zu sein scheint ... Es ist etwas ganz Besonderes, und dennoch so vertraut, ein Teil von Dir ... Und als Du auf dem Gipfel des Berges angelangt bist, scheinst Du ganz mit dieser Weisheit verbunden zu sein. Und während Du es Dir auf dem Gipfel bequem machst, erlebst Du eine Erhabenheit, eine Größe und Klarheit, wie man sie vielleicht nur hier erleben kann (1 Minute Pause).

Und vor Deinem inneren Auge erscheinen Situationen Deines Lebens, vielleicht auch Menschen und Verhaltensweisen ... und Du kannst nun mit klarem Blick, frei von den üblichen Verstrickungen, auf eine ganz besondere Weise wahrnehmen ..., nicht mehr gefangen, sondern frei, verbunden mit Weisheit und liebevollem Wissen ... Neue Einsichten und Sichtweisen steigen in Dir auf (1 Minute Pause).

Und während die Situationen und Bilder langsam verblassen, breitet sich der Zustand von Wissen und Weisheit ..., von Erhabenheit und Klarheit ... mehr und mehr in Dir aus ... Und Du erlebst die Stimme der Weisheit, ja die Weisheit selbst in Dir (1 Minute Pause).

Dieser Zustand der Weisheit ist immer in Dir, auch wenn Du ihn nicht immer wahrnimmst ..., so wie die Sonne auch scheint, wenn sie hinter Wolken verborgen ist. Doch manchmal verhindern die Wolken des Alltages, daß Du die Verbindung zur Weisheit erkennst, daß Du die Weisheit wahrnimmst. Und die Stimme der Weisheit hat es dann schwer, zu Deinem Wachbewußtsein im Alltag durchzudringen. Und nun, im Zustand der Weisheit, kannst Du Verbindung aufnehmen zu Deinem Wachbewußtsein des Alltags und erkennen, warum es schwierig ist, durchzudringen. Du kannst die Hindernisse erkennen, die im Weg stehen ... und erkennen, was die Stimme der inneren Weisheit tun kann, um besser in den normalen Alltag durchzudringen (30 Sekunden Pause) ... – und dies wird sie in Zukunft auch tun – und gleichzeitig kannst Du erkennen, was Dein normales Wachbewußtsein tun kann, um besser mit der inneren Weisheit in Kontakt zu sein (30 Sekunden Pause).

Und Du weißt, daß jetzt eine Verbindung geöffnet und stabilisiert ist, die Verbindung zwischen der inneren Weisheit und Deinem normalen Wachbewußtsein ..., die Verbindung zwischen dem Gipfel und dem Tal. Und jederzeit, wenn Du Dich wieder im Tal befindest, kannst Du gleichzeitig mit der Weisheit des Gipfels in Kontakt sein ...

Nun, da Du dies weißt und diese Verbindung gestärkt ist – und sie wird sich immer weiter stabilisieren, so wie ein Weg immer leichter zu gehen ist, je öfter man ihn geht – kannst Du langsam den Weg wieder zurückkehren. Den Weg, den Du hinauf gekommen bist ...

Und auch während Du den Weg zurück ins Tal gehst, bleibt der Zustand der Klarheit, des Wissens, der Erkenntnis, der Zustand des Gipfels in Dir. Er mag nicht mehr so intensiv sein, wie auf dem Gipfel, jedoch ist er präsent. ... Und auch als Du wieder am Fuße des Berges angekommen bist, kannst Du ihn noch deutlich spüren ... Selbst wenn Du jetzt wieder mitten in den Alltag hineingehst, ins Hier und Jetzt zurückkehrst, ist die Klarheit und Weisheit noch da und spürbar. Und Du weißt, sie ist in Dir, und Du weißt, wie Du nun auch im Alltag Deine Weisheit besser verstehen kannst.

Und in diesem Wissen komm zurück ins Hier und Jetzt ..., nimm einen tiefen Atemzug ..., bewege Deine Füße ..., Deine Hände ..., Deinen Körper ..., strecke Dich ... und sei wieder wach und klar.

Lao Tse

Musikvorschlag: „Reverence" von Terry Oldfield (New World Company)

Lege oder setze Dich bequem hin. Spüre wie die Arme sich neben Deinem Körper befinden und wie die Unterlage Dich trägt. Erlaube Deinem Körper, sich jetzt zu entspannen und in die Unterlage einzusinken – erlaube Dir, Dich tragen zu lassen ... von meiner Stimme ...

✴ Während Du mehr und mehr entspannst, lade ich Dich ein zu einer Reise durch die Welt der Dualität, zum Tanz der Gegensätze, die einfach sind, nicht gut, nicht schlecht, ja sich noch nicht einmal behindern. Im Gegenteil, manche Gegensätze lassen die Schönheit des anderen Poles erst deutlich werden: Sicher hast Du schon einmal erlebt, wie ein Tag erwacht ... wie sich der Tag in der Dämmerung mit dem Spiel der Farben über den Himmel ausbreitet ... und die Welt erhellt und belebt ... um dann am Ende des Tages, eines Tages voller Lebendigkeit, Aktivität und Bewegung wieder in die Dämmerung zurückzusinken. Langsam zieht sich dann die Sonne unter den Horizont zurück und zaubert ein Farbspiel an den Himmel ..., jeden Abend neu ... während die samtene Stille der Dunkelheit sich ausbreitet, langsam übergeht in eine Schwärze, die nicht dunkel ist. Das Funkeln der Sterne und das milchweiße Licht des Mondes verzaubern die Nacht. Und die Nacht entfaltet ihre eigene besondere Atmosphäre, wenn in der Stille leise Geräusche zu hören sind, die man am Tage nicht wahrnehmen würde ..., wenn feine Düfte in der Luft liegen, die am Tage überdeckt werden ..., wenn Stille und Frieden einkehren ..., die Welt sich zurückzieht um zu ruhen ... (10 Sekunden Pause). So können zwei Dinge, die so gegensätzlich scheinen, zusammen wirken, ja erst zusammen den besonderen Rhythmus entfalten und die ihnen innewohnende Schönheit deutlich werden lassen.

Ohne Täler gibt es keine Berge ..., ohne die dunkle Tafel kann die weiße Schrift nicht gesehen werden ..., der Wechsel der Tageszeiten, der Temperaturen, der Jahreszeiten, von Ebbe und Flut ... alles hat seine eigene Zeit, seinen Platz und der Tanz der Gegensätze, ist, wie er ist ..., Bewegung im Rhythmus des Lebens.

Du kannst Dich darüber beschweren, kannst ärgerlich sein darüber, daß der Tag die Nacht verdrängt, das Tal von einem Berg versperrt wird, oder Du kannst Dich darüber freuen. Deine Reaktion ändert nichts am Rhythmus des Lebens. Wenn Du den Rhythmus akzeptierst, akzeptierst, daß „es ist, wie es ist", bist Du frei. Frei für den Fluß der Energie, frei für das Wesentliche, frei für die Gelassenheit, die auch in Dir ruht.

Und auch Dein Leben ist ein Rhythmus der Gegensätze, mit Höhen und Tiefen, mit Situationen, die Dich erfreut haben und Situationen, die Du nicht akzeptieren konntest, die Dich aus der Gelassenheit gebracht haben. Und nun erlaube, daß vor Deinem inneren Auge eine Situation erscheint, die Dich aus Deiner inneren Ruhe, aus der Gelassenheit gebracht hat. Eine Situation, in der vielleicht andere Menschen beteiligt waren. Und während der Film noch einmal vor Deinem inneren Auge abläuft, (10 Sekunden Pause) erkennst Du nun, in dem Zustand der Ruhe, was der **Auslöser** für Deine damalige Unruhe, Deine Aufgebrachtheit, Deine intensiven Gefühle war (1 Minute Pause) und welches Gefühl diese Situation in Dir erzeugt hat. Und wenn es eine Situation in Deiner Vergangenheit gibt, wo dieses Verhalten, diese Bewertung, dieses Gefühl entstanden ist, kann auch sie sich jetzt noch einmal wie auf einer Leinwand zeigen (1 Minute Pause).

Der Auslöser – er löst die Gefühle aus, die Dich aus der Ruhe bringen und diesen Auslöser kannst Du **jetzt** heilen. Hülle die Situation und Dich selbst ein mit der Energie von Lao Tse, mit dem „es ist, wie es ist" ..., gleichgültig, ob Du die Situation bewußt gesehen hast oder unbewußt. Und auch alle anderen Auslöser, Erlebnisse, Situationen und Einstellungen, die Dich in emotionsgeladenen Situationen nicht in Ruhe und Gelassenheit bleiben lassen, auch sie können nun geheilt werden, gleichgültig ob Dir das jetzt bewußt wird oder nicht (30 Sekunden Pause).

Und wenn Du nun noch einmal auf die Situation zurückschaust, hat sie sich vielleicht schon verändert, erlebst Du andere Bilder und Gefühle. Du veränderst Dein Verhalten, nicht weil es besser ist, sondern weil es **Dir** damit besser geht, weil es für **Dich** angenehmer ist, wenn Du mit Deiner Kraft, Klarheit und Gelassenheit verbunden bleibst (1 Minute Pause).

Denn so wie der Tag nicht besser ist als die Nacht, der Winter nicht besser als der Sommer, so sind auch die Ereignisse Deines Lebens nicht besser oder schlechter, sie *sind* einfach. Die Höhen und Tiefen sind der Rhythmus des Lebens, und jedes hat seine eigene Schönheit, wenn man sie erkennt und akzeptiert. Und so bitte nun Deine innere Weisheit, Dir dies immer wieder bewußt werden zu lassen, wenn Du aus dem Zustand von Gelassenheit und Akzeptieren weggezogen wirst, damit es Dir immer leichter gelingt, bei Dir zu bleiben und verbunden zu sein (20 Sekunden Pause).

Und vielleicht erhältst Du von Deiner inneren Weisheit nun oder gleich ein Symbol oder ein Gefühl, das Deine Fähigkeit stärkt, auch in unangenehmen Situationen gelassen und in Deiner Ruhe zu bleiben (30 Sekunden Pause).

Und nun ist es Zeit, wieder in die äußere Welt zurückzukehren ..., in Dein Wachbewußtsein ..., und während die inneren Bilder mehr und mehr verblassen, nimm einen tiefen Atemzug ..., der die Lebensenergie wieder durch Deine Glieder pulsieren läßt ..., so daß Du mit kleinen Bewegungen der Hände und Füße beginnst ..., die immer stärker werden ..., und Du aus den inneren Räumen in den äußeren Raum kommst ..., die Augen öffnest, wenn es für Dich an der Zeit ist ... und völlig wach und erfrischt wieder im Hier und Jetzt bist.

El Morya

Musikvorschlag: „Chants from Isis" von Nhanda Devi (Aquarius International Music)

Für einen Moment laß Dich von Deinem Atem nach innen tragen ... mit jedem Ausatmen läßt Du einen Teil der Sorgen, der Schwere und Last los, die Du im Moment trägst ... und jedes Einatmen bringt Dich ein Stück tiefer in einen friedvollen inneren Raum ... und wenn Du bewußt ein- und ausatmest, wird Dir klar, daß dies sonst Dein Unterbewußtsein für Dich tut ...

✳ während Du mit Deinen Gedanken, mit Deinem Bewußtsein irgendwo ganz anders bist, läßt Dein Unterbewußtsein Dein Herz schlagen ..., das Blut durch die Adern fließen ..., versorgt den Körper, jede Zelle mit Sauerstoff ... mit Nahrung ... und transportiert Verbrauchtes, Altes hinaus ... es steuert die wichtigen Körperfunktionen, ohne daß Dein Bewußtsein auch nur einen Moment daran gedacht hat ... Und Du erkennst, was Dein Unterbewußtsein für Dich leistet ... das Du ihm vertrauen kannst ... und wenn Du gedankenverloren eine Straße entlang gehst, stoppst Du automatisch, wenn ein Hindernis auftaucht ..., Deine Aufmerksamkeit ist da, wenn sie gebraucht wird ... gesteuert von Deinem Unterbewußtsein. Sicher erinnerst Du Dich an ähnliche Situationen, wo Dein Unterbewußtsein zu Deinem Wohl reagiert hat, schneller als Dein Verstand es gekonnt hätte, und Du erkennst, daß Du Deinem Unterbewußtsein vertrauen kannst. Es arbeitet für Dich, für Dein Wohl, es ist ein fürsorglicher Teil Deines Seins. Und es ist nicht wichtig, warum dies in der Vergangenheit nicht immer passiert ist. Wichtig ist Deine Erfahrung, daß es möglich ist ... und auch in Zukunft so sein wird.

Und so führt Dich Dein Unterbewußtsein jetzt auch sicher durch Deine innere Welt – und jetzt oder gleich befindest Du Dich in einer Landschaft. Es ist ein schöner warmer Tag mit angenehmen Temperaturen. Der hellblaue Himmel, die Bäume und Pflanzen scheinen heute besonders zu leuchten, ein Grün von einer solchen Lebenskraft, das Dich wie Balsam berührt, Balsam für Deine Augen, Deinen Körper, Deine Seele. Leises Summen und Vogelgezwitscher ist zu hören und ein angenehmer Duft liegt in der Luft.

Vor Dir öffnet sich ein Weg, ein Weg, an dessen Ende Du einen Tempel erkennen kannst. Beeindruckend, kraftvoll, schutzbietend wirkt er in dieser Landschaft. Etwas ganz Besonderes geht von ihm aus, etwas was Dir sehr vertraut erscheint. Und während Du Dich auf den Weg zu diesem Tempel machst, bei jedem Schritt den Boden unter Deinen Füßen spürst, kannst Du den Tempel immer genauer erkennen. Im Grün der Landschaft und zum Blau des Himmels wirkt er besonders eindrucksvoll. Hast Du richtig gehört? Es scheint, als ob ein leiser ruhiger Gesang von diesem Tempel ausgeht ... Als Du dem Tempel nahe gekommen bist, erkennst Du die Struktur der Mauern ..., den Eingang ... Der Tempel sieht einladend aus und über dem Eingang steht etwas in einer goldenen Schrift geschrieben, und als Du genauer hinschaust kannst Du es erkennen. Dort steht: *Tempel des Vertrauens*.

Neugierig betrittst Du den Tempel. Im ersten Moment scheint das Innere dunkel, doch nachdem sich Deine Augen an die Dunkelheit gewöhnt haben, kannst Du Deine Umgebung genau erkennen, denn sie ist nicht völlig dunkel, sie ist in ein topasblaues Licht gehüllt. Du entdeckst Gegenstände, die Dir vertraut erscheinen, die Du aus vergangener Zeit kennst ...

Nachdem Du Dich eine Weile umgesehen hast, tritt eine lichtvolle Gestalt zu Dir. Ihr Kleid strömt auch dieses topasblaue Licht aus und sie erscheint Dir sehr vertraut, so als ob Du sie schon lange kennen würdest. Ihre Ausstrahlung ist wie eine sanfte liebevolle Berührung, und dennoch sehr kraftvoll und klar.

Als sie zu sprechen beginnt, klingt ihre Stimme wie ein lieblich tönender Gesang, weich und tief. Die Gestalt lädt Dich ein, ihr zu folgen. Sie bringt Dich zu einer reich verzierten Truhe. Du bewunderst ihre Größe und Pracht. Dann entdeckst Du die Aufschrift: **Fähigkeiten** – und in diesem Moment wird Dir bewußt, Du stehst vor **Deinen** Fähigkeiten, vor dem, was Du alles kannst.

Der Deckel der Truhe erscheint Dir sehr massiv und schwer, doch als Du ihn anhebst, läßt er sich ganz leicht öffnen und der Innenraum ist angefüllt, fast schon übervoll. Und nun kannst Du Dir alle Fähigkeiten, die hier verborgen waren und für Dich wichtig sind, anschauen. Du hast alle Zeit dazu, die Du brauchst (2 Minuten Pause). Vielleicht magst Du die Fähigkeiten neu ordnen, manche die sich auf dem Boden befanden nach oben legen ..., und vielleicht magst Du auch manche mitnehmen ... (1 Minute Pause).

Als Dich die Gestalt sanft berührt, weißt Du, es ist Zeit, weiter zu gehen. Die Truhe läßt Du geöffnet. Hier in diesem Tempel, unter dem Schutz dieser lichtvollen Gestalt, ist sie sicher und so kannst Du sie schneller sehen und begreifen.

Während Du der Gestalt durch den angenehm duftenden Raum folgst, gelangst Du zu einer Art Fenster. Dieses Fenster berührt etwas in Dir, ein Wissen, ein vertrautes Gefühl von Geborgensein, von *Daheimsein*. Und als Du durch das Fenster schaust, schaust Du in Deine Herkunft, in Deinen Ursprung, dahin, wo Du verbunden warst mit dem Einen, wo Du voller Vertrauen, Zuversicht und Selbstbewußtsein warst ..., in den Zustand, in dem Du vollständig in der Liebe warst, geborgen, geschützt, genährt (1 Minute Pause).

Und obwohl Du durch dieses Fenster schaust, ist es, als ob Du in Dich selbst hinein schaust, in einen Teil von Dir, der Dir vielleicht bisher verborgen war. Es ist, als ob Dein Blick etwas in Dir selbst berührt, etwas in Dir selbst wieder erweckt ... Und dieser Teil, der Dir jetzt bewußt wird, beginnt mit Deiner Aufmerksamkeit zu wachsen, mehr Raum einzunehmen, sich auszudehnen ... Deine Verbindung zum Ursprung ..., zur Quelle ..., von der Du genährt wirst ..., in der Du geborgen bist ..., von der Du unterstützt wirst ..., aus der Deine Kraft kommt ..., immer fließt ..., Dir immer zur Verfügung steht ..., immer da ist. Diese Quelle ist in Dir (1 Minute Pause).

Und daher brauchst Du jetzt auch nicht länger durch dieses Fenster zu schauen, der Ursprung ist in Dir, Du bist immer damit verbunden. Und so erkennt Dein Bewußtsein diesen Teil in Dir, weiß jetzt, daß dieses Fenster, die Truhe mit den Fähigkeiten, der Tempel, die Landschaft, daß alles das in Dir ist, in Deinem Körper, der sich jetzt hier in diesem Raum befindet. Und Du kannst jetzt den Weg zurückgehen, vorbei an der Truhe, durch den Tempelraum in die Landschaft oder Du kannst direkt zurückkehren in diesen Raum, es ist gleich, denn Du brauchst nicht erst eine Reise zu beginnen, um Deine inneren Räume zu betreten, um zu Deinen Fähigkeiten zu gelangen, sie sind jederzeit direkt erreichbar, so wie Du jederzeit aus diesen inneren Räumen direkt ins Hier und Jetzt gelangst. Und während die inneren Bilder mehr und mehr verblassen und Du mit all diesen Erfahrungen und Erkenntnissen wieder ins Hier und Jetzt gelangst, pulsiert Deine Lebensenergie mehr und mehr durch Deinen Körper.

Und nimm einen tiefen Atemzug ..., streck und reck Dich ein bißchen ..., bewege Deine Füße ..., Hände ..., Deinen Körper und sei wieder wach, klar, voller Zuversicht im Hier und Jetzt.

Kwan Yin

Musikvorschlag: „Water Spirit" von Kim Robertson
(Invincible)
HINWEIS FÜR DEN „REISELEITER": TASCHENTÜCHER BEREIT HALTEN UND DARAUF ACHTEN, WELCHE TEILNEHMER ZU WEINEN BEGINNEN, IHNEN DANN EIN TASCHENTUCH REICHEN.

Sicher hast Du schon einmal beobachtet, wie eine Ente oder ein Schwan auf einem Fluß schwimmen. Obwohl diese kraftvollen Tiere sogar gegen den Strom schwimmen können – was sie auch manchmal tun – lassen sie sich vom Wasser tragen. Manchmal erscheint es, als ob es ihnen Vergnügen bereitet, vom Wasser getragen zu werden, und sie paddeln mit ihren Füßen, um noch schneller vorwärts zu kommen.

Vielleicht hast Du Dich schon einmal gefragt, was es für Dich bedeutet, sich vom Fluß des Lebens tragen zu lassen. Macht es Dir Vergnügen von der Welle der Ereignisse getragen zu werden? Nutzt Du Deine Kraft, um mit dem Strom des Lebens zu fließen?

Ich lade Dich nun ein zu einer Reise in Deine inneren Räume ..., und während Du Dich noch weiter Deiner Unterlage anvertraust ..., und tiefer in Deine innere Welt sinkst ..., entfernen sich die Geräusche dieses Raumes und die

Musik immer mehr ..., verblassen auch die Gedanken mehr und mehr ... und Du sinkst tiefer und tiefer in Deinen inneren Raum ..., jetzt oder gleich in eine tiefe Ruhe ..., so daß Du ganz bei Dir sein kannst, bereit für die Bilder aus Deiner Tiefe ..., Deiner inneren Landschaft ...

✳ Sinke nun in Dein inneres Reich des Fließens und Getragenwerdens ..., in eine Flußlandschaft ... Wenn Du Dich dort umschaust, erkennst Du, daß das Land von unzähligen Flußadern durchzogen wird ..., aber nicht alle führen Wasser. Entlang den wasserführenden Flußläufen entdeckst Du herrlich bunte, duftende Pflanzen ..., Vögel singen in den Zweigen, Grillen zirpen, es wächst, sprießt, gedeiht. Es ist fruchtbares, reiches, genährtes Land (20 Sekunden Pause).

Andere Flußläufe haben nur wenig Wasser und die Pflanzen am Ufer sind verwelkt, verdorren immer mehr, sterben ab. Die Landschaft hier wirkt leblos, und die verdorrenden Pflanzen beherbergen kaum Leben ...

Und es gibt Flußläufe, deren Ufer zu einer wüsten Einöde geworden sind, verhärtet, verkrustet, bewegungslos, starr. Das Leben ist abgestorben, weil hier schon seit langer Zeit kein Tropfen Wasser mehr floß. Wahrscheinlich hat sich an einer Stelle eine Blockade gebildet, ein Pfropf, der jetzt den natürlichen Wasserfluß zurückhält oder die Kraft der Quelle blockiert ...

Um das herauszufinden mußt Du den Flußlauf entlang zur Quelle wandern, denn Du spürst, es ist an der Zeit, etwas zu ändern. Es ist an der Zeit, das Wasser wieder natürlich, lebendig fließen zu lassen, damit die Landschaft sich wieder belebt und erblüht. Und so wählst Du nun einen Flußlauf aus und folgst ihm ... (30 Sekunden Pause).

Auf Deinem Weg entdeckst Du immer wieder kleinere und größere Blockaden, die den Wasserlauf behindern und Du löst sie auf. Und während Du aus dem Weg räumst, was das Fließen des Wasser aufgehalten hat, kann es sein, daß Bilder in Dir aufsteigen, Bilder einer Situation, in denen Du den Fluß **Deiner** Lebensenergie, Deine Gefühle oder Deine Tränen blockiert hast. Und so wie Du die Blokkaden Deiner inneren Landschaft auflöst, lösen sich auch die Blockaden aus diesem Erlebnis (1 Minute Pause).

Es mag sein, daß durch diese Reinigung das Wasser wieder zu fließen beginnt. Doch zieht es Dich weiter, weiter an die Quelle, denn Du ahnst, daß dort eine Ursache verborgen ist. Und während Du weiter dem Flußlauf folgst, gelangst Du zu einer Höhle, einer Höhle die Dich in das Innere der Erde führt, in Dein Inneres. Du ahnst, daß Du hier eine wichtige Ursache für das Versiegen des lebendigen Wassers findest. So folgst Du dem schmalen Weg in die Höhle hinein, es riecht nach feuchter Erde, dämmrige Dunkelheit umfängt Dich. Trotzdem können Deine inneren Augen deutlich wahrnehmen und sehen. Je tiefer Du in die Höhle hinein gehst, desto stärker hörst Du ein Plätschern, das Gurgeln und Sprudeln einer Quelle ... riechst einen frischen, lebendigen Geruch von Wasser ... es scheint Dir, als wenn ein Leuchten immer stärker wird ... Und tatsächlich, als Du am Ende des Weges angekommen bist, bist Du an der Quelle ... und erkennst die Blockade, die bis jetzt den Fluß des Wassers eingeschränkt oder verhindert hat. Vielleicht weißt Du noch nicht, wie Du sie auflösen kannst. Daher setzt Du Dich auf einen Stein und schaust in die Quelle hinein, die ein geheimnisvolles Licht auszuströmen scheint. Und während Du in die Quelle, in das geheimnisvolle Licht der Quelle blickst, wirst Du zurückversetzt in eine Situation vergangener Zeit, in ein Erlebnis, in dem Du Deine Quelle, den Fluß Deiner Energie eingeschränkt hast. Vielleicht entdeckst Du eine Situation, in der Du Deine Gefühle oder Deine Tränen zurückgehalten hast, Tränen, die geweint werden wollen. Und während Du dieses Erlebnis noch einmal anschaust, lösen sich die Blockaden ... Und Du hast jetzt eine Minute Zeit, alle Zeit die Du brauchst, um Dir dieses Erlebnis noch einmal anzuschauen ... und vielleicht fließen zu lassen, was damals nicht fließen konnten, befreiend, wohltuend, entspannend, so daß Du leichter atmen kannst ... 1 Minute von jetzt an.

Und während Du nun die Blockade löst, die die Quelle blockiert hat ..., sprudelt das Wasser wieder in seiner ursprünglichen Kraft und Lebendigkeit, fließt die Quelle des Lebens wieder ..., fühlst auch Du Dich vielleicht verändert, als wenn eine Last sich gelöst hat. Vielleicht spürst Du bereits jetzt, wie Du hier an Deiner Quelle wieder zu dem Wesen werden kannst, das Du einmal warst, zu dem Wesen, das fröhlich und vertrauensvoll dem Leben entgegen lief, voller Abenteuerlust ... Und Du spürst ein kindliches Verlangen nach Sonne, Wind und Blütenduft und weißt, daß Du jetzt diese Höhle beruhigt verlassen kannst, weil die Quelle wieder sprudelt. So folgst Du dem Weg, der Dich zurück zum Eingang der Höhle führt, und trittst hinaus in das Sonnenlicht, neben Dir der Flußlauf, der sich mehr und mehr mit dem lebendigen Wasser füllt und die Pflanzen regeneriert. Noch während Du zum Ausgangspunkt Deiner Reise zurückkehrst, beginnt die Landschaft sich wieder zu heilen, die Pflanzen wachsen und erblühen, die Vögel kehren zurück und singen in den Zweigen.

Als Du am Ausgangspunkt angekommen bist, schaust Du Dir noch einmal die veränderte, lebendige Landschaft an. Was fließendes Wasser doch bewirken kann. Jetzt wo Du das erlebt hast, wird es Dir leichter fallen, auch die anderen Flüsse zu befreien, die jetzt noch nicht frei fließen. Und wann immer Du möchtest, kannst Du an diesen inneren Platz zurückkehren, um Deine Landschaft in Ordnung zu bringen.

Und während nun die inneren Bilder mehr und mehr verblassen, nimmst Du die Geräusche in diesem Raum, Deinen Körper und die Unterlage wieder deutlich wahr ..., spürst den lebendigen Atem durch Deine Lungen, Deinen Körper fließen ... und wie Du Lust hast, Dich zu recken und zu strecken ..., Dich zu bewegen ... und lebendig und erfrischt wieder ganz im Hier und Jetzt zu sein.

Christus

Musikvorschlag: „Land of Merlin" von Jon Mark (Kuckuck)
ANMERKUNG: DIE BEDEUTUNG DER TIERE KANN MIT DEN „KARTEN DER KRAFT", WINDPFERD-VERLAG, ERKANNT WERDEN.

Setze oder lege Dich entspannt hin und mache es Deinem Körper bequem. Du weißt, Du kannst Dich jederzeit bewegen, Deine Position verändern, damit es noch bequemer für Dich ist ... Und während Du noch die Musik und meine Stimme hörst ..., Dein Atem ein- und ausfließt ... entspannst Du mehr und mehr ... Mit jedem Heben und Senken des Brustkorbes, sinkst Du mehr in Deine innere Welt, aus deren Tiefe die Bilder aufsteigen ... Vertraute Bilder, Bilder Deiner Seele ... gelangen zu Dir

✴ und von Deinen inneren Bildern wirst Du nun auf eine grüne Wiese getragen ... und Du sinkst in ein warmes, weiches, angenehmes Grasbett ... bist umgeben von einem herrlich duftenden Tag ... die Sonne wärmt Deine Haut ... und der Gesang der Vögel umschmeichelt Dein Ohr. Du kannst Dich nicht erinnern, wann Du das letzte Mal so entspannt warst, Dich so wohl, so sicher und geborgen gefühlt hast, im Schoß der Natur ..., liebkost von der Sonne ... könntest Du hier Zeit verbringen und einfach nur sein (20 Sekunden Pause) ... Doch dann zieht ein Geräusch Deine Aufmerksamkeit an, ein leises Rascheln im Gras, und während Du noch suchst, was dieses Geräusch verursacht, taucht vor Dir ein Tier auf, ein Tier, zu dem Du eine besondere Beziehung hast, auch wenn Du ihm vielleicht noch nie wirklich begegnet bist. Doch auf irgendeine Art und Weise ist ein Band zwischen Dir und diesem Tier geknüpft und so wundert es Dich auch nicht, als es nun hier vor Dir steht – und nicht nur das, es erscheint Dir so vertraut, daß Du weißt, obwohl Du es eigentlich nicht wissen kannst, Du weißt, was das Tier Dir sagt. Es hat eine Botschaft für Dich, etwas was für Dich in diesem Moment, in Deiner Situation wichtig und hilfreich ist, eine Erkenntnis oder Erfahrung aus der Weisheit des Tierreiches (1 Minute Pause).

Nachdem Du die Botschaft verstanden hast, fordert Dich das Tier eindeutig auf, ihm zu folgen. Und so erhebst Du Dich von Deinem Graspolster und folgst dem Tier durch das Gras, das um Deine Füße und Beine streicht ..., begleitet von der Musik der Natur ..., einem leisen Rascheln des sanften Windes, der einen vertrauten Duft zu Dir herüber weht ...

Es ist faszinierend, die Bewegungen des Tieres zu beobachten. Sie sind so anders als Deine und dennoch vertraut, geschmeidig ja fast leichtfüßig geht es den Weg ... der Euch zu einer Höhle führt.

Am Eingang der Höhle bleibt Dein Tier-Freund stehen und Du weißt, daß Du nun den Weg ohne ihn fortsetzen wirst, den Weg hinein in die Höhle. Als Du die Höhle betrittst, erkennst Du einen Gang, in den Du hineingehst. Und obwohl Dich der Gang in die Tiefe führt, an einen vielleicht unbekannten Platz, scheint der Ort Dich willkommen zu heißen. Und während Du dem steinig-sandigen, samtdunklen Weg in das Zentrum der Höhle folgst, finden Deine Füße sicheren Halt ... und auch wenn dieser Ort sicherlich sehr eigenartig scheint ..., ist die Luft warm aber frisch ..., es ist dunkel und dennoch kannst Du sehen ... Und irgendwie weißt Du mehrere Dinge: Du weißt, daß Dir der Gang fremd und unbekannt ist, und daß Du dennoch sicher bist, und am Ende wird Dich etwas Ungewöhnliches erwarten, das jedoch eine große Bedeutung für Dich hat. Und so geschieht es auch.

Im Zentrum der Höhle triffst Du auf eine Tür, eine unscheinbare Tür, über der jedoch in goldenen Lettern die Aufschrift prangt „Dein Königreich". Als Du versuchst, die Tür zu öffnen, gelingt es Dir nicht. Etwas verunsichert schaust Du Dich um, denn Du bist Dir sicher, daß Du hier zur richtigen Zeit am richtigen Platz bist, daß dieser Platz jetzt für Dich bereit ist. Und dennoch kannst Du nicht eintreten? Während Zweifel aufsteigen, fällt Dein Blick auf ein Kästchen mit einer Aufschrift und Du liest: „Wer sein Königreich betreten will, soll frei sein von der Last auf seinen

Schultern". Die Last auf Deinen Schultern? Trägst Du diese Last bis an den inneren Ort? Die Last des Alltags. Du verstehst, was zu tun ist. Du öffnest das Kästchen und legst Deine Last hinein: Deine Sorgen, Deine Ängste, Deine Erwartungen und unerfüllte Sehnsüchte die Dich drücken ... aus jedem Bereich Deines Lebens (1 Minute Pause).

Vielleicht hast Du es diesem Kästchen nicht zugetraut, doch es nimmt alles auf, alles paßt hinein. Leichter geworden verschließt Du nun das Kästchen. Hier ist alles sicher aufbewahrt. Wann hast Du Dich das letzte Mal so frei und leicht gefühlt?

Als Du zur Tür schaust, hat sie sich nun von alleine geöffnet ... und goldenes Licht dringt aus dem Innern. Langsam betrittst Du den Raum hinter der Tür – und bist überwältigt von der Pracht, dem Glanz ..., dem erlesenen Duft ... den Farben ..., der Größe dieses Raumes. Er ist wie ein Thronsaal und inmitten des Saales steht ein prachtvoller Thron, golden, übersät mit Edelsteinen, leuchtend im Licht, bequem gepolstert ..., und auf diesem Thron sitzt ein Mann. Ist er alt oder jung, Du kannst es nicht sagen, soviel Weisheit und Erfahrung strahlt er aus ... und Güte, Liebe und Verständnis. Du kennst ihn nicht und dennoch ist er Dir vollkommen vertraut. Und Du weißt, das er die Lösung für jedes Deiner Probleme kennt, die Antwort auf alle Fragen. Mit einer einladenden Handbewegung fordert der Mann Dich auf, näher zu treten und Deine Wünsche zu äußern. Und Du stellst ihm die Fragen, die Dich wirklich bewegen und auf die Du wirklich Antworten suchst. Er beantwortet die Fragen ohne Worte, legt die Antwort in Deine Gedanken. Und Du hast jetzt alle Zeit der Welt, – in der Zeit der äußeren Welt zwei Minuten – um die Antwort auf Deine Fragen zu erhalten (2 Minuten Pause).

Nachdem die Fragen beantwortet sind, spricht der Mann auf dem Thron weiter – immer noch ohne Worte. Und was er sagt, berührt Dich stark: Er spricht über Deine natürliche Autorität, über Deine Führungskraft, über Königsein in Deinem Reich und Du verstehst, was Dir bisher gefehlt hat, um Meister Deines Lebens zu sein. Und so nimmst Du seine weisen Worte in Dich auf, (2 Minuten Pause), wie Samen sind sie auf fruchtbaren Boden gefallen und werden zur richtigen Zeit blühen und Früchte tragen.

Dann erhebt sich der alte Mann und fordert Dich auf, Dich auf den Thron zu setzen. Auch wenn zunächst vielleicht ein innerer Widerstand Dich zögern läßt, Du spürst, **das** ist der nächste Schritt und Du setzt Dich auf den Thron. Und es fällt Dir leicht, Deinen Platz einzunehmen. Und in dem Moment, als Du auf Deinem Thron sitzt, erwacht tief in Dir etwas, etwas das Du vielleicht vergessen glaubtest, der Funken der Göttlichkeit, Dein inneres Licht, Dein innerer König, und Du erlebst nun mit jeder Faser Deines Seins, was es bedeutet in **Deinem** Reich zu herrschen und ein guter Herrscher zu sein, der aus dem Herzen, aus der Liebe heraus herrscht, so wie der weise Mann vor Dir (2 Minuten Pause).

Und Du spürst, daß alles was Du hier erfahren hast, was Du irgendwie schon immer gewußt hast, völlig in der Ordnung ist. Und daß es auch in Ordnung ist, wenn Du Dich jetzt von dem Mann und diesem Raum verabschiedest – denn Du weißt, es ist kein endgültiger Abschied, es ist noch nicht einmal ein Abschied, denn dieser Raum mit seinen Erkenntnissen und Erfahrungen ist in Dir.

Und so bedankst Du Dich beim Abschied bei dem Mann ... und verläßt diesen prachtvollen Raum und gehst zurück in den Höhlengang. Vor der Tür fällt Dein Blick auf das Kästchen, in das Du vorher Deine Last hinein gelegt hast. Und Du kannst nun wählen, ob Du sie hier ruhen läßt, oder ob Du sie wieder mitnimmst, oder einen Teil davon. Egal wie Du entscheidest, was immer Du noch brauchen solltest, kannst Du Dir jederzeit hier holen. Hier liegt es sicher.

Und so gehst Du den samtdunklen Höhlengang zurück zum Eingang und währenddessen erinnerst Du Dich wieder an die Erkenntnisse des Thronsaales ... Als Du wieder ins Freie trittst, erwartet Dein Tier-Freund Dich ... und begleitet Dich den Weg zurück zur Wiese ... wo er so geräuschlos, wie er gekommen ist, wieder verschwindet. Und Du weißt, daß Du auch von ihm gelernt hast, so wie von dem weisen Mann. Und nun kehrst Du zurück in die äußere Welt, in Dein Reich des Alltags, in dem immer noch Musik zu hören ist ..., immer deutlicher je mehr Deine inneren Bilder verblassen, obwohl Du Dich an jede Einzelheit erinnern kannst ... Und nun nimm einen tiefen Atemzug ..., beginne Deine Hände und Füße zu bewegen ... und Dich zu strecken ... und Du bist völlig wach und klar und erfrischt in Deiner Größe und Kraft wieder hier ... öffnest die Augen und schaust Dich im Reich dieses Raumes um.

Djwal Khul

Musikvorschlag: „el HADRA" the Mystik Dance von Klaus Wiese (Edition Akasha)

Lege oder setze Dich bequem hin und spüre die Unterlage, die Dich trägt ... lausche den Geräuschen im Raum ..., der Musik ..., meiner Stimme ..., Deinem Atem ... und mit jedem Einatmen breitet sich tiefe Entspannung in Dir aus ... und mit jedem Ausatmen läßt Du los, was Dich belastet, was du nicht mehr brauchst... (20 Sekunden Pause). Und jeder Atemzug durchströmt Deinen Körper ..., Deine Brust ... Deinen Bauchraum ... bringt Entspannen und Loslassen ... auch in die Füße ... die Beine ... den Rücken ... die Wirbelsäule entlang ... und besonders der Nacken und die Schultern entspannen sich und lassen los ..., so wie der Kopf ..., die Muskeln des Gesichts ... Und als Entspannung und Loslassen Deine Augen und die Augenmuskeln erreichen, breitet sich noch einmal ein tiefes Gefühl von Wohlbefinden in Deinem Körper aus ...

✳ Und jeder Atemzug trägt Dich tiefer ..., dorthin, wo Zeit und Raum verschmelzen ..., wo gestern, heute und vorgestern ist ..., in den zeitlosen Raum der Zeit ..., in Deine Mitte ..., in der sich eine Landschaft öffnet, eine Landschaft, die ungewohnt extrem aussieht, fast so als wenn hier Tag und Nacht gleichzeitig herrschen. Das Licht ist hell wie am hellsten Sonnentag, der Schatten so dunkel wie in der Nacht. Und während Du Dich umschaust, entdeckst Du einen Weg, einen hell erleuchteten Weg auf den die schwarzen Schatten der Umgebung fallen ... und Du riechst einen erdigen, kräftigen und doch angenehmen Duft ..., während Du die Stimmen der Tiere in Deiner Umgebung klar und doch wie weit entfernt hörst ..., beginnst Du den Weg sicher entlang zu gehen ... und jeder Schritt gibt Dir das Gefühl, getragen zu sein ..., in dieser bizarren und dennoch vertrauten Landschaft ...

Nachdem Du eine Weile gegangen bist, taucht vor Dir ein Tempel auf, ein heller majestätischer Tempel, der im Dunkel liegt, so eigenartig wie die Landschaft um Dich herum ... und Du fühlst Dich von diesem Tempel angezogen ... und als Du näher kommst, erkennst Du neben der Eingangstür eine vermummte, gebeugte Gestalt ... sie trägt ein dunkles Gewand und scheint dennoch hell zu leuchten ... die Kapuze ist weit über das Gesicht gezogen ... Es ist der Tempeldiener ... Die Gestalt bedeutet Dir zu folgen ... und Du folgst ihr in den Tempel hinein. Auch das Innere des Tempels leuchtet in einem samtenen Dunkel und Du erkennst eigentümliche Ornamente, Schriftzeichen und Bilder an den Wänden ... Dein Begleiter führt Dich durch den Eingangsbereich zu einer Tür. Verwundert liest Du die Aufschrift „Nur für Schauspieler". Hinter der Tür verbirgt sich eine Treppe und ihr geht die Treppen hinunter ... in den tiefer gelegenen unteren Raum des Tempels ... In diesem Raum herrscht die gleiche dunkle Helligkeit, die Dir auch schon außen aufgefallen ist ... und Du erkennst, daß der Raum wie ein Theater gestaltet ist. Du stehst am Rande der Bühne, auf der mehrere Gruppen von Schauspielern zusammen stehen. Auch sie sind dunkel gekleidet und doch von Helligkeit erfüllt. Die Schauspieler stehen in Paaren auf der Bühne und es erscheint Dir, als würde jedes Paar für sich alleine ein Spiel aufführen. Als Du genauer hinschaust erkennst Du, daß die Schauspieler Masken tragen. Genau genommen gibt es nur zwei Arten von Masken, die eine ist herrisch, die andere resigniert. Du erkennst, daß in einem Paar der eine Schauspieler die Maske eines Herrschers, besser eines Beherrschers trägt, herrisch, kraftvoll, dominant, unbeugsam, kämpferisch ... während der andere die Maske des Opfers trägt, schwach, hilflos, weinerlich, gebrochen, unfähig. Und Du erkennst das Spiel von Opfer und Täter. Jedes Paar spielt es auf seine eigene Weise und doch folgen alle dem gleichen Spielplan, dem gleichen Muster: der Beherrscher herrscht über das Opfer, befiehlt ihm, erniedrigt es, knechtet es ... während das Opfer sich scheinbar hilflos in das Spiel einfügt, gehorsam, kraftlos, willenlos, resigniert ...

Und während Du die Paare noch beobachtest, reicht Dir Dein Begleiter, der Tempeldiener, auch eine Maske – ist es die des Opfers oder des Beherrschers ? – und schiebt Dich an eine Stelle, an der ein einzelner Schauspieler steht, den Du bisher noch nicht wahrgenommen hattest. Seine Maske ähnelt jemanden, den Du kennst ... Dein Gegenüber gibt Dir zu verstehen, daß Du die Maske aufsetzen sollst. Er will mit dem Spiel beginnen. Setzt Du die Maske auf? ... Falls Du die Maske noch nicht aufgesetzt hast, kommt Dein Gegenüber kurzerhand näher und setzt sie Dir auf – und augenblicklich bist Du in die Rolle hineinversetzt, Du spielst Deine Rolle als Opfer oder Täter wie in einem Film ..., und Du spielst Deine Rolle gut, mit allen Gefühlen und Handlungen, die dazu gehören – und manche sind Dir aus Deinem Alltag bekannt. Und Du hast jetzt eine Minute Zeit – alle Zeit die Du brauchst – um Deine Rolle zu spielen und Dich gleichzeitig zu beobachten, zu sehen, welche Impulse in Dir aufsteigen (1 Minute Pause) und Dir wird jetzt oder gleich bewußt, was ein Verhaftetsein an dieser Rolle für Dich bedeutet ..., wie es Deinen Alltag beeinflußt (30 Sekunden Pause).

Dann ertönt ein Gongschlag – und etwas Seltsames passiert: Wie von Geisterhand tauschen sich die Masken, Du erhältst die Maske Deines Gegenübers ... und warst Du vorher Opfer bist Du jetzt Beherrscher ... der Beherrscher wird zum Opfer ... und mit dem Maskenwechsel wechselt auch das Gesicht des Gegenübers – oder ist es doch gleich? – und wieder erkennst Du jemanden aus Deinem alltäglichen Leben. Und weiter geht das Spiel ... und Du schlüpfst in Deine neue Rolle, spürst, wie die Maske Deine Gefühle, Deine Körperhaltung, Dein Selbstbewußtsein verändert. Du spielst Deine Rolle gut. Und wieder hast Du eine Minute – alle Zeit der Welt – um diese Rolle zu erleben und zu beobachten (1 Minute Pause) und Dir ist jetzt oder gleich bewußt, was ein Verhaftetsein an diese Rolle für Dich bedeutet ..., wie es Deinen Alltag beeinflußt (30 Sekunden Pause).

Und wieder ertönt ein Gongschlag. Und mit diesem Gongschlag erhellt sich der ganze Raum. Die dunkle Helligkeit wird von reinem, klaren Licht verdrängt, und – vielleicht kannst Du dies zunächst nicht verstehen – die Paare verschmelzen miteinander. Opfer und Täter werden eins. Und auch Du verschmilzt mit Deinem Gegenüber ..., zwei Seiten einer Qualität kommen wieder zusammen ... zwei Hälften des Kreises schließen sich ... und weder Opfer noch Täter bleiben übrig. Es entsteht eine völlig neue Qualität, die du jetzt erlebst, genießt, entdeckst, integrierst ... Und wieder hast Du eine Minute, um diesen Zustand zu erfahren und in Dich aufzunehmen (1 Minute), und zu erleben, was dies für Dein Leben bedeutet ..., wie eine Integration dieser beiden Pole Deinen Alltag gestaltet ..., wenn du frei bist von diesen Rollen und Dich selbst leben kannst (1 Minute Pause).

Und dann tritt Dein Begleiter, der Tempeldiener, wieder zu Dir. Auch er ist völlig verändert. Die vermummte dunkle Gestalt ist zu einer aufrechten, weiß gekleideten Person geworden, die Dich freundlich anlächelt und Dich zu Deinem Spiel beglückwünscht. Und Du weißt, daß es Zeit ist, diese Bühne zu verlassen, die Bühne vom Opfer-Täter-Spiel, und mit Deinen Erfahrungen und gewonnenen Erkenntnissen in den Alltag zurückzukehren. Und so führt Dich Dein Begleiter wieder die Treppe hinauf, die diesmal hell erleuchtet ist, in den oberen Tempelraum, nun sonnendurchflutet und in einer majestätischen Pracht, mit erlesenem Duft ..., hinaus in eine sonnige warme Landschaft. Und Du folgst dem Weg, den Du gekommen bist, verändert ..., und spürst wieder Deinen Atem, wie er kraftvoll ein- und ausströmt ..., spürst Deinen kraftvollen, erfrischten, wachen Körper ..., beginnst langsam Deine Hände und Füße zu bewegen ..., und während Du Dich an alles erinnerst, was Du erlebst hast, öffnest Du die Augen ..., und in Deiner Zeit setzt Du Dich aufrecht hin ..., und bist wieder vollkommen wach und hier.

Sanat Kumara

Musikvorschlag: „Healing Harmony" von Merlins Magic (Windpferd Verlag)
Während Du Dich bequem hinsetzt oder -legst, die Arme locker neben Deinem Körper, und die Augen sich schließen oder schon geschlossen sind, nimmst Du die Geräusche in diesem Raum wahr: ... meine Stimme, die Musik ..., und getragen von der Musik gleitest Du langsam in Deine innere Welt ... so wie ein Blatt langsam vom Baum fällt und hinuntersegelt ..., so gleitest auch Du getragen von der Musik und meiner Stimme ... in Deine innere Welt ..., an den Platz in Dir, wo Du geborgen und sicher bist ..., wo eine besondere Erfahrung auf Dich wartet ...

✻ Und während Du mehr und mehr in die Tiefe Deines Seins gleitest ..., öffnet sich eine Landschaft vor Deinem inneren Auge ... eine Landschaft, die Du Dir genauer anschaust, eine Landschaft mit Bäumen und Pflanzen ..., vielleicht auch Tiere. Und während Du Dich langsam in dieser Landschaft bewegst, Deine Füße den Boden berühren, Du den Boden unter Deinen Füßen spürst, nimmst Du den Duft der Pflanzen um Dich herum wahr ..., vielleicht spürst Du einen angenehmen Wind auf Deiner Haut ..., vielleicht erwärmt Dich die Sonne ..., und Du hörst die Geräusche um Dich herum, das Singen der Vögel ...

Mehr und mehr versinkst Du in dieser Welt. Und während Du durch diese Landschaft gehst, zieht ein ganz besonderer Baum Deine Aufmerksamkeit an. Hat er zu Dir gesprochen ? Fast erscheint es Dir so. Er ist Dir so vertraut, als würdest Du ihn schon lange kennen. Und während Du Dich ihm näherst, betrachtest Du ihn aufmerksam: seine Größe ..., seine Krone ..., seinen Stamm ... Was für ein Baum ist es? Als Du nahe genug bist, streckst Du Deine Hand aus und berührst den Stamm. Warm und vertraut fühlt er sich an, wie Haut. Die Borke ist ja auch die Haut des Baumes. Und während Du über die Borke des Baumes streichst, den Wind in den Blättern leise rascheln hörst, erscheint es Dir, als ob der Baum zu Dir spricht, Dich einlädt zu einer besonderen Erfahrung, Dich einlädt, mit ihm zu verschmelzen. Und da Du Dich so vertraut mit diesem Baum fühlst, fast so als wäre er ein Teil von Dir, erlaubst Du Dir langsam, wie von selbst, zu diesem Baum zu werden: Dein Körper wird zum Stamm, Deine Haut zur Rinde, Dein Kopf wird zur Krone mit den vielen Ästen und Blättern, Deine Beine und Füße werden zu den Wurzeln, die sich tief ins Erdreich strecken ...(1 Minute Pause).

Und während Du mehr und mehr zu dem Baum wirst, wandert Deine Aufmerksamkeit zu den Wurzeln. Tief haben sie sich im Boden verankert, weit sind sie verzweigt. Sicher und nährend werden sie von der Erde umgeben – von der Erde, die Wurzeln und Baum hält und ihn auch in starken Stürmen sicher stehen läßt. Die Erde versorgt den Baum mit Wasser und Nahrung, damit er wachsen und gedeihen kann. Wie liebevoll umgibt sie die Wurzeln, und bereitwillig läßt sie die Wurzeln wachsen. Und je besser die Wurzeln im Boden verankert sind, je weiter und tiefer sie sich verzweigen, desto größer und höher kann die Krone des Baumes wachsen. Und falls Du Deine Wurzeln noch weiter in der Erde verankern und ausdehnen willst, kannst Du sie jetzt wachsen lassen ...

Die Wurzeln versorgen den gesamten Baum mit Wasser und Nährstoffen. Und Deine Aufmerksamkeit wandert jetzt mit dem Strom der Nährstoffe aufwärts zum Stamm, der die Wurzeln mit der Krone verbindet, der die Krone trägt, der Halt gibt und den Stürmen trotzt, indem er ihnen kraftvoll widersteht oder sich mit ihnen biegt (1 Minute Pause). Und wenn Du möchtest, kannst Du jetzt diesen Stamm noch etwas stabiler werden lassen ...

Und weiter fließt Deine Aufmerksamkeit mit dem Strom der Nährstoffe in die Krone, in die vielen Äste und Zweige, die sich zu allen Seiten hin ausdehnen und sich nach oben strecken. Die Blätter öffnen sich dem Himmel, trinken das warme, leuchtende Sonnenlicht ... und werden vom sanften Regen gereinigt. Manchmal säuselt der Wind in ihnen, manchmal tanzen sie mit dem Wind oder schütteln sich lebendig im Sturm ... Oft sitzen Vögel in den Zweigen und singen ihre Lieder ... (1 Minute Pause).

Und einige Zweige scheinen sich ganz besonders hoch zu recken, fast als ob sie den Himmel berühren, in eine andere Dimension eintauchen. Und von dort erhalten sie eine besondere Nahrung, – die auch Dich in diesem Augenblick oder gleich nährt, vielleicht mit Bildern, Erkenntnissen, oder mit dem, was Du im Moment brauchst (1 Minute Pause) – und die Zweige leiten diese Nahrung hinab zum Baum ..., in den Stamm ... bis in die Wurzeln ... So wie die Wurzeln den Baum bis in die Blätter hinein mit Wasser und Nährstoffen versorgen, so versorgen die Blätter den Baum bis in die Wurzeln hinein mit der Energie der Sonne und des Himmels. Und für eine Weile erlebe diesen Austausch (1 Minute Pause).

Und zum Abschluß hat der Baum noch eine ganz besondere Botschaft für Dich, die jetzt aus der Tiefe Deines Seins ins Bewußtsein steigt (1 Minute Pause) und in Deinem Leben wirkt.

Nach dieser Erfahrung löse Dich nun langsam vom Baum, spüre wieder **Deine** Füße und Beine, **Deinen** Körper, **Deinen** Kopf, spüre wie Du beweglich bist und bewege

Dich, strecke Dich und recke Dich und genieße Deine Beweglichkeit und Deinen Körper .... Deinen Atem, der durch Deinen Körper strömt und Dich mit Lebenskraft versorgt ..., und Dich mehr und mehr lebendig werden läßt ..., und kraftvoll und erfrischt bist Du wieder im Hier und Jetzt.

(Wenn es stimmig ist, kann man die Teilnehmer anschließend einladen, zu einer sanften Musik zu tanzen wie ein Baum, die Hände und Arme sind die Zweige, der Körper der Stamm, der sich im Wind bewegt, die Füße sind die Wurzeln, die sich in der Erde verankern.)

Angelika

Musikvorschlag: „The Standing Stones of Callanish" von Jon Mark (Kuckuck)

Hinweis für den „Reiseleiter": Erfragen Sie vor der Meditation das Alter des jüngsten Teilnehmers, ziehen Sie davon 2 Jahre ab und setzen dann das errechnete Alter an die Stelle, die mit # gekennzeichnet ist. (Beispiel: Jüngster Teilnehmer ist 36*, minus 2 ist 34, an # einfügen)

Und während Du Dich bequem hinlegst oder setzt und Dich mehr und mehr entspannst, erinnerst Du dich, wie Du vor einigen Minuten das Öl von Angelika auf Deinen Puls oder eine andere Körperstelle aufgetragen hast. Und während sich nun die Energie langsam durch Deinen Körper verteilt, die Arme ..., den Hals und den Nacken ..., den Kopf ..., den Brustbereich ..., den Rücken ..., das Becken ..., die Beine ... und Füße ... und schließlich auch Deine Aurakörper erfüllt ..., lade ich Dich ein zu einer Reise ..., einer Reise durch Dein Leben.

✳ Die Energie von Angelika ist eine heilende Kraft. Sie heilt die Wunden und unangenehmen Erlebnisse aus Deiner Vergangenheit, so daß Du die Schätze, die darin ver-

---

*Sollte der jüngste Teilnehmer jünger als 22 sein, darf sich der Reiseleiter als improvisierfähig erweisen.

borgen liegen, erkennen und nutzen kannst. Sie löst Blockaden im Energiesystem, so daß Deine Energie wieder ausgeglichen durch Dein Energiesystem fließen kann.

Dieser Vorgang der Transformation ist ein ganz natürlicher Vorgang den Du auch in der Natur findest. Da sterben Bäume ab und durch Druck und Hitze wandeln sie sich zu Kohle. Und die Kohle verdichtet sich durch Druck und Hitze noch weiter und transformiert zum klaren Diamanten. Der Diamant ist die Essenz. Und so können auch Deine Vergangenheit, Deine Erlebnisse und Erfahrungen transformieren zu einem klaren Diamanten, zu einem Schatz für Dich, indem die Gefühle, welche die Essenz noch umgeben, geheilt werden.

Und nun geh langsam zurück bis zu einem Alter von # Jahren *(hier das oben errechnete Alter einsetzen)*. Manche Situationen werden Dir nun oder gleich bewußt und gleichzeitig fließt die heilende und transformierende Kraft von Angelika, auch wenn Du es nicht bemerkst. Und dann gehe weiter zurück zum Alter von ... *(In Schritten bis zum Alter von 20 zurückgehen. Beispiel: 34 – zurück zu 27 – zurück zu 20 ... 1 Minute Pause.)*

Und nun gehe weiter zurück durch die Zeit, bis zu einem Alter von 20 Jahren und laß die Erinnerungen kommen und gehen, begleitet von der heilenden Energie (1 Minute Pause) und in die Zeit zwischen 20 und Deiner Pubertät, in die Zeit wo Du begannst, Dein eigenes Leben zu leben und laß in alle die Situationen, die nun geheilt werden wollen, die Kraft und Energie von Angelika fließen, so daß die verborgenen Schätze sichtbar werden (1 Minute Pause).

Nun schicke die Energie, die transformierende Kraft auch in die Zeit zwischen Deiner Pubertät und dem Alter von 8 Jahren (1 Minute Pause) und in die Zeit bis zu einem Alter von 6 Jahren (1 Minute Pause) und bis zum Alter von 3 Jahren, so daß all die Wunden und Erlebnisse, die noch geheilt werden können, jetzt geheilt werden (1 Minute Pause).

Nun erlaube der transformierenden, heilenden, liebevollen Energie von Angelika auch in Deine ersten drei Lebensjahre zu fließen, in die Zeit, als Du begannst, hier auf der Erde Fuß zu fassen, Dich hier einzugewöhnen, in der Du lerntest, das irdische Leben zu leben und vielleicht einige Fähigkeiten, die Du mitgebracht hast, erst einmal beiseite gelegt hast. Erlaube, daß auch in diese Zeit die Energie von Angelika fließt, so daß auch dort die Wunden heilen und die Fähigkeiten, die Du Dir mitgebracht hast und für die die Zeit gekommen ist, wieder bewußt und verfügbar werden (1 Minute Pause).

Und laß die Energie von Angelika auch in Deine Geburt fließen, in die Zeit, als Du Deinen geborgenen Platz verlassen hast und in die Welt kamst, den ersten Schritt in ein eigenständiges Leben. Der Schritt vom Vertrauten ins Neue, den Du später noch oft machtest und der Dir in Zukunft vielleicht leichter fällt. Und erlaube, daß auch in der Zeit alles liebevoll heilt (1 Minute Pause).

Laß die Energie auch in die Zeit fließen, als Du im Mutterleib warst und dort herangewachsen bist, Deine Seele sich mehr und mehr mit der Materie, Deinem zukünftigen Körper verbunden hat. Auch dort hast Du Erfahrungen gemacht, auch dort liegen Schätze verborgen (1 Minute Pause).

Und wenn Du magst, kannst Du auch über den Zeitpunkt der Zeugung hinaus gehen, begleitet von der heilenden liebevollen Energie von Angelika, und diese Energie auch in vergangene Leben fließen lassen, in Situationen, die mit dem jetzigen Leben zu tun haben, in Wunden, die Du erlebt hast und die heilen können und wodurch Erfahrungen, Diamanten, Schätze wieder frei werden. Dann kannst Du sie einsetzen und nutzen (2 Minuten Pause).

Und während die Energie von Angelika auch weiterhin fließt und wirkt, während sie über diesen Zeitpunkt hinaus die Wunden heilt und Dein inneres Licht stärker erstrahlt, wird es Zeit zurückzukehren in die heutige Zeit. Und wenn Du Dich nun umdrehst und den Weg anschaust, den Du gegangen bist, vielleicht erkennst Du, daß der Weg nun mit Diamanten übersät ist, kleinere und größere, die funkeln und glänzen, das Licht reflektieren. Der Schatz Deiner Erfahrungen. Und wenn Du möchtest, kannst Du einen Teil oder alle Diamanten mitnehmen in die Zukunft, oder sie so ausrichten, daß sie ihr Licht in Situationen werfen, in denen Du es brauchst.

Und während Du jetzt langsam auf dem Weg durch die Zeiten wieder zum Zeitpunkt Deiner Zeugung gehst (10 Sekunden Pause), durch die Zeit, in der Du im Mutterleib herangewachsen bist ..., durch die Geburt und die ersten 3 Jahre, erkennst Du vielleicht, wie sich Situationen verändert haben. Vielleicht erkennst Du jetzt etwas, was Du vorher nicht gesehen hast ..., vielleicht fühlen sich Situationen anders an ..., oder Du verstehst sie jetzt oder später (10 Sekunden Pause).

Und so geh weiter vorwärts in der Zeit bis zu einem Alter von 6 Jahren ..., bis zum Alter von 8 Jahren und bis in die Pubertät, bis zum Alter von 18 und zum Alter von 20 und erfreue Dich an dem glänzenden Funkeln der Diamanten. Und geh vorwärts in der Zeit bis zum Alter von # *(in den gleichen Schritten in der Zeit vorwärts gehen, ebenso wie man zurückgegangen ist, siehe S. 182)* und bis zum Hier und Jetzt und von dort aus komme wieder zurück ins Hier und Jetzt dieses Raumes ...", und bringe all die Erinnerungen mit, die für Dich wichtig sind. Bringe mit, was Du erlebt hast ... und Du weißt, daß die Energie weiter wirkt, heilt und auch im Laufe der nächsten Tage und Wochen noch Schätze ins Bewußtsein kommen können. Mit diesem Wissen nimm einen tiefen Atemzug ..., spüre Deinen Atem ..., Deinen Körper ..., Deine Arme neben Deinem Körper ..., und erlaube Deinen Händen, sich zu bewegen ..., und Deinen Füßen ..., zuerst langsam und dann kraftvoller, so daß Du Lust bekommst Dich zu strecken und zu räkeln ..., wie eine Katze ... und in Deiner Zeit die Augen zu öffnen ... um wieder erfrischt, erholt, geklärt und bereichert mit den Schätzen völlig wach zu sein.

Orion

Musikvorschlag: „The Inner Voyage" von Robert Haig Coxon (Westmount)

Lege oder setze Dich bequem und spüre die Unterlage, die Dich trägt und der Du vertrauen kannst. Und während Du Deine äußeren Augen schließt oder bereits geschlossen hast, breitet sich Entspannung und Ruhe in Dir aus ... und Du läßt Dich in Deiner Zeit in Deine innere Welt sinken ... tiefer und tiefer zu dem vertrauten Platz in Dir ... ✴ Und während Du mehr und mehr nach innen sinkst ..., tiefer und tiefer ..., öffnet sich vor Deinem inneren Auge eine Landschaft. Du kennst sie vielleicht schon aus vorangegangenen Reisen. Die intensiven Farben sind Dir sehr vertraut, das Blau des Himmels ..., das unterschiedliche Grün der Pflanzen ..., der angenehme Duft ..., ein Windhauch ... Du kannst die Sonne auf Deiner Haut spüren ... Und Du befindest Dich auf einem Weg, den Du nun entlang gehst. Während Du diesen Weg entlang gehst, spürst Du den Boden unter Deinen Füßen. Ist er weich oder eher steinig? Ist er mit Pflanzen bewachsen oder karg? ... Und wie Du nun den Boden spürst, erinnerst Du Dich vielleicht, daß Dein Weg nicht immer so war. Es gab steinige Abschnitte, manchmal lagen dicke Felsbrocken im Weg, oder Baumstämme, über die Du klettern mußtest ..., manchmal war der Weg schlammig, zäh zu gehen, fast glaubtest Du, nicht weiterzukommen, so schwierig war es auf diesen Abschnitten ... Aber da waren auch die leichten, sanften, graswachsenen Abschnitte, auf denen Du gerne verweilt hättest, Dich ins Gras gelegt ..., die Sonne auf Deiner Haut gespürt, den Wind, der sanft über Dich hinweg streicht ..., den Vögeln zugehört, den Geräuschen der Natur ... Doch der Weg ging weiter, die Abschnitte veränderten sich, und doch ähnelten sie sich in gewisser Hinsicht.

Und nun bist Du auf diesem Abschnitt des Weges, den Du entlang gehst, spürst den Boden unter Deinen Füßen und nimmst die Umgebung in Dich auf. Und als Du den

Weg nach vorne schaust, erkennst Du, daß Du auf eine Kreuzung zukommst ... Von diesem Kreuzungspunkt zweigen mehrere Wege in verschiedene Richtungen ab. Wenn Du in der Mitte der Kreuzung angekommen bist, kannst Du jede Abzweigung ein Stück entlang schauen, erkennen, was auf Dich zukommt. Doch das Ende des Weges erkennst Du nicht. Und so stehst Du nun vor der Wahl, welchen dieser Wege Du weitergehst, welche Möglichkeit Du wählst.

Es mag sein, daß Dir die Wahl nicht leicht fällt, weil die Wege sich ähneln – oder weil sie völlig unterschiedlich sind. Du kannst den Anfang erkennen, doch was sich in der Ferne verbirgt, kannst Du höchstens ahnen. Und so läßt Du Dich in der Mitte der Kreuzung nieder, in einer bequemen Haltung oder im Meditationssitz und suchst in Deinem Innern nach einem Hinweis. Und während Du so dasitzt, fällt ein Lichtstrahl auf Dich und es erscheint Dir, als wenn ein Teil Deines Bewußtseins aufsteigt, sich mit Deinem Höheren Selbst verbindet ..., mit der Quelle Deiner Weisheit ..., dem Teil von Dir, der den Überblick hat ..., der weiter schauen kann ..., der Deinen Lebensplan kennt. Und während Du Deine Aufmerksamkeit auf die Verbindung mit Deinem Höheren Selbst richtest, bemerkst Du, wie sich etwas verändert. Dein innerer Blick weitet sich, fast so als wenn Du beginnst über der Kreuzung zu schweben, so als wenn Du von einer höheren Warte aus die Möglichkeiten, die verschiedenen Wege betrachten kannst (30 Sekunden Pause).

Und was Du siehst, mag Dich verblüffen: obwohl die Wege unterschiedlich aussehen, in verschiedene Richtungen führen, sind sie sich doch ähnlich. Auf jedem Weg gibt es schwirige und leichte Abschnitte, angenehme und unangenehme. Es gibt Zeiten, in denen Schwierigkeiten Dich herausfordern, in denen Deine Kraft, Dein Können, Deine Fähigkeiten gefordert sind. Und es gibt Zeiten, in denen es wie von selbst geht. Und obwohl die Wege zu scheinbar unterschiedlichen Zielen führen, bringen Sie doch den gleichen Gewinn: Du entfaltest Dich, trainierst

Deine Fähigkeiten, erkennst, was Dir wichtig ist in Deinem Leben. Und so kannst Du jetzt, aus dieser höheren Perspektive, verbunden mit dem Wissen Deines Höheren Selbst, die unterschiedlichen Wege anschauen, erkennen, wo Du jetzt stehst, welche scheinbaren Unterschiede es gibt und welche Gemeinsamkeiten, und dazu hast Du jetzt in realer Zeit zwei Minuten, jedoch in Deinem zeitlosen Raum alle Zeit, die Du brauchst (2 Minuten Pause).

Und als Du Dir nun die unterschiedlichen Wege genauer angeschaut hast, hast Du vielleicht bemerkt, daß manche Wege miteinander verbunden sind. Auch wenn Du Dich für eine Richtung entscheidest, so stehen Dir auch manche der anderen Wege weiterhin offen.

Und mit dieser Erkenntnis bemerkst Du, wie Dein Bewußtsein langsam wieder in Deinen Körper zurückkehrt. Du sitzt auf der Kreuzung und vor Dir zweigen die unterschiedlichen Wege ab. Und jetzt fällt es Dir leicht, einen Weg zu wählen, weißt Du doch, daß sie Dich zwar zu unterschiedlichen Orten führen, daß sich der Weg und das was Du lernst jedoch ähneln. Und während Du Dich erhebst, ist Dir klar, welchen Weg Du einschlägst und gehst. Und so wie Du nun leicht einen Weg wählen kannst, so kannst Du nach dieser Erfahrung auch in Deinem äußeren Leben leichter eine Entscheidung treffen. Und vielleicht ist Dir während dieser Reise die Verbindung zu einer Situation bewußt geworden, eine Situation, in der Du die Möglichkeit der Wahl hast. Und vielleicht hast Du bereits jetzt oder später die Wahl getroffen, die im Einklang mit Deinem Höheren Selbst ist (20 Sekunden Pause).

Und nun löse Dich langsam von den Bildern Deiner inneren Welt, laß den Atem tiefer werden und Dich beleben ... Und in Deiner eigenen Zeit beginne Dich zu räkeln und zu strecken ..., Deine Hände und Arme zu bewegen ... und während Du die Augen öffnest und Dich in diesem Raum, im Hier und Jetzt orientierst, erlaube Dir, Dich an alles Wichtige dieser Reise zu erinnern, während Du völlig wach und klar wieder hier bist.

Kamakura

*Musikvorschlag: „Mystic Landscapes" von
Klaus Wiese und Ted de Jong (Edition Akasha)*
Mach es Dir bequem auf Deiner Unterlage und erlaube Deinem Körper, sich mehr und mehr zu entspannen. Deine Füße und Beine ... entspannen sich mehr und mehr ... die Arme ... und der Bauch- und Brustbereich ... und während Du bequem sitzt oder liegst ... entspannen sich auch Dein Rücken ..., der Nacken ... und der Kopf ... Und wenn Du noch ein wenig tiefer in die Entspannung gesunken bist, erlaube, daß Farbwellen Deinen Körper durchfluten. Zuerst tauchst Du ein in eine regenbogenfarbene Welle, die Dich vom Kopf bis zu den Füßen durchspült. Diese Farbe ist nicht wie eine Farbe die Du kennst, sondern ganz besonders. Es scheint, als ob sie einen silbrigen Schimmer enthält, so rein, so klar und leuchtend ist sie, und dennoch weich und warm ...

Im Anschluß an die Regenbogenfarbe durchspült Dich ein warmes Goldorange, fließt vom Kopf bis zu den Füßen, umspült jeden Körperteil und jedes Organ ...

Und dann durchspült Dich ein sanftes Grün, das Dich an den erwachenden Frühling erinnert ...

Und dann fließt ein warmes Blau durch Dich hindurch, das Blau des Abendhimmels ...,

der Zeit, in der die Menschen sich zurückziehen in ihre Häuser, nach innen.

✳ Und so kannst auch Du Dich nun zurücksinken lassen in Dein Inneres ..., in die innere Welt der Bilder ... Tiefer und tiefer sinkst Du ... bis zu dem Platz in Dir, an dem Du nun eine bedeutende Erfahrung machen kannst ..., in eine innere Landschaft, die genau so ist, wie es für Dich im Moment richtig ist. Die Farben ... und Geräusche ... und Düfte ... und in der Mitte der Landschaft erkennst Du einen Tempel, oder ist es eher eine Burg? Das Gebäude sieht ungewöhnlich aus. Und während Du das Gebäude noch betrachtest, fällt ein Lichtstrahl – ist es ein Sonnenstrahl oder woher kommt dieses Licht? – auf das Gebäude und es leuchtet in einer besonderen Weise. Nun willst Du doch wissen, was sich hinter der Mauer des Gebäudes verbirgt und machst Dich auf den Weg. Bei jedem Schritt spürst Du den Boden unter Deinen Füßen, atmest Du die frische klare reine Luft dieser Landschaft ein. Auch während Du den Weg entlang gehst, bleibt Dein Blick auf das Gebäude gerichtet, es zieht Dich wie magisch an und strahlt Kraft, Klarheit, ja vielleicht auch etwas Kämpferisches aus. Und so näherst Du dich mehr und mehr dem Gebäude und dem Eingang ... Am Eingang erwartet Dich eine große, aufrechte, kraftvoll aussehende Gestalt, und Du vermutest, daß es der Tempeldiener ist. Auch wenn er vielleicht im ersten Moment kriegerisch wirkt, so lächelt er Dich freundlich an. So wie man einen lieben, erwarteten Gast empfängt, geleitet er Dich in das Innere des Tempels. Als sich Deine Augen an das Licht im Innern gewöhnt haben, schaust Du Dich um. Verwundert bemerkst Du, daß es anders ist, als Du erwartet hast. Der Innenraum ist klar, ja fast asketisch karg gestaltet. Gerade Linien, klare Formen. Nur das Wesentliche, aber das von besonders guter Qualität. So entdeckst Du erlesene Gegenstände und kostbare Gerätschaften. Und obwohl die Wände eher schmucklos sind, sehen sie doch erlesen aus. Aber auch irgendwie hart. Und der Duft, den Du hier wahrnimmst; hast Du jemals so einen klaren und dennoch angenehmen Duft gerochen? Die Decke ist durchsichtig und helles Sonnenlicht scheint herein. Und fast hat man den Eindruck, als könnte man durch die Decke nicht nur den Himmel sehen, es erscheint Dir, als ob Du über den Himmel hinaus in noch höhere Bereiche schauen könntest.

Der Tempeldiener führt Dich über den steinernen Fußboden zu einer Nische, in der Kleidungsstücke hängen. Zuerst kannst Du nicht erkennen, um welche Kleidung es sich handelt. Doch als er sie vor Dir ausbreitet und Dich auffordert, sie anzulegen, erkennst Du eine Samurai-Rüstung. Auch wenn Du vielleicht noch nie ein solches Kleidungsstück gesehen hast, Du weißt, daß dies die Bekleidung eines Samurai ist. Vielleicht etwas verwundert ziehst Du sie an. Der Tempeldiener hilft Dir dabei ... Als er Dir das Schwert umbindet, erwachen in Dir längst vergessene Gefühle. Hast Du jemals so ein Schwert getragen? Du spürst Klarheit, Kraft und Tatendrang. Ist es das Schwert oder kommt es aus Dir? Vorsichtig ziehst Du das Schwert aus seiner Umhüllung und hältst es mit beiden Händen vor Dich. Und wenn Du vielleicht auch noch niemals zuvor so ein Schwert in den Händen gehalten hast, es ist Dir vertraut und es erscheint Dir, als ob Du genau weißt, wie Du damit umgehen mußt ... Dennoch steckst Du es vorsichtig wieder zurück, als der Tempeldiener Dir bedeutet, ihm weiter zu folgen. Ihr verlaßt den Raum und biegt in einen Korridor. Der Korridor ähnelt dem Eingangsraum, er ist schlicht und dennoch erlesen, durchflutet von einem hellen Licht.

Nachdem ihr eine Weile den Korridor entlang gegangen seid, bleibt Dein Begleiter vor einer Tür stehen, verbeugt sich vor Dir und geht davon. Die Tür trägt eine Aufschrift und Du entzifferst: Raum der Möglichkeiten. Und obwohl Du Dir auf all das keinen Reim machen kannst, bleibt doch Deine Klarheit und Tatkraft erhalten und Du trittst in den Raum hinein. Du schaust Dich verwundert um. Das Innere steht fast im Gegensatz zu dem, was Du vor dieser Tür kennengelernt hast. Hier hat alles weiche fließende Formen, große Seifenblasen schweben in der Luft, Gebilde die sich ständig verändern, in den verschiedenen Farben leuchten und dann wieder erlöschen, ja fast unwirklich erscheint Dir dieser Raum. Und dann entdeckst Du ein Kind. Es spielt mit den Seifenblasen, läßt sie zerspringen und neue entstehen. Und als Du das Kind genauer anschaust, kommt es Dir sehr bekannt vor. Ja, es sieht aus wie Du, einige Jahre jünger, aber sonst wie Du. Auch das Kind hat Dich entdeckt und nun ist es voller Begeisterung, als es auf Dich zuspringt. „Spiel ein neues Spiel mit mir", ruft es Dir entgegen. Etwas verwirrt fragst Du das Kind, was es hier macht. Es antwortet Dir: „Ich spiele mit Visionen. Ich laß sie entstehen und wieder platzen. Große bunte Visionen, runde wie die Seifenblasen oder farbige wie die anderen Gebilde. Aber das Spiel ist mir langweilig geworden, immer nur Visionen, immer nur Seifenblasen und nichts weiter." Als Du das Kind nach seinem Namen fragst, nennt es **Deinen** Namen. Dann entdeckt das Kind Dein Schwert. „Bringe mir bei, was ich damit tun kann", ruft es begeistert. Ja, Tun, das ist es, was dem Kind hier gefehlt hat. Und so ziehst Du das Schwert heraus und zeigst dem Kind, wie man damit umgeht: „Zuerst wählst Du ein Ziel, so wie diese Seifenblase", erklärst Du und wählst eine der durch den Raum schwebenden Seifenblasen, „dann zentrierst Du Dich und richtest Deine volle Aufmerksamkeit auf das Ziel. Sei Dir klar, was Du willst und habe das Ziel klar vor Augen und dann sammle Deine Kraft und Energie und mit einem Schlag, mit genau der richtigen Kraft triffst Du das Ziel." Und während Du dies dem Kind erklärst, laufen in Dir Bilder ab. In der Seifenblase, die Du als Ziel genommen hattest, ist plötzlich eine Situation aus Deinem Leben aufgetaucht, eine Situation, in der Du Dich nicht entscheiden konntest, ein Plan, der immer noch nicht ausgeführt wurde ... Und nun erkennst Du, was noch zu tun ist, was die nächsten Schritte sind ... und was Dich bisher gehindert hat. (2 Minuten Pause).

„Laß mich auch", hörst Du das Kind. Und so überläßt Du ihm das Schwert und das Kind wiederholt genau das, was Du ihm gezeigt hast: wählen – zielen – handeln. Doch etwas ist anders. Für das Kind ist es ein Spiel. Es trifft die Seifenblasen genau wie Du, doch während Du ernst und vielleicht verbissen warst, ist es für das Kind leicht, voller Freude und Spaß. Mußtest Du unbedingt Dein Ziel erreichen, ist es für das Kind nicht schlimm, wenn es mal daneben trifft. Gibt es doch noch so viele andere Möglichkeiten. Du erkennst, daß Du das Spiel viel zu ernst genommen hast. Als das Kind Dir das Schwert wieder in die Hand drückt, probierst Du aus, wie es ist, das Ziel mit spielerischer Freude zu treffen (30 Sekunden).

Mitten in Deinem Spiel hörst Du ein Klopfen. Als Du die Tür öffnest, steht draußen der Tempeldiener und bedeutet Dir, daß es Zeit ist zu gehen. Du wirfst noch einmal einen Blick in den Raum, um Dich von dem Kind zu verabschieden. Das Kind ist wieder versunken im Spiel, es schafft immer neue Formen mit den Seifenblasen. Kurz schaut es auf und winkt Dir zum Abschied fröhlich zu. Doch vielleicht kommt es auch mit Dir.

Du verläßt den Raum und folgst dem Tempeldiener. Als ihr in der Nische angekommen seid, legst Du das Samurai-Gewand wieder ab und mit einem Lächeln schaust Du noch einmal auf das Schwert. Dann verläßt Du diesen geheimnisvollen Tempel, bereichert mit vielen Erkenntnissen für Deinen Alltag und gehst den Weg durch die Landschaft zurück ins Hier und Jetzt, in diesen Raum ... Und während die inneren Bilder verblassen ... und Du Deinen Körper ..., die Unterlage ... und die Geräusche in diesem Raum immer deutlicher wahrnimmst ..., erinnerst Du Dich an die Lösungen, die Du beim Zerschlagen der beiden Seifenblasen erkannt hast ...

Und in Deiner Zeit bewegst Du die Hände und Füße, streckst Dich ... nimmst einen tiefen Atemzug ... öffnest die Augen und bist völlig klar, kraftvoll, zielgerichtet und wach wieder hier.

Kuthumi

Musikvorschlag: „Reiki Light Touch" von
Merlin's Magic (Windpferd Verlag)

Und Dein Körper weiß, was Entspannung ist ..., auch wenn Du vielleicht noch nicht oft solche inneren Reisen unternommen hast, kennst Du doch den Zustand der Entspannung, zum Beispiel, wenn Du an einem Sonnentag an einem angenehmen Platz ruhst, die Ereignisse und Gedanken des Tages mehr und mehr verschwinden ... und Du weißt, Du hast nun Zeit für Dich, in der Du völlig entspannen kannst... und mehr und mehr entspannen auch Deine Glieder ..., Deine Muskeln ..., und Deine Schultern lassen los und fallen tiefer ... Dein Atem fließt gleichmäßig ... und trägt Dich ..., fließt ein und aus, rhythmisch ..., bringt neuen Sauerstoff und trägt das Verbrauchte hinaus ...

✸ während Dein Atem gleichmäßig fließt ... Er umfließt jedes Organ und bringt Lebenskraft ... strömt bis hinein in jede Zelle ... Der Atem fließt durch den Körper, so wie der Wind über diese Erde fließt. Auch er läßt sich nicht aufhalten, und wenn ein Hindernis im Wege steht, fließt er einfach vorbei. Der Wind strömt frei, mal stärker, mal sanfter, unaufhörlich ... und so kannst Du nun vom Wind und vom Atem lernen ... vom Luftelement, das für Austausch sorgt ... Und laß Dich nun vom Wind tragen, durch Landschaften ..., über Wüsten und Eismeere ..., in Berge und Täler ..., über Wasser ..., von einem Ufer zum anderen ..., über Felder hinweg ..., in einen Wald hinein ... einen zauberhaften Wald ... Laß Dich mitten hinein tragen in diese wundervolle grüne Welt ... mit den paradiesischen Pflanzen ... und vielleicht kannst Du den Duft wahrnehmen, der hier die Luft erfüllt ... den Boden unter Deinen Füßen ..., während der Himmel durch die Bäume leuchtet ..., ein Himmel, der wunderbar zu dieser Landschaft paßt ... Und es ist Dir, als spürtest Du sogar die Luft ... Und in diesem besonderen Wald ist es Dir leicht möglich, Kontakt zu den Pflanzen herzustellen und zu verstehen, was Du schon lange weißt ..., zu lernen, was noch in Dir verborgen war. Von den Pflanzen hier im Wald kannst Du lernen, wie sie ihren Platz einnehmen – und wie alle Pflanzen dies tun: ein Samenkorn fällt auf den Boden, beginnt zu wachsen und schiebt beharrlich und kraftvoll seine Wurzeln in den Boden, findet dort Halt und verankert sich ..., und hat seinen Platz auf der Erde eingenommen und wächst ..., dehnt sich entschlossen aus. Ohne diese Ausdauer, ohne diese Beharrlichkeit, ohne den Boden in den es sich verwurzelt, könnte die Pflanze nicht leben. Und erst nachdem sich die kleine Pflanze in der Erde verwurzelt hat, Halt gefunden hat, von der Erde genährt wird, erst dann beginnt sie ihren Sproß in die Höhe zu schieben, sich zum Himmel zu rekken, das Sonnenlicht zu trinken ..., und so wächst sie, verzweigt ihre Wurzeln und dann wieder den Sproß, und erst als sie genügend Halt gefunden hat und erst nachdem sie die erforderliche Stärke und Reife erlangt hat, erst dann beginnt sie zu blühen. Was würde die Blüte nützen, wenn der Stengel sie nicht tragen könnte, wenn der Stamm eines Baumes noch nicht kräftig genug ist, um Früchte auch bei Wind und Sturm zu tragen ..., alles hat seine Zeit, und die Pflanzen haben das richtige Gespür für die Zeit. Sie blühen nicht im Winter, sie sind nicht so ungeduldig, daß sie beim ersten Sonnenstrahl im Winter, wenn der Boden noch gefroren ist, zu wachsen beginnen, sie kennen den richtigen Zeitpunkt, und wachsen im Einklang mit dem richtigen Zeitpunkt ..., und bringen dann reichlich Blüten und Früchte hervor ... und so kannst Du nun von den Pflanzen lernen, das Gespür für den richtigen Zeitpunkt, für die richtige Reihenfolge, für die Bedingungen, die für Wachsen und Erblühen notwendig sind. ... Lerne nun von den Pflanzen, was dies für Dich, für Dein Leben bedeutet (1 Minute Pause).

Und vielleicht magst Du nun Deine Hand ausstrecken und eine Pflanzen in diesem magischen, paradiesischen Wald berühren ... ihre Blätter fühlen ..., ihre Blüten ..., ihre Rinde ..., sie berühren, wie Du einen lieben Freund berührst ..., und vielleicht spürst Du auch die tiefe Verbundenheit (1 Minute Pause) eine Verbindung, die sich nicht nur auf die Pflanze erstreckt, wie sie vor Dir steht – da ist noch etwas anderes. Du ahnst oder erkennst das feine Wesen der Pflanzen, die Pflanzenwesen ... Vor Dir erscheinen diese Wesen, die Wesen der Pflanzen ..., die Wesen der Bäume,... der Sträucher ... und Blumen ... Jede Pflanze hat ihr eigenes Wesen ..., und jedes Wesen hat seine eigene Gestalt – oder ähneln sie sich doch? ... Auch wenn die Pflanzen unbeweglich sind, an einem Platz stehen, fest verbunden mit der Erde, tief verankert in der Erde ... auch wenn sie eine feste Struktur haben, eine Festigkeit, die Deinen Knochen vergleichbar ist ..., so besitzen sie wie Du auch die feinstoffliche Seite: Ihr Wesen, das man nicht so leicht wahrnehmen kann, das dem normalen Auge nicht zugänglich ist. Und diese Wesen sind Deinem feinen Wesen verwandter, als es die Gestalt der Pflanzen ist. Daher können Sie mit Dir Kontakt aufnehmen, wenn Deine Sinne bereit sind für einen Austausch, so wie jetzt. Und während Du Dich noch umschaust in diesem Reich der Pflanzen, wirst Du von einem dieser Pflanzenwesen ganz besonders angesprochen. Ein Wesen, das Dir sehr vertraut erscheint ... und Du erkennst, zu welcher Pflanze es gehört. Und dieses Wesen bewegt sich auf Dich zu und es scheint Dir, als würdet ihr Euch schon lange kennen ... und Du entdeckst Seiten in dem Wesen, vielleicht feine, zarte Seiten, die auch in Dir sind. In diesem Pflanzenwesen erkennst Du vielleicht Eigenschaften, die Du im normalen Alltag nicht lebst, die vielleicht tief verborgen in Dir schlummern. Und erlaube nun diesem Wesen, Dir diese Seiten und Qualitäten näher zu bringen. Tauche ein und laß Dich in seine Welt führen ... und lausche auf seine Botschaft ... (2 Minuten Pause).

Und nun löse Dich wieder von diesem Wesen, das Dir so verbunden ist, das Teile Deines Seins geweckt hat. Und in diesem Loslassen liegt Wertschätzung für einander, seid ihr euch doch so vertraut, auch wenn ihr äußerlich so verschieden sein mögt.

Als Du Dich wieder den anderen Pflanzenwesen zuwendest, fällt Dein Blick auf ein beeindruckendes Wesen, ja Du fühlst Dich magisch angezogen, ein Wesen, das Dir scheinbar ganz unähnlich ist, so anders, so fremd, so unbekannt. Und dennoch zieht es Dich an, bewegt sich auf Dich zu, oder Du Dich auf es? Wie die entgegengesetzten Pole eines Magneten scheint ihr Euch anzuziehen. Du siehst die Pflanze, zu der dieses Wesen gehört, ihre Gestalt, ihre Blätter, wo sie wächst ... Was ist es, was Dich an diesem Wesen so fasziniert? (20 Sekunden Pause). Was ist es, was dieses Wesen hat, was Dir noch fehlt? (20 Sekunden Pause). Und erlaube Dir nun oder gleich, auch mit diesem Wesen zu verschmelzen und von ihm zu lernen, seine Qualitäten wahrzunehmen und seine Botschaft zu hören (1 Minute Pause) und dann ziehst Du Dich auch wieder aus diesem Pflanzenwesen zurück, nachdem Du entdeckt hast, welche Qualitäten es in Dir bewußt gemacht und geweckt hat, die Du nicht sehen wolltest, die Du nicht mochtest. Und vielleicht hast Du jetzt ein etwas anderes Gefühl zu dieser Seite Deines Seins.

Und nun ziehe Dich langsam wieder aus diesem Reich der Pflanzen zurück, das Reich, das so viele Botschaften für Dich bereit hält, sowohl in der inneren Welt als auch in der äußeren. Ja auch in der äußeren Welt sprechen die Pflanzen zu Dir, besonders die, die Dich anziehen, gleichgültig ob sie Dir besonders schön oder besonders unangenehm erscheinen. Auch die äußeren Pflanzen wollen Dir etwas mitteilen, doch meist bist Du so mit anderen Dingen beschäftigt, daß Du ihre leisen Worte nicht hörst. Vielleicht erinnerst Du Dich beim nächsten Spaziergang an diese Fähigkeit der Pflanzen oder wenn Du in der Stadt an einem Blumengeschäft vorbeigehst oder auf der Wiese liegst und den wohltuenden Duft der Pflanzen um Dich herum einatmest, tief einatmest, so wie Du jetzt einen tiefen Atemzug tust ..., ein Atemzug, der die Lebensenergie pulsieren läßt ..., Deine Sinne ins Hier und Jetzt zurückbringt ... Und mehr und mehr löst Du Dich aus Deiner inneren Welt ... und nimm Deinen Körper wieder völlig in Besitz ..., beginne mit kleinen Bewegungen ... und in Deiner Zeit räkele Dich ..., wohlig entspannt und doch frisch, klar und wach.

Lady Nada

Musikvorschlag: „Precious Love" von Philip Chapman
(New World Company)

✳ Sicher hast Du schon einmal die wohltuende und heilende Wirkung eines warmen Bades erlebt. Wenn das Wasser Dich mit einer angenehmen Wärme einhüllt und Du mehr und mehr entspannst. Vielleicht hatte das Bad einen angenehmen Duft, und je länger Du Dich im Wasser entspanntest, desto ruhiger und ausgeglichener wurdest Du. Vielleicht hast Du dann auch die Augen geschlossen und Deine Aufmerksamkeit ganz nach innen gerichtet, auf Deinen Körper und die angenehmen Gefühle. So möchte ich Dich auch jetzt einladen zu einem wohltuenden Bad, diesmal jedoch ein Bad ganz besonderer Art. Ich lade Dich ein, an Deinen inneren Platz für Heilung und Wohlbefinden. Dein Bewußtsein wird sich jetzt an diesen Platz begeben, denn Dein Bewußtsein weiß, wo dieser Platz in Dir ist ... Es verweilt hier manchmal nachts, um sich und den Körper zu regenerieren. Und wenn du an diesem inneren Platz des Wohlbefindens angekommen bist, schau Dich um. Wie sieht dieser Platz aus? Ist er vielleicht wie ein sonnendurchflutetes römisches Bad, gestaltet mit Marmor und Steinplatten ... oder wie eine Sauna ... oder vielleicht wie ein Tempel? Welche Farben hat Deine Umgebung? ... Vielleicht ertönt eine ruhige Musik ..., und ein angenehmer Duft erfüllt den Raum ... Während Du Dich noch umschaust, tritt eine Gestalt auf Dich zu und führt Dich zu einem goldenen Wasserbecken. Das Wasser hat eine besondere Ausstrahlung, das spürst Du schon, als Du noch am Rand stehst. Dein Begleiter fordert Dich auf, die Kleidung abzulegen und in das Wasser hineinzugleiten. Und während Du dies tust, wirken die Schwingung des Wassers und das warme Gold des Beckens bereits wohltuend ... Und während Du langsam in das Wasser gleitest, hüllt Dich die angenehme, entspannende Wärme mehr und mehr ein, so daß Du Dich gelöst treiben lassen kannst, vielleicht auch schwimmen oder einfach nur dort liegen und genießen ... während die Kraft des Wassers Deine Auraschichten reinigt ...(1 Minute Pause) ... Deinen Körper reinigt ... (1 Minute Pause) ... ja es scheint, als ob die Kraft bis in jedes Organ und jede Zelle dringt, um sie zu reinigen ... (1 Minute Pause) ... und zu heilen (1 Minute Pause). Erfrischt und belebt steigst Du nun wieder aus dem goldenen Wasserbecken ... und wirst in einen weißen, warmen Bademantel gehüllt. Der Begleiter führt Dich nun in einen anderen Raum, einen Raum mit goldenem Licht ..., ausgewählten Mosaiken, prachtvoll gestaltet ..., erfüllt mit einem erlesenen Duft und einer sanften, schmeichelnden Musik. In der Mitte dieses Raumes steht eine Liege für Dich, bedeckt mit einer Auflage, die einer Wolke ähnelt. Neben dieser Liege stehen zwei Personen oder Wesen, die Dich liebevoll anlächeln und Dich einladen, Dich auf diese Liege zu legen für eine heilende, regenerierende Massage. Und so ziehst Du den Bademantel aus und legst Dich mit dem Bauch auf die Liege. Sanfte, warme Hände beginnen, Deinen Körper mit einem kostbaren Öl einzureiben, ein Öl mit einer erlesenen Wirkung der Heilung ... und während die Hände beginnen, Dich zu berühren, entspannst Du in dem Augenblick ... fühlst Dich sicher und geborgen ... Dann beginnt die heilende und regenerierende Massage des Rückkens ... und Du spürst wie die Hände und die Energie alle Spannung, Verkrampfung und Blockaden aus Deinen Schultern ..., dem Nacken ... und den Rückenmuskeln lösen ... Schultern, Nacken und Rücken entspannen sich mehr und mehr ... gelangen wieder in den natürlichen gesunden Zustand ... während sich Deine Wirbelsäule stärkt ... ebenso wie alle Organe des Rückens ... (1 Minute Pause) ... Ebenso werden Deine Arme und Hände von den heilenden Händen massiert (30 Sekunden Pause) ... und die Beine ... (1 Minute Pause) und Füße ... Als die Personen Deine Füße massieren, fließt ein kraftvoller, heilender, regenerierender Energiestrom durch Deinen ganzen Körper, in jedes Organ, in jede Zelle (1 Minute Pause) ... Gleichzeitig öffnen sich Deine Fußchakren und Du verbindest Dich mit der Liebe und

Kraft der Erde, die Dich nährt und trägt (1 Minute Pause) ... Nun bittet Dich eine sanfte Stimme, Dich langsam auf den Rücken zu legen ... und nachdem Du dies getan hast, gleiten die heilenden Hände über Deine Beine zu Deinem Bauch- und Brustbereich und massieren wohltuend und entspannend ..., lösen Verkrampfungen und Verhärtungen und bringen auch diesen Bereich wieder in die ursprüngliche gesunde Schwingung ... (1 Minute Pause). Während der ganzen Massage wird Dir bewußt, wie wundervoll Dein Körper ist. Auch wenn Du ihn vielleicht nicht magst, auch wenn es Stellen gibt, die Dir nicht gefallen, auch wenn Bereiche nicht locker und entspannt sind, auch wenn Organe nicht gesund sind, in dieser Massage erlebst Du, daß Dein Körper Dein Tempel ist. Die liebevolle Berührung der Hände läßt alle Widerstände gegen Deinen Körper schmelzen und vielleicht erwacht in Dir eine Ahnung, welch ein Geschenk dieser Körper ist, wie wohl Du Dich darin fühlen kannst, (20 Sekunden Pause) welche sinnlichen Genüsse Du erleben kannst, (20 Sekunden Pause) welche Kraft Du hast ... und welche Fähigkeiten Du leben kannst, (20 Sekunden Pause) wenn Du diesen Körper und Dich liebevoll annimmst (30 Sekunden Pause) ... Diese Wesen, die Dich mit ihren liebevollen, heilenden Händen berühren, nehmen Dich so an, wie Du bist ...

Dann berühren die Hände Dein Gesicht ..., die Stirn (20 Sekunden Pause) ..., die Wangenmuskeln (20 Sekunden Pause) ..., den Kieferbereich (20 Sekunden Pause) ... Es ist wie ein angenehmes Streicheln, so sanft oder fest, wie Du es magst (20 Sekunden Pause) ... Und dann legen sich die heilenden Hände auf Deine Augen und Deine Augen erholen und regenerieren sich ..., heilen (30 Sekunden Pause) ..., und Deine Fähigkeit, die Welt mit Weisheit und Verstehen zu sehen, erwacht (30 Sekunden Pause) ... Dann massieren die heilenden Hände Deine Kopfhaut ..., mit angenehmem, genau richtigem Druck finden sie die Stellen, die Heilung brauchen (20 Sekunden Pause) ... Und als sie zum Abschluß Deine Haare und Dein Kronenchakra ausstreichen, verbindest Du Dich mit Deinem Höheren Selbst, mit Bildern, Visionen und Weisheit und kosmische Energie fließt durch Dich hindurch (1 Minute Pause).

Klar und erfrischt fühlst Du Dich, als Du von der Liege aufstehst. Vielleicht möchtest Du Dich bedanken. Dein Begleiter reicht Dir wieder den angewärmten Bademantel, den Du anziehst und dann diesen Raum verläßt. Dein Begleiter bringt Dich wieder zum Eingang dieses Platzes, wo Du Deine gereinigte Kleidung zurückerhältst und anlegst. Und obwohl Du die Kleidung anziehst, die Du vorher getragen hast, erscheint es Dir so, als ob Du nun ganz anders wärest ..., ganz Du selbst. Und vielleicht spürst Du, wie Du nun Deinen Körper wertschätzen kannst und Dich so annehmen kannst, wie Du bist. Und vielleicht erwacht in Dir nun die Freude auf die sinnlichen Genüsse, die Lust auf das Leben, darauf, Deine Kraft einzusetzen ... Und während Dein Atem tiefer und kraftvoller wird ..., verblassen die inneren Bilder ... und die Musik in diesem Raum dringt an Dein Ohr ... Nimmst Du sie jetzt anders wahr? (20 Sekunden Pause) ... Und nun nimm einen tiefen Atemzug ... bewege Deine Hände und Füße ..., strecke Dich wohlig und beginne Deine Ohren zu massieren.

Seraphis Bey

Musikvorschlag: „Reiki" von Merlin´s Magic
(Windpferd Verlag)

Setze oder leg Dich ganz bequem hin ... und für eine Weile achte auf Deinen Atem ..., wie Du ein- und ausatmest ... und sich beim Einatmen Dein Brustkorb hebt und beim Ausatmen wieder senkt ... Und mit jedem Ausatmen laß Dich ein Stück tiefer in Deine inneren Räume fallen ..., so daß Du mehr und mehr mit jedem Ausatmen entspannst ...

Vor einer Weile hast Du das Öl von Seraphis Bey aufgetragen und die reinigende Lichtenergie fließt jetzt durch

Deine Energiebahnen und verteilt sich in Deinem ganzen Körper. Sie fließt vom Puls, wo Du die Essenz aufgetragen hast, über die Hände ..., die Arme entlang ... durch die Ellbogen bis hinauf in Deine Schultern ... und Schultergelenke. Die reinigende Energie, die Dir hilft, Blockaden zu lösen ... und die Widerstände gegen den Körper, die Materie und die irdische Kraft schmelzen läßt ..., so wie die strahlende Sonne den Schnee schmilzt ... Und die Energie fließt in Deine Schultern und Deinen Nacken und vielleicht wird Dir dabei bewußt, was Du auf Deinen Schultern trägst ... und wie schwer Dir diese Last erscheint, gleichgültig ob Deine Schultern angespannt oder ganz locker herunter fallen (30 Sekunden Pause).

Und die Energie fließt durch Deinen Hals und befreit Dich von Einengungen, die vielleicht bisher verhindert haben, frei zu sprechen, Dich so auszudrücken, wie Du es wolltest ...

Und die reinigende Energie fließt auch in Deinen Kopf hinein ..., in die Zähne ..., das Zahnfleisch ..., die Nase ... und den Nasenbereich ..., Deine Augen ... und in Dein Gehirn ..., die Ohren, ... klärt und heilt (30 Sekunden). Und falls es Stellen gibt, die für Dich belastend sind oder wo Du Probleme hast, laß diese Energie verstärkt hinein fließen ... und vielleicht kannst Du erkennen, was Dich diese Schwierigkeiten lehren ... und wie sie Dir helfen, bestimmte Fähigkeiten zu entwickeln (30 Sekunden Pause).

Und die Energie fließt auch durch Deinen Brustbereich ..., durch die Lungen ... bis hinein in die Lungenbläschen ..., in die feinsten Verästelungen ..., klärt und reinigt ..., fließt auch in Dein Herz und gibt Dir das Gefühl von Klarheit, und ruhiger Kraft, mit dem Herzrhythmus der Erde verbunden zu sein (30 Sekunden Pause).

Und die Energie fließt in Deinen Bauchbereich ..., in den Magen ..., die Leber ..., die Galle ..., die Milz ..., die Bauchspeicheldrüse ... und durch Deinen gesamten Darm ... und erfüllt alles mit der klaren, reinigenden, liebenden Energie von Seraphis Bey (30 Sekunden Pause).

Und die Energie fließt Deinen Rücken entlang ... durch die Wirbelsäule ..., durch alle Muskeln ... und die Nieren ... Und auch dort kann sich klären und heilen, was heilen will (30 Sekunden Pause).

Und die Energie fließt nun in Dein Becken und umfängt die Organe, liebevoll klärend, so daß ihr ursprünglicher Glanz und ihre ursprüngliche Kraft wieder erwachen (30 Sekunden Pause).

Anschließend fließt die Energie durch Deine Beine ..., bis in die Knie ... und in die Fußknöchel hinein ... Heilt und reinigt auch dort und fließt dann durch Deinen gesamten Fuß bis in die Zehen ..., und verbindet Dich mit der kraftvollen, nährenden Energie der Erde (30 Sekunden).

Und nun laß die klärende Energie durch Deine gesamte Haut fließen, das Organ das Dich trennt und verbindet mit der Außenwelt ..., dort wo Du berührt wirst und wo Du Berührung spürst (30 Sekunden Pause).

So erlaube der Lichtkraft, in jede Zelle Deiner Haut zu fließen, so daß sie wieder in ihre ursprüngliche Kraft, Ordnung und Klarheit gelangt und ihr Licht leuchten läßt ... So daß Du Ja sagen kannst zu Dir ..., ja zu dem lichtvollen, strahlend schönen Wesen, das Du bist ..., zu den Aufgaben und Schwierigkeiten, die Du Dir gesetzt hast, um daran zu lernen, um Erfahrungen zu machen und vollkommen zu werden ..., um in Deinem Körper kraftvoll, gesund und in Einklang mit der Materie zu wirken und zu sein (30 Sekunden Pause).

Und dann erlaube der kraftvoll reinigenden Kraft von Seraphis Bey auch in Deine Aura zu strömen ..., in alle Schichten ..., so daß auch Deine Aura wieder ihre ursprüngliche Ausstrahlung des reinen Kristalls, eines Diamanten oder der Sonne bekommt, so wie es für Dich jetzt angenehm und richtig ist (1 Minute Pause).

Und zum Abschluß wähle eine Problemzone, einen Problembereich in Deinem Körper, eine Schwachstelle, und erlaube der klärenden Energie, dort noch einmal besonders zu wirken. Tauche mit ein in diesen Bereich und schaue Dir an, was geschieht ... wenn er umhüllt wird von diesem liebevollen klaren Licht ..., das bis in die Zellen fließt und das Dunkle erhellt ... Schau Dir an was geschieht, wenn Du diese Schwachstelle so annimmst, wie sie ist ..., „Ja" zu ihr sagst ..., sie in Dein Herz nimmst ..., sie akzeptierst ... und in klärendem Licht badest (1 Minute Pause).

Und vielleicht hat dieser Bereich Deines Körpers eine Botschaft für Dich. Vielleicht erkennst Du, was Du lernen willst, was Du brauchst, um diese Schwachstelle zu heilen und was Du dafür tun kannst – oder ob es etwas zu tun gibt (1 Minute Pause).

Und wie nach einem reinigenden Bad oder nach einem entspannenden Saunabesuch erlaube Dir und Deinem Körper für eine Weile zu ruhen ..., von Deinem Licht umgeben ... einfach daliegen ... und der Musik lauschen ..., die wohlige Klarheit und Reinheit Deines Körpers spüren, Deine Kraft, die ruhig durch Deinen Körper pulsiert ..., während Du von der Musik getragen wirst (1 Minute Pause).

Und mit der Musik komme wieder langsam zurück ins Hier und Jetzt ..., erfrischt, erholt, gestärkt ..., klar und leuchtend ..., magst Du vielleicht Deine Hände und Füße bewegen ..., tiefer einatmen ..., und Dich langsam räkeln und strecken ..., bis Du völlig wach und klar wieder hier bist.

Victory

Musikvorschlag: „Chakra-Meditation" von
Merlin´s Magic (Windpferd Verlag)

Für eine Weile achte auf Deinen Atem ... wie Du ein- und ausatmest ..., die Luft in Deine Lungen ein- und ausströmt, und wie die Luft von der Lunge aus durch Deinen ganzen Körper fließt ... und Du hast eine Essenz angewendet, eine Essenz, welche die Energie von Victory trägt, und diese Energie wird nun mit Deiner Atemluft durch den ganzen Körper transportiert ... und ihre Wirkung entfaltet ...

Die Energie von Victory stimmt alle Körperteile und das Energiesystem aufeinander ab, so daß Deine Energie harmonisch fließt und Du im Gleichgewicht bist mit all Deinen Kräften ... und Dein Körper, Deine Chakren und Dein Aurakörper sich integrieren, zusammen spielen wie ein Orchester: Wenn ein Orchester ein neues Musikstück lernt und jedes Instrument seine Passage richtig spielt, folgt die Abstimmung der Instrumente untereinander. Würde jedes Instrument seinen eigenen Teil spielen, ohne auf die anderen Instrumente zu achten, ohne sich in das Gesamte einzufügen, klänge das Musikstück nicht harmonisch. Diesem Orchester zu lauschen, wäre kein Genuß. Erst durch das harmonische Miteinander wird die Musik zu einem Erlebnis, zu einem wohlklingenden Ganzen.

Und diese Funktion kann die Energie von Victory nun in Deinem Energiesystem übernehmen. Sie stellt das harmonische Miteinander her, so wie der Dirigent die einzelnen Instrumente des Orchesters aufeinander abstimmt und sie miteinander spielen, auf die Töne des anderen achten und sich einfügen in den großen Reigen, der das Musikstück zu einem wohlklingenden harmonischen Werk macht, wo alles ineinander greift und sich gegenseitig fördert.

So wie der Dirigent zu Beginn jedes einzelne Instrument anhört, Abweichungen und Fehler korrigiert und den richtigen Rhythmus hineinbringt, so wird nun auch die Energie von Victory jedes Organ und jeden Körperteil in die optimale Schwingung und Funktion bringen ..., während sich Blockaden und Unstimmigkeiten lösen. Und nun laß die Energie von Victory durch Deine Hände und Arme fließen ..., in jeden Muskel ..., jeden Knochen, ... bis in jede Zelle ..., und weiter fließt die harmonisierende Energie in den Hals ..., Deinen Nacken entlang und Spannungen und Last fallen ab ... Dann fließt die Energie von Victory in den Kopf ... in den gesamten Mundraum ... zum Kiefer und den Zähnen ..., in die Nase und die Nebenhöhlen ..., die Augen ... und Ohren ..., zu den beiden Gehirnhälften, die sich aufeinander abstimmen, so das der ganze Kopf mit all seinen

Bereichen und Hormondrüsen ausgeglichen wird (30 Sekunden Pause) ... und die Energie breitet sich nun auch im gesamten Rücken aus, reinigt und harmonisiert ..., die Wirbelsäule ..., die Nerven, die in ihr entlang laufen ..., die Nieren ..., die Blase ..., (20 Sekunden Pause) und fließt anschließend in den Brustraum ..., reinigt Lungen und Herz und läßt sie wieder optimal funktionieren ..., und jedes Organ nimmt soviel von dieser harmonisierenden Energie auf, wie es braucht (20 Sekunden Pause) ..., und die Energie breitet sich auch im Bauchraum aus ... und regeneriert den Magen ..., den Darm ..., die Leber ..., die Galle ..., die Bauchspeicheldrüse ..., die Milz ..., fließt bis hinein ins Becken mit seinen Geschlechtsorganen ..., reinigt, harmonisiert und heilt (20 Sekunden Pause) ... und strömt auch bis hinein in die Beine ..., die Knie, mit ihren Gelenken ..., die Fußknöchel und Füße ... und erfüllt jeden Muskel, jeden Knochen, jede Zelle ..., bis schließlich jeder Körperteil, jedes Organ, jede Zelle optimal funktionieren.

Und dann hüllt die harmonisierende Energie von Victory den Körper nochmals ganz ein und stimmt alle Körperteile aufeinander ab, bis der ganze Körper harmonisch zusammenarbeitet, wie ein wohlklingendes Orchester (1 Minute Pause).

Und dann fließt die reinigende, harmonisierende, heilende Energie auch durch Deine Energiebahnen, die wie ein Flußsystem oder Adern Deinen ganzen Körper durchziehen und alle Körperteile mit feinstofflicher Lebensenergie versorgen. Und auch hier lösen sich nun Unstimmigkeiten, Blockaden, Störungen und die feinstoffliche Energie kann wieder frei und harmonisch fließen, alle Körperteile ausreichend versorgen ... (1 Minute Pause).

Und auch alle Chakren werden gereinigt und in die richtige Schwingung gebracht, das erste Chakra, das Basischakra, das sich zwischen Deinen Beinen am Beckenboden befindet ... und Dich mit dem Strom der Erdenergie verbindet ... Das zweite Chakra in der Mitte des Bauchraumes, ca. zwei Finger breit unter dem Bauchnabel ... wird in

Einklang gebracht mit dem Solarus plexus Chakra unterhalb des Brustbeins ..., jedes Chakra wird gereinigt, harmonisiert und in Einklang gebracht mit allen anderen, so auch das Herzchakra in der Mitte Deines Brustraumes ..., das Halschakra im Hals ..., das Stirnchakra zwischen Deinen Augenbrauen, über der Nasenwurzel ..., und das Kronenchakra in der Mitte auf Deinem Kopf ..., und schließlich auch das achte Chakra, das sich oberhalb Deines Kopfes befindet ... Nun sind alle Chakren gereinigt, harmonisiert, miteinander in Einklang und aufeinander abgestimmt ..., die Energie kann zwischen ihnen frei fließen ..., (1 Minute Pause) und sie stehen im Austausch mit den Energiebahnen des Körpers und mit den Aurakörpern, die Dich wie Hüllen umgeben ... Und auch jede Auraschicht wird von der Victory-Energie gereinigt, harmonisiert und in Einklang mit den anderen Energieschichten gebracht, der Ätherkörper, der sich direkt über Deiner Haut befindet ..., der Emotionalkörper, der sich direkt daran anschließt und in dem alle Gefühle gespeichert sind ..., der Mentalkörper, der alle Gedanken und Ideen trägt ..., und schließlich der spirituelle Körper ... und so sind alle Deine Aurakörper gereinigt, harmonisiert und aufeinander abgestimmt ... (1 Minute Pause) und stehen in Verbindung miteinander und ebenso mit den Chakren und Energiebahnen ... und dem Körper.

Und so wie Dein Körper, Deine Chakren und Energiekörper wie gestimmte Instrumente harmonisch im Orchester Deines gesamten Körper-Energiesystems klingen, so kann auch Deine Seele und Dein gesamtes irdisches Sein im Einklang schwingen mit der kosmischen Ordnung, als eingestimmtes Instrument harmonisch klingen mit dem Schöpfungsorchester ... (1 Minute Pause).

Und nun nimm diesen Zustand bewußt wahr, nimm ihn tief in Dich auf, so daß Du Dich jederzeit wieder an ihn erinnern kannst ..., erinnerst, wie es ist, wenn Dein Körper und Dein Energiesystem gereinigt, harmonisch und stabil sind, wenn ein harmonischer Energieaustausch stattfindet und alles miteinander in Einklang ist ... (1 Minute Pause).

Und in diesem Zustand richte Deine Aufmerksamkeit wieder langsam auf die äußere Welt, auf diesen Raum ... und mit jedem Atemzug wirst Du wacher, bewußter ..., bis Du beginnst, Deinen Körper zu strecken ..., Dich zu räkeln ... und Deine Hände und Füße zu bewegen ... und vielleicht hast Du nun ein anderes Körpergefühl ... und in Deiner Zeit öffne die Augen und orientiere Dich wieder hier im Raum ..., während Du mehr und mehr hier ankommst ..., wach, erfrischt, klar ..., in Harmonie und Einklang.

Saint Germain

Musikvorschlag: „The Secret of the Golden Flower – Meditation from the world of Osho" (New Earth Records)
Lege oder setze Dich ganz bequem hin, die Arme neben Deinem Körper und nimm wahr, wie Dich die Unterlage trägt. Während Du die Musik hörst, meine Stimme, erlaube Dir, mehr und mehr zu entspannen ... Dein Atem fließt ruhig und gleichmäßig. Jeder Atemzug füllt Deine Lungen mit Luft, auch ohne daß Du dafür sorgen mußt. Und auch die Energie der Saint Germain Essenz, die Du gerade angewendet hast, wird von Deinem Atem durch den feinstofflichen Körper transportiert, bis hinein in alle Auraschichten ...

Dein Körper führt alle wichtigen Funktionen aus, gleichgültig ob Du wach bist oder schläfst. Du kannst ihm vertrauen. Du kannst dieser unbewußten Arbeit Deines Körpers für Dich vertrauen. Und so kann auch jeder Atemzug Dich nun immer tiefer sinken lassen ..., so daß Du jetzt oder gleich genau den inneren Zustand erreichst, der für diese Meditation richtig ist ... Und so wie der Körper Dich auch im Schlaf schützt und alle lebenswichtigen Aufgaben übernimmt, wird er dies auch in dieser Meditation tun.

✳ Und mit jedem Atemzug laß Dich tiefer tragen ..., auf den Schwingen Deines Atems...

in das Land der Erinnerungen, in dem Du die Bilder aufbewahrst, Bilder von Situationen, die unangenehm waren, Bilder von Situationen, die Dein Herz erfreut haben. Laß Dich in dieses innere Land hineingleiten, begleitet von der transformierenden Energie von Saint Germain, tiefer und tiefer in Deine Bilderwelt, in Deine Erinnerungen und laß die Bilder aufsteigen ... Manche Erlebnisse sind erst vor kurzem geschehen, andere liegen schon lange zurück, und dennoch sind sie alle lebendig im Land der Erinnerungen ... Vielleicht nimmst Du auch Gefühle wahr ..., oder Farben. Und während dies an Dir vorbeizieht, bemerkst Du, daß Du manche Bilder ganz unbeteiligt anschaust, vielleicht so wie Du einen Kinofilm anschaust ..., während andere Dich berühren ... und einige Dich auch unangenehm berühren, vielleicht sogar einengen, an Dir festzukleben scheinen ..., sich auf Dich legen wie ein schwerer alter Mantel, den Du fest um Dich gezogen hast ... Manche Bilder sind Dir bekannt, andere mögen Dir fremd erscheinen, und dennoch auch irgendwie bekannt. Sie gehören zu Dir, zu Deinem Leben, zu Deinen Erfahrungen. Vielleicht hattest Du sie vergessen, vielleicht stammen sie aus einer anderen Zeit ... Und jetzt oder gleich wird eine Situation vor Dir auftauchen, die für Dein jetziges Leben eine wichtige Bedeutung hat, eine Situation, die noch nicht abgeschlossen, noch nicht erlöst ist, die Dich noch eingewickelt hält. Sie kann mit einer Verbindung zu einem anderen Menschen zu tun haben, oder ein Verhaltensmuster sein, von dem Du Dich nur schwer lösen kannst, um wirklich frei zu sein und frei zu handeln ... Und nun erkennst Du diese Situation, gleichgültig ob Du sie als Bilder, als Gefühl, als Farbe oder in Deiner eigenen Art und Weise wahrnimmst ... und Du verstehst (20 Sekunden Pause).

Und mag Dich die Situation auch zunächst bedrücken, Dich einengen, gefangen halten, mag auch zunächst Kummer, Schmerz, Trauer, Wut in Dir aufsteigen, die Energie von Saint Germain ist wie eine sanfte violette Flamme, die langsam diese Gefühle, alle diese Hüllen und Stricke löst ..., die Dich befreit. Erlaube, daß Du mehr und mehr befreit wirst ..., daß sich die alten Hüllen mehr und mehr auflösen, die Stricke verbrennen ..., daß Du den alten Mantel ablegst und frei wirst, die freie Wahl hast. Du hast jetzt genug Zeit, daß sich das Alte transformieren kann, Dein wahres Sein befreit wird. Denn Du bist außerhalb der realen Zeit und eine Minute kann eine Stunde, ein Tag, ein Jahr sein in diesem Zustand. Und so laß die sanfte violette Flamme der Transformation Dich befreien. Und es wird geschehen sein, wenn Du meine Stimme wieder hörst ... (2 Minuten Pause).

Und nun erlaube Deinem inneren Licht, sich auszudehnen ..., Dich einzuhüllen ..., so einzuhüllen, daß Du geborgen und geschützt bist ... und ganz Du selbst sein kannst ... (30 Sekunden Pause). Und durch diese Befreiung hast Du jetzt die freie Wahl, **DU** entscheidest, ob Du die alte oder eine neue Verhaltensweise wählst ... Und manches wirst Du jetzt mit anderen Augen, aus einem anderen Blickwinkel sehen. Manchmal wirst Du über Situationen, die früher leidvoll und belastend waren, einfach lachen. Der schwere Mantel, der Dich gefangen hielt, ist abgelegt, gelöst, transformiert. Du bist frei ... und eingehüllt in Dein klares inneres Licht.

Und vielleicht bemerkst Du dies auch an Deinem Atem, wie er jetzt leichter ein- und ausströmt, und Du nun tiefer durchatmen kannst. Dein Atem ist kraftvoller geworden und er trägt Dich jetzt sicher wieder ins Hier und Jetzt ... Und immer kräftiger wird Dein Atem, erfüllt Dich mit Energie und Kraft ..., und vielleicht bekommst Du mehr und mehr Lust Dich zu strecken ..., zu bewegen ..., Dich zu räkeln ... Und Du weißt, Du bist mit all Deinen Sinnen wieder in Deinem Körper, im Hier und Jetzt, befreit und in Deiner Zeit setzt Du Dich wieder aufrecht hin.

Hilarion

*Musikvorschlag: „The Silent Path" von
Robert Haig Coxon*

Im Leben eines jeden Menschen gibt es immer wieder Momente, wo er sich fragt: „Was ist meine Aufgabe hier? Was will ich in meinem Leben bewirken? Wo ist mein Platz?" Diese Momente sind oft begleitet von Unklarheit, von Ratlosigkeit und die Inspiration des Höheren Bewußtseins ist nur schwer zu hören. In solchen Momenten ist es hilfreich, die inneren Räume zu betreten und den inneren Platz zu finden, an dem Klarheit, Gewißheit, Ruhe herrschen. Und so lade ich Dich ein zu einer solchen Reise in Deine innere Welt. Mache es Dir nun ganz bequem, und Du weißt, wann immer Dich etwas stört, kannst Du Deine Position verändern um es wieder ganz bequem und komfortabel zu haben.

✳ Und während Du jetzt mehr und mehr nach innen sinkst, so wie Du es vielleicht schon oft gemacht hast, tiefer und tiefer in die vertraute innere Welt ..., öffnet sich vor Deinem geistigen Auge eine sonnige Landschaft, die Du von dem Hügel, auf dem Du stehst, überblicken kannst. Du kennst diese Landschaft vielleicht schon aus vorangegangenen Reisen. Die intensiven Farben sind Dir sehr vertraut, das Blau des Himmels, das verschiedenfarbige Grün der Bäume und Pflanzen – ist Dir jemals aufgefallen, daß es so viele verschiedene Schattierungen von Grün gibt? Jede Pflanze scheint ihr eigenes Grün zu besitzen: Hell- und Dunkelgrün, Graugrün, Silbergrün, Olivgrün, Moosgrün, Smaragdgrün, und hier und da blitzt es silber oder golden ... Und Du tauchst ein in die vielfältigen Farben der Blumen und Blüten ..., berauscht von ihrem Duft, den der Wind zu Dir herüber trägt. Du kannst den Boden unter Deinen Füßen spüren ..., die Sonne auf Deiner Haut und genießt diesen Anblick ... Und inmitten dieser Landschaft ragt ein Tempel, er leuchtet geradezu im Sonnenlicht. Und vielleicht kennst Du diesen Tempel schon, hast ihn schon einmal besucht. Und als Du nun langsam den Hügel hinabgehst ..., Schritt für Schritt tiefer, die Füße sicher auf den Boden aufsetzt ..., erkennst Du einen Weg, der Dich zum Tempel führt ... Und als Du am Fuße des Hügel angekommen bist, folgst Du dem Weg zum Tempel, der Dich magisch anzuziehen scheint. Er hat eine ganz besondere Ausstrahlung. Und je näher Du ihm kommst, desto mehr scheint sich die Landschaft zu verändern – die Farben strahlen in einer anderen Intensität ..., der Duft wird ganz besonders ..., der Gesang der Vögel hört sich fast an wie ein Melodie, ein Konzert ..., und eine ganz besondere Energie liegt in der Luft ..., und je näher Du kommst, desto vertrauter erscheint Dir der Tempel, desto wohler fühlst Du Dich ..., fast so, als wenn Du nach Hause kommst. Und dann erkennst Du auch die Farbe und Form der Mauern, den Eingang und die Ornamente. Auch wenn sie Dir fremd sind, Du ihre Bedeutung nicht kennst, kommen sie Dir doch irgendwie vertraut vor. Sie berühren ein Wissen in Dir, ein Wissen aus alter Zeit ... Und als Du vor dem Eingang stehst, öffnest Du ihn – was Dir leicht gelingt, auch wenn es Dir zuerst schwierig erschienen ist – und betrittst den Innenraum des Tempels und schaust Dich um ... In dem besonderen Licht, das den Innenraum erhellt, bemerkst Du, daß dieser Raum völlig symmetrisch gestaltet ist: Auf dem Boden ist ein tausendblättriger Lotus abgebildet ..., und den gleichen Lotus findest Du auch an der Decke ... Alle Gegenstände, Bilder und Symbole sind symmetrisch angeordnet, und jeder Gegenstand, jedes Detail scheint seinen eigenen Platz zu haben. Nichts ist zufällig, alles hat eine Bedeutung. Es herrscht eine ganz besondere Ordnung, eine Ordnung, die etwas in Dir berührt. Da ist es wieder, das Gefühl von Wissen. Dies alles und auch die Bedeutung dieser Ordnung scheinen Dir vertraut, auch wenn Du sie vielleicht noch nicht erklären kannst. Aber je öfter Du diesen Tempel besuchst, desto mehr wird sich das noch verborgene Wissen für Dich öffnen und Du kannst Dich erinnern ..., die zugrunde liegenden Muster werden klar ... (1 Minute Pause).

Und als Du all dies in Dich aufgenommen hast, entdeckst Du eine Treppe, die nach unten führt, ins Zentrum des Tempels. Während Du nach unten gehst, verstärkt sich das Gefühl „am richtigen Platz zu sein", das Wissen, daß auch Du zu dieser Ordnung gehörst. Und obwohl die Stufen schon sehr ausgetreten sind, gehen Deine Füße sicher Stufe für Stufe hinab ... Wie oft ist diese Treppe wohl schon benutzt worden, daß sie so ausgetreten ist? ... Und noch etwas ist merkwürdig: als Du tiefer und tiefer gehst, erscheint es so, als wenn sich über Dir etwas öffnet und Du gleichzeitig auch höher kommst ... Als Du Deinen Fuß auf die untere Stufe setzt, öffnet sich vor Dir der untere Raum des Tempels: ein leerer, großer, kuppelförmiger Raum ... in dem Dich ein besonderer, unbekannter, angenehmer Geruch empfängt ... ein seltsam faszinierendes Licht ..., und eine konzentrierte erhebende Energie ... Auf dem Boden und in der Kuppel befindet sich wieder der tausendblättrige Lotus ... Im Zentrum des Lotus auf dem Boden entdeckst Du eine Art Liege ..., die Dich anzieht und auf die Du Dich legst ... und während Du Dich vielleicht noch wunderst, wie angenehm und bequem sie ist ... fällt Dein Blick auf die kuppelförmige Decke, geschmückt mit den prächtigen Farben des tausendblättrigen Lotus. Diese Lotusblüte scheint den Blick geradezu magisch in seine Mitte zu ziehen, und als Deine Augen in dem Mittelpunkt versinken, scheinst Du zu schweben ... und Bilder erscheinen ..., und Du siehst Dich selbst in Deiner gewohnten Umgebung, doch diesmal von oben ... Du erkennst Dich, an verschiedenen Plätzen ..., in verschiedenen Situationen, in Deiner gewohnten Haltung ... (30 Sekunden Pause) und als Du weiter nach oben schwebst, erkennst Du plötzlich ein Netz von Lichtfäden, dieses Netz verbindet Dich mit anderen Menschen und Du erkennst Zusammenhänge ... (30 Sekunden Pause). Die Lichtfäden verbinden manche Menschen sehr intensiv, andere Verbindungen sind schwach ..., und einige Verbindungen scheinen gestört oder unterbrochen ... (30 Sekunden Pause). Und als Du noch höher steigst erkennst Du, daß nicht nur Du mit einem solchen Lichtnetz verbunden bist, jeder Mensch wird getragen von einem solchen Netz ... Und je höher Du steigst, desto mehr erkennst Du die besondere Ordnung dieser Lichtnetze, dieser Lichtverbindungen, erkennst die verschiedenen Netze und Plätze der Menschen ... Fast wie ein Puzzle, in dem jeder Mensch einen Platz ausfüllt, wo jeder Mensch ein notwendiges Teil des Puzzles, des Ganzen ist ... Und alles erscheint in einer besonderen Ordnung und Ausgeglichenheit, auch wenn nicht jede Verbindung richtig ist, auch wenn nicht jeder Mensch den Platz einnimmt, der ihm zugedacht ist ... auch dann, wenn Du nicht an dem vorgesehen Platz bist, die Ordnung bleibt erhalten, alles ist immer in der Ordnung, egal was Du tust, die Ordnung gleicht sich aus.

Und je höher Du steigst, desto mehr erkennst Du, wie sich das Lichtnetz, das Puzzle über die ganze Erde erstreckt ..., und nicht nur die Menschen sondern auch Tiere, Pflanzen, jedes Lebewesen, ja auch die sogenannte unbelebte Natur zu diesem Lichtnetz, zu diesem Puzzle gehören ... Alles hat seinen Platz, seine Bedeutung, seine Notwendigkeit ... Du erkennst die Zusammenhänge, die Verbindungen ..., und dann eröffnet sich Dir plötzlich ein anderer Blickwinkel, und Du erkennst, wie es sein könnte. So wie bei einer Doppelbelichtung siehst Du, wie es ist und erkennst den göttlichen Plan hinter diesem Puzzle, die göttliche Ordnung ..., siehst was ist und wie es sein könnte, wie zwei Bilder, die übereinander liegen ... und das erfüllt Dich mit einem besonderen Gefühl, eine tiefe Erkenntnis, ein uraltes Wissen aus der Quelle ..., etwas in Dir rückt wieder in diese Ordnung, nimmt den gewollten Platz ein ... Du bist wieder in der göttlichen Ordnung zu Hause ... (1 Minute Pause).

Und in diesem Zustand, mit diesem geöffneten Blick, schaust Du Dir wieder das weltliche Puzzle an, erkennst die Ordnung der Pflanzen, Tiere, Menschen ..., das Lichtnetz ..., das Lichtnetz zwischen den Menschen ..., Deine

Lichtverbindungen ..., erkennst Deinen Platz in der Ordnung, den Platz im Puzzle das **ist**, und in dem Puzzle das **sein könnte** ..., nimmst wahr, was es bedeutet, Deinen Platz in der göttlichen Ordnung einzunehmen ..., und wirst davon erfüllt ... (1 Minute Pause), und Du blickst wieder auf den Mittelpunkt des Lotus, auf den Dein Blick gerichtet ist, während Du auf der Liege ruhst ..., erkennst die Ordnung und Ausgeglichenheit um Dich herum und spürst die besondere Energie dieses Raumes, die Ordnung, die nun auch in Dir ist – und vielleicht schon immer in Dir war. Dieser Zustand begleitet Dich, auch als Du Dich nun erhebst – vielleicht mit einem Gefühl der Dankbarkeit – und wieder die Treppe hinaufgehst ..., Stufe für Stufe die ausgetretene Treppe nach oben ..., und durch den oberen Tempelraum hindurch ... nach draußen ..., zurück in die Landschaft, auf den Weg ..., und obwohl Du Dich mehr und mehr vom Tempel entfernst ..., zum Hügel gehst, hast Du das Gefühl, als ob dieser Tempel in Deinem Innern ist, daß Du einen Zustand der Erkenntnis erlangt hast, der Dich auch im Tagtäglichen begleiten wird ..., und daß Dein Blick für die göttliche Ordnung, für Deinen Platz und Deinen Raum in dieser Welt sich stärkt ..., und so gehst Du den Hügel wieder hinauf ..., Schritt für Schritt kommst Du höher ..., in dem Bewußtsein, daß Du alles mitbringst, was Du erlebt hast ..., kehrst zurück in diesen Raum ..., fühlst Deinen ausgeruhten und erfrischten Körper ..., und atmest tief ein und aus ..., verbindest innere und äußere Welt durch den Atem ..., wirst mehr und mehr bewußt, wach und lebendig ..., und in Deiner Zeit richtest Du Dich auf, an Deinem Platz ... und bist wieder völlig wach im Hier und Jetzt.

Pallas Athene

Musikvorschlag: „Desire for Love" von Ralf Eugen Barttenbach (Windpferd Verlag)

Bevor Du Dich jetzt auf eine innere Reise begibst, mach Dir noch einmal die zwei Seiten Deines Körpers bewußt, die rechte und linke Seite. Oberflächlich betrachtet, sind rechte und linke Körperseite gleich, wenn auch spiegelbildlich angeordnet. Du hast zwei Arme, zwei Beine und Füße, eine rechte und eine linke Gesichtshälfte. Doch wenn Du genauer hinschaust, erkennst Du Unterschiede: Die rechte Gesichtshälfte sieht etwas anders aus als die linke, der rechte Mundwinkel weist bei vielen Menschen in eine andere Richtung als der linke, bei manchen Menschen sind die Füße etwas unterschiedlich groß. Der Unterschied im Innern ist noch deutlicher: Du hast ein Herz auf der linken Seite, eine Leber auf der rechten Seite, die Milz links und die Gallenblase rechts.

Und während Du nun mehr und mehr entspannst und in Deine inneren Räume gleitest, läßt Du Deine Aufmerksamkeit zu Deinen Körperhälften wandern: Welche Unterschiede entdeckst Du? Fühlt sich eine Schulter vielleicht mehr angespannt an als die andere? ... Oder ist sie höher gezogen als die andere? ... Spürst Du vielleicht eine Seite deutlicher? ... Fühlt sich eine Seite weicher an? ... Und richte Deine Aufmerksamkeit auch auf Deine Ohren – hörst Du mit einem Ohr anders als mit dem anderen? ... Und wenn Du Deine Aufmerksamkeit über den gesamten Körper ausbreitest, fühlst Du Dich mit einer Seite mehr verbunden – vertrauter?... (30 Sekunden Pause).

✳ Und während Du nun mehr und mehr in Dein Inneres hinein spürst ..., ja förmlich darin eintauchst ..., und an den Platz in Dir sinkst, an dem Ruhe und Stille herrschen ... erscheint vor Deinem inneren Auge eine Wand ... eine Wand mit drei Türen. Wie sehen diese Türen aus? ... Sind sie unterschiedlich oder gleich? ... Welche Farben haben sie? ... Aus welchem Material sind sie? ... Und während

Du die Türen anschaust, weißt Du, daß die rechte Tür Dich zu etwas führt, das Dir sehr vertraut ist ... und die linke Tür bringt Dich zu etwas, das Dir völlig neu und unbekannt erscheint, doch wenn Du am Ende angekommen bist, wirst Du feststellen, daß es Dir doch vertraut ist ...

Und es gibt noch die dritte Tür, die Tür in der Mitte ... eine Tür die etwas ganz Besonderes hat ..., und je länger Du hinschaust, desto mehr Details entdeckst Du ... und dann öffnet sich diese mittlere Tür und Du gehst hindurch ... hindurch in eine neue, unbekannte Welt, die Dir dennoch vertraut ist ..., eine Welt die Dir völlig fremd erscheint und dennoch bekannt ..., eine Welt, die gleichzeitig strukturiert und ungeordnet ist ..., logisch und intuitiv... (30 Sekunden Pause). Und während Du durch diese unbekannte, vertraute Welt gehst ..., für die Du keine Worte hast und die Dich angenehm überrascht ..., begegnest Du Elementen, von denen Du weißt, daß sie sehr wichtig für Dich sind ... obwohl sie keinen Sinn ergeben, obwohl Du sie nicht erklären kannst ... Und diese Elemente haben eine tiefe Bedeutung für Dich, für Dein Leben ... Das weißt Du, auch wenn Du die Bedeutung der Elemente nicht erklären kannst ... Und nun wähle eines dieser Elemente aus und schau es Dir genauer an ..., die Struktur ..., die Farbe ..., die Form ..., das Gefühl, das es in Dir wachruft ..., die Erinnerung an das, was Du schon längst wußtest und Dir dennoch neu erscheint ... das Eintauchen in etwas Neues, das Du auf einer anderen Ebene schon lange kennst ..., und die Bedeutung dieses Elementes wird Dir jetzt oder gleich bewußt ... (1 Minute Pause).

Diese Elemente sind wie für die Hebammen die Geburt eines Kindes: Jedes einzelne Kind ist neu, ist einzigartig, ist anders ... und dennoch kommt jedes Kind in der gleichen Art und Weise auf die Welt. Der Ablauf ist vertraut und wiederholt sich ... Und so ist es auch in dieser Landschaft ... und sicher kennst Du dies auch aus Deinem Leben: Während du Dich hindurch bewegst, tauchen immer wieder neue Elemente und Gebilde auf ..., neue Situationen ..., Aufgaben ..., Hindernisse, die sich Dir in den Weg stellen ... und Du findest neue Wege, auf denen Du weiter gehen kannst ..., immer wieder neue Herausforderungen ... und dennoch folgen sie dem gleichen Ablauf. Es sind vertraute Schritte ... Das Wachstum läuft immer wieder nach den gleichen Gesetzmäßigkeiten ab ... Und Ideen, die **Dir** neu erscheinen, hat vielleicht schon jemand anderes gedacht ..., weil sie aus der ewigen Quelle stammen ..., zeitlos sind ... und so triffst Du nun auch in dieser Landschaft auf eine Quelle ... und kannst zuschauen, wie die Wasser der sprudelnden Quelle sich ihren Weg bahnen ..., um dann zu einem Bach zu werden ..., der sich mit anderen Wasserläufen vereinigt ... und zum Fluß wird ..., der Fluß, der sich in den Ozean ergießt und eins wird mit ihm ... Und für eine kurze oder längere Zeit, ganz so wie es für Dich richtig ist, verweile bei dieser Quelle und dem Fluß ..., lausche ihrem Gesang ..., tauche ein ... und erfahre, welche Botschaft sie für Dich haben ... (2 Minuten Pause).

Und während Du die Botschaft erhalten hast und sie Dir jetzt oder zum richtigen Zeitpunkt bewußt wird, während Du den bedeutungsvollen Elementen begegnet bist, hat Dein Körper hier in diesem Raum auf der Unterlage geruht, sich erholt, sich erfrischt und wurde angereichert mit neuer Lebensenergie ... die sich jetzt bewegen möchte, aktiv werden möchte ..., und Deinen Atem tiefer werden läßt, so daß sich Deine Lungen ausdehnen, sich Dein Brustkorb hebt und senkt ... Und mehr und mehr Lebensenergie strömt ein und Du möchtest Deine Hände und Füße bewegen ... und tust es ..., möchtest Dich recken und strekken ... wohlig Deinen erfrischten Körper spüren ... und wieder ganz wach und klar sein ... ausgeruht im Hier und Jetzt. Und falls sich Deine Augen noch nicht geöffnet haben, öffnen sie sich jetzt in Deiner Zeit ... und Du setzt Dich auf und orientierst Dich in diesem Raum, in dieser Zeit.

Lady Portia

Musikvorschlag: „Engel - Die himmlischen Helfer"
von Merlin´s Magic (Windpferd Verlag)

Lege oder setze Dich bequem hin. Spüre wie die Arme sich neben Deinem Körper befinden und wie die Unterlage Dich trägt. Erlaube Deinem Körper sich jetzt zu entspannen und in die Unterlage einzusinken – erlaube Dir, Dich tragen zu lassen von meiner Stimme, während Du mehr und mehr entspannst.

✸ Im Leben eines jeden Menschen gibt es Zeiten in denen er ausgeglichen, heiter und entspannt ist, aber auch Zeiten in denen er aus der Bahn geworfen wird, zum Beispiel dadurch, daß er Schwierigkeiten in seiner Beziehung hat oder daß er nicht das erreicht, was er erwartet hat. Auch kurze Momente des Streites und des Schmerzes können Menschen aus der Mitte herauswerfen. Meistens stellt sich nach einer Weile die innere Ausgeglichenheit wieder von selbst ein.

Leben ist Bewegung, und immer wieder kreist es um die innere Mitte, findet seine Mitte. In Deinem Leben ist es so und auch in der Natur. Vielleicht hast Du schon einmal Palmen im Wind beobachtet, wie sie hin- und hergebogen werden ... Erlaube Dir nun, in dieses Bild einzutauchen ..., zu erleben, wie die Palmen sich biegsam mit dem Wind neigen ... und sich wieder aufrichten ..., wie sie auf die eine und die andere Seite gedrückt werden ..., und wie der Wind und manchmal auch ein wütender Sturm sie kräftig schütteln ... Und wenn der Sturm vorüber ist, stehen sie genauso gerade und still wie vorher. Sie sind in ihrer Mitte verwurzelt. Und sie bleiben im Mittelpunkt verwurzelt auch wenn der wütende Sturm sie von einer Seite zur anderen fegt ... (20 Sekunden Pause).

Und vielleicht hast Du schon einmal einen Wirbelsturm gesehen oder davon gehört, einen Wirbelsturm, der über das Land fegt und vieles mit sich reißt. Kannst Du Dir vorstellen, daß dieser Wirbelsturm ein Zentrum hat, in dem es völlig still ist? ... Dieses Zentrum ist da, wenn er beginnt, es ist da, wenn er aufhört. Während alles von den äußeren Schichten ergriffen und bewegt wird, während die Kräfte des Windes toben, ist das Zentrum unberührt davon, es ist still, vollkommen still ... (20 Sekunden Pause).

Und so wie der Sturm und die Palmen kreist auch Du um Deine Mitte und findest sie immer wieder. Das ganze Leben ist ein Kreisen um das Gleichgewicht und es begann schon, als Du laufen lerntest. War das nicht auch ein Balanceakt? Und vielleicht erinnerst Du Dich daran, wie Du ein Kind beobachtet hast, als es die ersten Schritte alleine machte ... und vielleicht erinnerst Du Dich auch, wie es für Dich war, als Du laufen lerntest ..., als Du lerntest, in Deiner Mitte, im Gleichgewicht zu bleiben ... als Du vorsichtig vom Boden aufgestanden bist. Bei den ersten Malen hast Du Dich noch an etwas hochgezogen und dann die ersten Schritte versucht, vorsichtig von einem Augenblick zum anderen balancierend ... immer wieder neu ... (20 Sekunden Pause). Hättest Du Dir damals vorstellen können, daß Du rennen kannst ... oder sogar tanzen? ... Ja daß Du sogar mit einem anderen Menschen zusammen tanzt und ihr gemeinsam um einen neuen Mittelpunkt kreist. Was Dir am Anfang unendlich schwierig, vielleicht sogar unmöglich erschien, ist irgendwann normal geworden ...

Und vielleicht erinnerst Du Dich, wie Du als Kind auf der Bordsteinkante balanciert bist ..., vorsichtig einen Fuß vor den anderen setzend ..., die Arme ausgebreitet, um die Balance zu halten ... Und vielleicht hast Du Dir vorgestellt, die Bordsteinkante sei ein schmales Seil und Du der Tänzer – die Tänzerin auf diesem Seil. Du hast die Arme ausgebreitet und hast vorsichtig balancierend einen Fuß vor den anderen gestellt ..., immer auf das Gleichgewicht achtend. Lehntest Du Dich zu weit zur einen oder anderen Seite, fielst Du herunter ... und begannst wieder neu ..., und mit jedem Mal gelang es Dir leichter ... Du lerntest die Balance zu halten ..., Du lerntest, Deine Mitte wahrzunehmen ..., auch wenn es Dir damals nicht bewußt war, lerntest Du in Bewegung zu sein und auch in schwierigen Situationen im Gleichgewicht zu bleiben ...

In Deinem Spiel auf der Bordsteinkante und beim Laufenlernen hast Du Deinen inneren Mittelpunkt gefunden. Und falls es nicht schon geschehen ist, erlaube Dir nun, diesen Mittelpunkt wieder zu spüren ..., erlaube Dir, tief in Deine Mitte hineinzugleiten ... in der Mitte Deines Seins zu ruhen ... (1 Minute Pause), und Dich darin auszubreiten ... Und vielleicht hast Du bereits wahrgenommen, daß Deine Mitte auch wie eine Tür ist, eine Tür zu einer anderen Dimension, eine Verbindung zu einem vielleicht noch unbekannten Teil Deines Seins. Und erlaube Dir nun, Dich darin auszubreiten ... (2 Minuten Pause).

So wie beim Spiel auf der Bordsteinkante, beim Laufenlernen und beim Tanzen, kommen und gehen die Augenblicke des Gleichgewichtes auch im Leben. Sicherlich hast Du schon oft erfahren und erlebt, daß die Fähigkeit darin besteht, mit der Mitte, dem Mittelpunkt in Verbindung zu bleiben, sich dessen bewußt zu sein ...

Die Mitte ist immer da. So wie das Zentrum des Wirbelsturmes, auch wenn man es von außen nicht sieht. Und Du kannst vertrauen, daß Du Deine Mitte, Dein Gleichgewicht immer wieder finden wirst. Du findest sie wie damals beim Laufenlernen und all die unzähligen Male danach, an die Du Dich nicht mehr erinnern kannst ...

Und nun richte Deine Aufmerksamkeit wieder auf Deinen Körper ..., dehne Deine Aufmerksamkeit aus von Deinem Zentrum zu den Zehen ... und zu den Augen ..., zu Deinem gesamten Körper und bleibe gleichzeitig mit Deinem Zentrum verbunden ... auch wenn Du jetzt spürst, wie Du die Hände und Füße bewegst ..., wie Du tiefer ein- und ausatmest ... und Dich streckst und reckst und dabei mehr und mehr den Körper spürst ..., das Zentrum ist da ..., auch wenn Du die Augen öffnest und bewußt wieder im Hier und Jetzt bist ..., wach und erfrischt und bereichert.

Helion

Musikvorschlag: „The Spirit of Capricorn" von Merlin's Magic (Windpferd Verlag).

Lege oder setze Dich bequem hin und spüre, wie Dein Körper von der Unterlage getragen wird ... Und dann laß Dich hineinsinken, in die Unterlage ... und in Deine innere Welt, die Dir so vertraut ist. Jede Nacht wählt Dein Bewußtsein diesen Weg, den vertrauten Weg in die innere Welt der Bilder, Farben und Assoziation.

✳ Und während Du tiefer und tiefer in Deinen inneren Raum gleitest, öffnet sich dort das Bild einer Landschaft ..., einer sonnendurchfluteten vertrauten Landschaft, die Du kennst, die aber vielleicht in Vergessenheit geraten war. Und jetzt ist das Bild wieder da, klar und deutlich erkennst Du die Pflanzen, den Himmel, der goldene Schimmer, der alles überzieht, spürst die wärmenden Strahlen der Sonne und wie ihre Wärme den Pflanzen und Blüten wohlriechende Düfte entlockt ... Und inmitten dieser Landschaft entdeckst Du auf einem Hügel den Tempel, einen Tempel, der Dich an ein Schloß erinnert ... Und Du stehst auf dem Weg, der zum Tempel führt. Der Weg schlängelt sich durch die Landschaft, vorbei an duftenden Wiesen, vielleicht an einem Bach entlang und schließlich den Hügel hinauf. Du folgst diesem Weg ... und nimmst die Umgebung ..., den Duft ... und die Sonne auf Deiner Haut wahr ... Als Du am Hügel angekommen bist, gehst Du langsam hinauf, Schritt für Schritt ..., näherst Dich immer mehr dem Tempel, der golden in der Sonne leuchtet. Und je näher Du kommst, desto deutlicher erinnerst Du Dich an etwas ... und dann weißt Du wieder, dies ist der Sonnentempel ... Seine Türen sind weit geöffnet, so als würdest Du hier schon lange erwartet. Als Du den Tempel betrittst, schaust Du Dich um ... Es erstaunt Dich vielleicht, daß auch in seinem Innern dieses goldene Licht leuchtet. Es scheint alles zu überziehen, obwohl Du die Lichtquelle nicht entdecken kannst. Und so gehst Du tiefer in den Tempel hinein und schaust Dich um ... Ein edler Geruch liegt in der Luft ... Und während Du Dich noch umschaust, tritt eine Gestalt auf Dich zu, der Tempeldiener, und lädt Dich ein zu einem reinigenden wohltuenden Bad. Die Gestalt führt Dich zu einem goldenen Becken, das gefüllt ist mit kristallklarem Wasser. Nachdem Du Deine Kleider abgelegt hast, beginnst Du langsam in das Wasser mit der angenehmen Temperatur hinein zu steigen – und stellst fest, daß es sich wunderbar anfühlt. Es ist erfrischend, reinigend und berührt Dich wie Balsam ... Und während Du Dich in diesem Wasser befindest, sprudelt aus einer Stelle des Beckens ein erquickender Wasserstrahl. Hier kannst Du vollständig vom Wasser übersprudelt werden, und die belebende, reinigende, massierende Wirkung dringt tief in Deinen Körper ein ..., löst jede Verspannung, jede Disharmonie in Deinem Körper ... und ein tiefes Wohlbefinden, eine tiefe Gelöstheit stellt sich ein. Fast erscheint es Dir, als würde alles Dunkle, Belastende, Schwere in Dir hinweg gespült, so wie die Sonne jeden Schatten verschwinden läßt, indem sie Licht an die dunklen Stelle bringt ... und Licht und Heilenergie durchfließen Dich, bis hinein in jede Zelle Deines Körpers ... (1 Minute Pause).

Als Du vollständig gereinigt bist, steigst Du langsam wieder aus dem Wasser. Am Beckenrand erwartet Dich der Tempeldiener mit einem weichen duftenden Tuch und beginnt Dich von oben bis unten abzureiben, mit angenehmen massierenden Bewegungen ... So erfrischt, kraftvoll, heil fühlst Du Dich nun. So erfüllt von diesem goldenen Licht, daß es Dir erscheint, als würdest Du selbst die Quelle des Lichtes sein, als würdest Du selbst aus Deinem Inneren heraus, aus jeder Pore dieses Licht ausstrahlen. Und so verwundert es Dich auch nicht, als der Tempeldiener Dir jetzt ein neues Gewand reicht. Das alte hätte nicht mehr gepaßt, es gehört einer Zeit an, in der Du Dir Deines wahren Lichtes noch nicht bewußt warst. Das neue Gewand ist golden, und scheint wie Du von innen heraus zu leuchten. Das Gewand eines Königs, einer Königin, der

Sonne ... Und als Du es anlegst, wird etwas in Deinem Innern geweckt, die Erinnerung an Deine wahre Herkunft, die Erinnerung an Dein wahres Sein ... (1 Minute Pause).

Und dann führt der Tempeldiener Dich zu einem anderen Raum. Noch sind die Türen verschlossen, aber von außen erkennst Du bereits eine ungewöhnliche Pracht: die Türen sind golden und reich verziert mit kostbaren Edelsteinen ..., und als sich die Türen öffnen, funkeln und glänzen sie im Licht. Und war die Pracht der Türen schon beeindruckend für Dich, wie ist es jetzt erst im Inneren des Raumes. Hast Du jemals so eine Herrlichkeit gesehen? ... Sie übertrifft alles, was Du bisher gesehen oder Dir vorgestellt hast ... Und in der Mitte dieser Pracht befindet sich ein Thron ... und falls Du es nicht schon immer geahnt hast, jetzt weißt Du es sicher: es ist **Dein** Thron ... Dies hier ist Dein Tempel, Dein Schloß, Deine Pracht ... Und vielleicht ist Dir dieses Gefühl noch ungewohnt nach der langen Zeit in der Du Dein wahres Sein verborgen hast, in der Du Dein leuchtendes Licht nicht hast sehen lassen ... doch jetzt bricht diese Erkenntnis mit aller Kraft wieder in Dein Bewußtsein ... Du bist das Besondere, das Licht, ein Spiegelbild der Quelle ... Und als Du Dich ganz selbstverständlich auf den Thron begibst, erkennst Du, was das für Dich bedeutet: Dies ist Dein wahres Sein, wenn Du Dich nicht hinter Deinen Schleier der Unwissenheit, Deinen Masken versteckst, dann leuchtet Dein wahres Sein aus Dir, erfüllt Dich, berührt andere, und Du kannst einfach sein ... Und die Welt um Dich herum spiegelt Dein warmes goldenes Licht wider ... (1 Minute Pause).

Und wie Dir dies jetzt bewußt wird, da tauchen Situationen aus Deinem Leben auf, Situationen in denen Du Deine Größe, Dein Licht, Deine Fähigkeiten versteckt hast, und Du kannst jetzt erkennen, was geschehen wäre, wenn Du Deine Größe gelebt hättest, wenn Du Dich wirklich gezeigt hättest mit Deiner Ausstrahlung, in Deinem Sein ... (3 Minuten Pause).

Und vielleicht erlebst Du auch Situationen, die noch vor Dir liegen, und weißt, wie Du jetzt anders reagieren kannst, ganz als Du selbst ... (1 Minute Pause).

Und nun weißt Du, daß etwas Altes von Dir abgefallen ist und Dein wahres Selbst, Dein Licht mehr Raum eingenommen hat, Dich mehr erfüllt ...

Und mit dieser Erkenntnis wird es Zeit, langsam wieder zurückzukehren. Doch auch wenn Du nun wieder von diesem Thron steigst und aus dem goldenen Raum und dem Tempel der Sonne hinausgehst, Du weißt, daß Du ihn nicht wirklich verläßt, daß er in Dir ist und Du das goldene Gewand und das goldene Licht in **Dir** trägst. Nun weißt Du, daß Du in allen Situationen, in denen **Du** es willst, Dein Licht zeigen kannst, Deine Sonne leuchten wird. Und als Du durch die Landschaft zurückgehst, überzieht die Sonne am Himmel immer noch die Landschaft mit ihrem goldenen Schein. Und während Du durch diese sonnendurchflutete Landschaft gehst, verblassen die inneren Bilder mehr und mehr und Du nimmst wieder die äußeren Geräusche ..., das Licht dieser Welt ... und dieses Raumes durch Deine noch geschlossenen Augenlider war ... Du spürst Deinen Atem ..., und erlaube Deinem Atem jetzt immer kräftiger zu werden ..., Dich wieder in diese Welt, in diesen Raum zurückzubringen ... erlaube Deinem Atem, Deine Lungen wieder mit Luft und Lebenskraft zu füllen, so daß Du Dich strecken möchtest und recken ..., Deine Hände und Füße bewegen und mehr und mehr zurückkommen in diese Welt, in diesen Raum ... und es ist jetzt (Wochentag, Datum und Uhrzeit nennen).

Aeolus

Musikvorschlag: „The Silence Within"
von Robert Haig Coxon (Westmount)

Lege oder setze Dich entspannt hin und lausche Deinem Atem ... wie er ein- und ausströmt ... der Atem, der Dich lebendig hält ... der beim Einströmen Deinen Körper mit Sauerstoff und Lebenskraft füllt ... und ihn durch die Lungen ins Blut und in jede Zelle bringt, dort wo er gebraucht wird, wo er ausgetauscht wird gegen den verbrauchten Sauerstoff, der sich in CO_2 verwandelt hat. Das Blut transportiert die verbrauchte Luft zurück in die Lungen und von dort strömt der Atem wieder hinaus.

– Einatmen und ausatmen ...
– ein und aus ...
– ein und aus ...

Und für eine Weile lausche dem Rhythmus Deines Atems ... (1 Minute Pause).

Das ist der Rhythmus des Lebens. Anspannung und Ruhe. Wachen und Schlafen. In der äußeren Welt sein – in der inneren Welt sein. Der Rhythmus des Lebens.

Und so ist es jetzt an der Zeit von der äußeren Welt in die innere Welt zu sinken, so wie ein Blatt sich langsam vom Baum zum Boden senkt ... und sich dabei mehr und mehr entspannt.

✳ Laß Dich in einen inneren Raum sinken, in den Raum, an dem alle Bilder Deiner Seele sind, an dem SEIN ganz natürlich ist, an dem Du **Du selbst** bist, mit allem Wissen und aller Weisheit ..., verbunden mit dem höchsten Bewußtsein, wo Zeit und Raum immer unwichtiger werden, gestern, heute, morgen, jetzt und gleich in EINS zusammenfallen, Du in Dein Selbst versinkst ...

Und in diesem Raum, in diesem Augenblick entwickelt sich vor Dir eine Landschaft, eine Landschaft, die Dir entspricht, die jetzt genau richtig für Dich ist. Du schaust Dich um in Deiner Umgebung ..., (10 Sekunden Pause) spürst die angenehme Temperatur ... einen sanften Wind, der über

Deine Haut streicht ... und vielleicht nimmst Du auch einen Duft wahr ... oder Geräusche ... Und wie Du Dich so umschaust, entdeckst Du einen uralten Tempel, der Dir vielleicht irgendwie vertraut vorkommt oder den Du schon von anderen inneren Reisen kennst. Und zu diesem Tempel führt ein Weg. Und während Du Dich auf diesem Weg auf den Tempel zubewegst, nimmst Du die Landschaft um Dich herum ganz bewußt wahr ..., die Pflanzen ..., die Geräusche ... und was Du sonst noch erkennst ... Und als Du Dich dem Tempel näherst, entdeckst Du die uralte Schrift über dem Eingang: „Tempel des Bewußtseins". Hast Du das schon einmal gehört? Bist Du hier schon einmal gewesen? ... Während Du in den Tempel hinein gehst, bemerkst Du, wie sich etwas in Dir verändert. Es ist nicht das besondere Licht, daß durch die Decke fällt und den Innenraum mit einer Brillanz und Klarheit erhellt ... Es sind auch nicht die klaren, unirdischen Farben ..., oder der erfrischende Duft ... die diesen Eindruck erwecken. In Dir selbst scheinen Klarheit und Wissen zu erwachen. Und tatsächlich, als Du Dich im Innern des Tempels befindest, erfüllt Dich ein vertrautes und sicheres Gefühl des Wissens, ein uraltes Wissen, das schon immer da war und das immer da sein wird, auch wenn Du es nicht erklären kannst. Es scheint Dir, als könntest Du hier in diesem Tempel klarer sehen. Fragen, die Du hast, erhalten eine Antwort, ohne daß jemand etwas sagt, einfach aus Deinem inneren Wissen heraus ... Schwierigkeiten, die Dich vielleicht im Moment in der äußeren Welt plagen, finden hier eine Lösung. Und die Lösung scheint schon von Anbeginn der Zeiten in Dir zu ruhen. Und nun kannst Du Dir Zeit nehmen, um Fragen und Antworten, Probleme und Lösungen bewußt werden zu lassen ... Antworten zu erhalten, jetzt oder gleich ... bis Du meine Stimme wieder hörst, ... und Du hast alle Zeit die Du brauchst ... (1 Minute Pause).

Als Du Dich im Tempel weiter umschaust ..., entdeckst Du eine Tür mit der Aufschrift: „DU SELBST". Und als Du diese Tür öffnest, öffnet sich vor Dir ein Raum mit Spiegeln, erhellt von diesem brillanten, klaren Licht. Das Licht und auch der unauffällige, belebende Duft von Essenzen, der Dir entgegenströmt, steigern Dein Wohlbefinden. Vielleicht hattest Du erwartet, daß dieser Raum für Dich unangenehm sein würde, doch das Gegenteil ist der Fall. Im Innern des Raumes ist Dir alles vertraut, bekannt. Vielleicht nicht greifbar, vielleicht kannst Du Dich nicht erinnern, wann Du dieses klare Gefühl schon einmal hattest. Und doch ist es so, als wenn es schon immer in Dir gewesen wäre, DU SELBST. Und dies erfüllt Dich mit Liebe, Liebe zu Dir selbst, Liebe zum Sein, Liebe, die sich nicht mit Worten beschreiben läßt ... Während Du in diesem Gedanken versunken die vielen Spiegel betrachtest, erkennst Du, daß diese Spiegel nicht alle Dein Abbild zeigen, zumindest zeigen sie nicht alle das gleiche. Daher läßt Du Dich auf einen bequemen Platz nieder und beginnst, die Spiegel mit den unterschiedlichen Bildern und Personen zu betrachten. Oder sind es doch alles Bilder von Dir? Du in anderen Zeiten ... in anderen Rollen ... mit Deinen unterschiedlichen Masken ... Erfahrungen ...? (20 Sekunden Pause). Und plötzlich ist alles gleichzeitig vorhanden, Du bist groß und klein, jung und alt, menschliches Wesen und schöpferischer Geist ... (20 Sekunden Pause). Als auf den Spiegeln eine Kugel, eine Lichtkugel erscheint, das Symbol der Einheit, ohne Anfang, ohne Ende, alles beinhaltend, Sein ... wird Dir der rote Faden bewußt, der sich durch Dein Leben zieht, der sich durch alle Deine Leben zieht ... Dir wird **Dein Selbst** bewußt ... (30 Sekunden Pause). Und aus der Tiefe Deines Seins steigt das Symbol für Dein SELBST ... vielleicht als Bild, als Farbe, als Gefühl oder in einer ganz anderen, Dir gemäßen Weise ... (30 Sekunden Pause). Dieses Symbol verbindet Dich jederzeit mit Deinem Selbst.

Und während Dir das Symbol bewußt wird, erkennst Du, und Du hast es schon immer gewußt und geahnt, daß Du Dir Dein Leben, diesen roten Faden und alle Deine Leben erschaffen hast. Ja, Du bist der Schöpfer Deiner Realität –

auch wenn nicht immer bewußt. Und so breitet sich in Dir ein verläßliches Gefühl für Deine inneren Kräfte und Fähigkeiten, für Deine Schöpferkraft aus. Und Du weißt, daß Du in der Welt von Raum und Zeit nun immer mehr Dein Leben bewußt gestalten kannst, aus der **Fülle** und **Liebe** des Schöpferseins heraus ... (30 Sekunden Pause).

Auch wenn Du es noch nicht in Worte ausdrücken könntest, etwas in Dir ist erwacht, etwas was Dir vor langer Zeit sehr vertraut gewesen ist, ja was Du warst: Bewußtheit. Und Du wirst es mehr und mehr in Deinem Alltag wahrnehmen, integrieren und Deine Schöpferkraft erkennen ... (30 Sekunden Pause), auch wenn es Dir jetzt noch gar nicht so bewußt sein mag.

Und ganz allmählich bereitest Du Dich auf die Rückkehr aus dem Tempel vor, – und alle Erkenntnisse und Erfahrungen, die Du gesammelt und erlebt hast, werden Dir auch nachher bewußt sein. Manche verstehst Du vielleicht erst später, doch alles, was für Dein **Selbst** wichtig ist, wirst Du wissen und Dich daran erinnern – und so erhebst Du Dich von Deinem Sitz im Spiegelraum und in Deiner Zeit, verläßt Du den Raum ... und den uralten Tempel ... und während Du den Weg entlang zurückkehrst, wird Dir immer mehr bewußt, daß Du jederzeit hierher kommen kannst, daß dieser Tempel Teil Deiner inneren Welt ist, der Welt, die auch existiert, wenn Du mit Deiner Bewußtheit in der äußeren Welt weilst.

Und während Du Dich von Deinen inneren Bildern löst ... und bewußt den Rhythmus des Ein- und Ausatmens verstärkst ..., kehrst Du in diesen äußeren Raum zurück ... Und es ist (Wochentag und Uhrzeit nennen) ... und Du beginnst mit kleinen Bewegungen der Hände und Füße ..., die sich ausdehnen und Dich mehr und mehr lebendig werden lassen ... Und wenn Du wieder ganz hier bist ..., öffnest Du Deine Augen ... und setzt Dich auf ..., Dich an alles erinnernd, was auf dieser Reise für Dich wichtig war ... und bist wach und erfrischt im Hier und Jetzt.

Maria

Musikvorschlag: „Essence" von Peter Kater
(EarthSeaRecords)

Lege oder setze Dich bequem hin. Du hörst die Geräusche im Raum ..., die Musik ..., meine Stimme ..., spürst, wie die Unterlage Dich trägt ... und Du Dich ihr mehr und mehr anvertrauen kannst. Und mit jedem Atemzug sinkst Du mehr in Deine innere Welt ... Und während Du in Deine innere Welt sinkst, läßt Dein Körper regenerierende Lebensenergie in alle Organe und Zellen fließen ... Labsal für Körper und Seele... der Körper erholt sich, heilt ... Es gibt nichts zu tun, Du läßt einfach geschehen, was ohnehin geschieht ... Und auch Gedanken, Empfindungen, Bilder läßt Du einfach aufsteigen und vorbeiziehen ... so wie ein Luftballon aufsteigt und er ganz von allein höher getragen wird ... so steigen die Bilder Deiner Seele nun aus Deinem Unbewußten.

✻ Du kannst ruhen ..., Dich erholen ..., während die Bilder jetzt oder gleich an Deinem inneren Auge vorbeiziehen ... Bilder einer Reise zur Mitte ... zum Eins-Sein ... Von wo aus Du Deine Reise auch gestartet hast, das Ziel ist die Mitte des Seins ..., so wie es bei einem Kreis gleichgültig ist, von welchem Punkt aus Du Dich auf die Mitte zu bewegst ... und durch welche Erlebnisse Du gehst ..., das Ziel ist SEIN.

Vielleicht weißt Du, daß der Rhythmus des Lebens und Bewußtwerdens wie Ausdehnen und Zusammenziehen ist. Wir kommen aus der Einheit, in der nur Bewußtsein ist, Bewußtsein ohne Erkenntnis, reines Sein ..., und verlassen dann diesen raumlosen Raum und die zeitlose Zeit, verlassen sie, um einen Weg zu gehen, sammeln Erfahrungen und kehren zurück ..., wir entfernen uns und kommen wieder.

Gleichgültig wo Du Dich jetzt befindest, Dein Weg führt Dich vom äußeren Rand zur Mitte ... zur Mitte des Kreises ... zum Mittelpunkt des Seins ... in dem es keine Trennung mehr gibt und alles zum Kreis wird ... Und von dort, wo Du Dich jetzt befindest, bewege Dich wieder auf die Mitte zu ... und während Du wie in einem Boot von den Wellen der Zeit getragen wirst ... einem Boot, das innen mit weichen Decken ausgepolstert ist, so daß Du Dir diesmal die Reise durch die Zeit angenehm gestaltest ... wirst Du sanft gewiegt ..., hin und her ..., während das Boot Dich mehr und mehr in die Mitte bringt ... bist Du umgeben von einer vertrauten, liebevoll nährenden Energie ..., in der Du Dich warm und angenommen fühlst ... so geborgen wie ein Baby sich in den Armen der nährenden Mutter entspannt ... Leise schlagen die Wellen der Zeit an die Bootswand ... und ein Bild aus vergangener Zeit taucht auf, ein Ereignis, eine wichtige Erfahrung aus Deiner Erdenreise ..., eine Erfahrung, die Dich der Mitte wieder näher gebracht hat ... oder durch die Du Dich entfernt hast – oder war es beides gleichzeitig? – Bilder werden jetzt oder gleich bewußt, die bisher im Verborgenen waren ... und dennoch eine große Bedeutung haben ... Situationen, die noch unvollständig sind, wo Du etwas vergessen hast, das Dir jetzt fehlt, um wieder eins zu sein ... Und begleitet von der liebenden, heilenden, nährenden Energie ..., kannst Du jetzt erkennen und verstehen ..., und das Getrennte, das Fehlende wieder zusammenfügen ... und dazu Du hast jetzt in meiner Zeit zwei Minuten – in Deiner inneren Zeit alle Zeit die Du brauchst ... (2 Minuten Pause)

und was immer Du erlebt hast, wird eingetaucht in die Energie der Einheit und kann heilen ... Du heilst ..., hast wieder ein bisher unbewußtes Teil gefunden und integriert ..., der Kreis wird vollständig. Und nun laß Dich hinein fallen in diesen Zustand von Vollständigsein ..., von Einssein ..., nun nachdem Du wieder einen Teil integriert hast, und erlebe, genieße diesen Zustand ..., sauge ihn auf in Dein jetziges Bewußtsein ..., in jede Zelle des Seins ..., das Licht der Einheit ... (1 Minute Pause).

Und bevor Du wieder in das Spiel der äußeren Welt zurückkehrst, spüre noch einmal, erfahre noch einmal die nährende, liebevolle, pulsierende, belebende Kraft des Seins, in völliger Harmonie mit allem, was in Dir existiert ..., hier in dieser Welt außerhalb der Zeit, in der alles eins ist ... und in der **Du** eins bist mit allem ... (30 Sekunden Pause) spürst Du wieder das schaukelnde Wiegen des Bootes, das Dich zurückträgt durch die Zeit, zurück in die Zeit ... spürst Du Deinen Körper, der noch im Boot ruht ... und jetzt auf der Unterlage liegt oder sitzt ..., in dem Raum in (Ort nennen), in der Zeit von (Uhrzeit nennen), spürst den Körper wie er nach dieser Reise regeneriert, erfrischt, erholt ist und in dem die Lebenskraft und Lebensfreude immer stärker zu pulsieren beginnt, mit jedem Herzschlag ... jedem Atemzug ..., und nun einen Atemzug der bis in die Füße dringt, so kraftvoll und voller Lebenswille, und im Einklang mit dem Sein ... bewegst Du die Hände und Füße, streckst Dich und räkelst Dich wie eine Katze ..., und in Deiner Zeit setze Dich auf und sei völlig **wach** und klar und erfrischt wieder hier.

8. Anhang

Meisteressenzen in Kombination mit anderen Techniken

Zusammenstellung empfohlener Essenzen für einige Methoden und Techniken. Es können jedoch auch ausgewählte zur Situation passende Meisteressenzen eingesetzt werden.

Für den Therapeuten selbst
1 · Maha Chohan: hilft bei sich zu bleiben und sich nicht im anderen zu verlieren, Beobachter bleiben, in Kontakt sein mit der inneren Weisheit
13 · Seraphis Bey: um seine Aura und den Raum zu klären, von belastenden Energien zu befreien

Avatar-Training
8 · Angelika: Wunden der Vergangenheit bewußt machen und transformieren
15 · Saint Germain: emotionale Verstrickungen und ungewollte Verhaltensmuster erkennen und lösen
20 · Aeolus: die eigene Schöpferkraft und Zusammenhänge erkennen
21 · Maria: die Einheit erkennen, Grenzen lösen

Bioenergetik
18 · Lady Portia: ins Gleichgewicht kommen, die innere Mitte finden
4 · Kwan Yin: fließen, loslassen, Anspannungen, alte Schocks und Traumen lösen, „weich werden"
8 · Angelika: festgehaltene Erlebnisse transformieren

Craniosakrale Behandlung
14 · Victory: ausgleichend, den Energiefluß wieder in Gang bringend, stabilisierend
4 · Kwan Yin: fließen, loslassen, Anspannungen, alte Schocks und Traumen lösen, „weich werden"
2 · Lao Tse: innere Ruhe und Gelassenheit
3 · El Morya: Vertrauen
18 · Lady Portia: Gleichgewicht

Farbpunktur
4 · Kwan Yin: bringt gestaute Energie ins Fließen
14 · Victory: ausgleichend, den Energiefluß wieder in Gang bringend, stabilisierend

Familienaufstellung
5 · Christus: Vaterthema, Autoritätsprobleme
8 · Angelika: Transformation der Vergangenheit und die Schätze erkennen
12 · Lady Nada: sich angenommen und gewollt fühlen, verzeihen
16 · Hilarion: seinen Platz einnehmen, die (höhere) Ordnung erkennen
21 · Maria: Mutterthema

Feng Shui
13- Serpahis Bey: Reingung von störenden und belastenden Energien

Heilung des inneren Kindes
17 · Pallas Athene: das innere Kind heilen, spontan und verspielt sein

Kampfsport
6 · Djwal Khul: stärkt das Hara, die eigene Kraft annehmen

Kinesiologie
8 · Angelika: festgehaltene Erlebnisse transformieren
14 · Victory: ausgleichend, den Energiefluß wieder in Gang bringend, stabilisierend

Kosmetikbehandlungen
12 Lady Nada: unterstützt beim Annehmen der eigenen Schönheit, sich in seinem Körper wohl zu fühlen, die Schönheit zu genießen
14 Victory: ausgleichend, den Energiefluß wieder in Gang bringend, stabilisierend

Kristallbehandlung
11 · Kuthumi: verbindet mit den Wesenheiten der Kristalle
14 · Victory: das neue Energieniveau integrieren
13 · Seraphis Bey: zur Reinigung der Kristalle und Edelsteine

Massage

4 · Kwan Yin: loslassen, Anspannungen, alte Schocks und Traumen lösen, „weich werden", unterstützt Lymphdrainage,
7 · Sanat Kumara: bei Schulterverspannungen, wenn die Last (insbesondere des irdischen Daseins) zu groß geworden ist
8 · Angelika: festgehaltene Erlebnisse transformieren
12 · Lady Nada: sich im Körper wohl fühlen, ihn genießen
13 · Seraphis Bey: den irdischen Energiefluß anregen, kraftvoll sein
14 · Victory: ausgleichend, den Energiefluß stabilisierend
15 · Saint Germain: karmische Verstrickungen lösen

Fußmassage

wie Massage und zusätzlich
11 · Kuthumi: öffnet die Fußchakren, stärkt die Verbindung zur Erde und den irdischen Energiefluß, „mit beiden Füßen auf der Erde stehen"

Babymassage

3 · El Morya: Vertrauen, sich geborgen fühlen
7 · Sanat Kumara: den Kontakt zum Höheren Selbst stärken und sein Potential in den Körper bringen, erkennen, daß die Erde ein Teil des Göttlichen ist, gerne auf der Erde leben, die Last des irdischen Daseins abwerfen
14 · Victory: ausgleichend

Meditation

2 · Lao Tse: Stille und innere Gelassenheit, den plappernden Gedankenfluß akzeptieren und gleichzeitig in der Stille sein
16 · Hilarion: sich mit höheren Bewußtseinsebenen verbinden, in die göttliche Ordnung gelangen
19 · Helion: Sein, das innere Licht entdecken
20 · Aeolus: bewußt sein
21 · Maria: die Einheit erfahren

Metamorphose und Pränatale Massage des Fußes

8 · Angelika: Traumen, Schocks und festgehaltene Erlebnisse transformieren
12 · Lady Nada: sich angenommen und gewollt fühlen, sich mit seinen Fehlern annehmen, verzeihen,
11 · Kuthumi: Erdung, in der Realität und im Körper ankommen

Rebalancing

4 · Kwan Yin: loslassen, Anspannungen, alte Schocks und Traumen lösen, „weich werden"

8 · Angelika: Traumen, Schocks und festgehaltene Erlebnisse transformieren

12 · Lady Nada: sich im Körper wohlfühlen, sich angenommen fühlen

18 · Lady Portia: im Gleichgewicht und flexibel sein, Spannung aushalten, ohne aus der Mitte zu fallen

Reiki · bei der Behandlung

14 · Victory: ausgleichend, die Chakren und Energiekörper in Harmonie bringen, die Reiki-Energie integrieren
für gezielte Unterstützung, die zum Thema passende Essenz auswählen

Reiki · vor und nach der Einweihung

14 · Victory: durch den Ausgleich zwischen den Energiekörpern kann die Reiki-Initiation leichter aufgenommen werden, die Energie fließt besser; integriert das neue Energieniveau ins System und harmonisiert

Reinkarnationstherapie

8 · Angelika: Klient bekommt leichter Zugang zu vergangenen Situationen und sieht schneller Bilder, hängt nicht mehr so in den Emotionen fest, sondern erkennt schneller, welche wertvolle Erfahrung hinter dem Erlebnis liegt

15 · Saint Germain: löst karmische Verstrickungen, befreit von alten Verhaltensmustern, ändert den Blickwinkel, und Ereignisse werden anders beurteilt, erlebt

1 · Maha Chohan: sich nicht im Detail verlieren, Kontakt mit der inneren Weisheit halten, Beobachter bleiben

Shiatsu

4 · Kwan Yin: loslassen, Anspannungen, alte Schocks und Traumen lösen, „weich werden"

12 · Lady Nada: sich im Körper wohlfühlen, sich angenommen fühlen

Sterbebegleitung

2 · Lao Tse: gelassen sein und akzeptieren, in tiefe Ruhe kommen und erkennen, daß alles miteinander verbunden ist

4 · Kwan Yin: loslassen
8 · Angelika: Transformation der Vergangenheit, das noch aussprechen oder sich bewußt machen, was noch nicht gelöst ist, unvollständige Situationen innerlich abschließen
21 · Maria: sich geliebt und begleitet fühlen, sich mit allem verbunden fühlen
für manche Menschen mag auch die *Nr. 5 · Christus* · sehr unterstützend sein, da sie das Gefühl gibt, von einem (väterlichen) Freund begleitet zu sein und in die Lage versetzt, die Wahrheit, seine Essenz zu erkennen.

Tanztherapie
17 · Pallas Athene: die Gefühle ausdrücken, Koordination

Visionsarbeit zum Beispiel mit NLP-Methoden
9 · Orion: stärkt die Verbindung zum höheren Bewußtsein, klare Visionen, den eigenen Standpunkt und das Ziel erkennen
16 · Hilarion: seine Lebensaufgabe, seinen Platz erkennen und annehmen

Sonstige Anwendung:
Jetlag: Nr. 10 · Kamakura: am Ankunftsort ein Tropfen Nr. 10 Kamakura aufs dritte Auge stellt den Körper auf die Ortszeit
Reisen: einige Tropfen der Mischung Nr. 13, Erzengelessenz Uriel und Integrationsessenz Baum, alle 2 Stunden in die Aura gefächelt oder gesprüht, stabilisiert die Aura

Die Autoren

Dr. Petra Schneider, geboren 1960, studierte und promovierte im Fach Agrarwissenschaft an der Universität Bonn. 1990 beendete sie eine Zusatzausbildung für Lehramt, Verwaltungstätigkeit und Beratung und begann als Beamtin bei der Landwirtschaftskammer. Dort befaßte sie sich mit Fragen zum Umweltschutz in der Landwirtschaft und mit Themen der Braunkohle und Dorfentwicklung.

Während dieser Zeit beschäftigte sie sich intensiv mit dem Sinn ihres Lebens. Dadurch erkannte sie, daß ihre berufliche Tätigkeit nicht die Erfüllung des Lebens brachte. Sie kündigte die sichere, lebenslängliche Stelle und begann, sich intensiv mit feinstofflichen Energien, Meditation und Mög-

Gerhard K. Pieroth und Petra Schneider

lichkeiten der ganzheitlichen Selbstentfaltung zu beschäftigen. Dazu gehörten unter anderem die Ausbildung zum Reiki-Lehrer, zum NLP-Practitioner, zum Meditationslehrer.

Sie arbeitet als ganzheitliche Lebensberaterin und leitet Seminare. Seit 1994 beschäftigt sie sich intensiv mit der geistigen Welt und arbeitet mit Aufgestiegenen Meistern, Erzengeln und Engeln. Dadurch sind die LichtWesen Essenzen entstanden.

Gerhard K. Pieroth, geboren 1956, ist Diplom-Wirtschaftsingenieur und arbeitete als Angestellter des Computerherstellers IBM in Produktion, Marketing und Vertrieb. Nebenberuflich war er Dozent an mehreren Hochschulen.

Das Scheitern seiner Ehe und der Zusammenbruch seines Weltbildes führten 1988 zur Suche nach dem Sinn des Lebens und ersten Erfahrungen mit Meditation. Er öffnete sich mehr den bisher nicht gelebten Fähigkeiten, gab 1992 seine Anstellung auf und ließ sich unter anderem als Reiki-Lehrer und als NLP-Practitioner ausbilden. Parallel dazu erhielt er eine Ausbildung als Trainer in der Erwachsenenbildung und arbeitet heute als ganzheitlicher Erfolgs- und Unternehmensberater, Coach und Trainer in Unternehmen und für Einzelpersonen.

Gemeinsam mit Petra stellt er die LichtWesen Essenzen her und leitet Seminare.

Danksagung

Wir danken den vielen Anwendern für ihre Rückmeldung, denen, die uns bei der Erstellung dieses Buches mit ihren Erfahrungen geholfen haben, und den anderen, die uns immer wieder über ihre Erfahrungen berichtet haben und begeisterte Briefe schrieben. Oft kam eine Rückmeldung genau in der Situation, als wir zweifelten oder den Sinn unserer Arbeit in Frage stellten und half uns, wieder zu sehen, weshalb wir diese Arbeit tun.

Und wir danken unseren Eltern, die trotz unseres ungewöhnlichen Weges an uns geglaubt haben.

Literaturverzeichnis

Zur Energiearbeit
Brennan, Barbara Ann: „Licht-Arbeit – Das große Handbuch der Heilung mit körpereigenen Energiefeldern", Goldmann, München 1989

Channeling
Roethlisberger, Linda: Der sinnliche Draht zur geistigen Welt, Bauer, Freiburg 1996

Sonstige
Grof, Stanislav u. Christina: „Spirituelle Krisen", Kösel, München 1990
Jasmuheen: „Lichtnahrung", Koha-Michaels-Verlag, Burgrain 1997
Dahlke, Rüdiger: „Der Mensch und die Welt sind eins", Heyne Verlag, München 1998
McLean, Penny: „Schutzgeister, Peter Erd-Verlag, München 1993
Safi Nidiaye, Safi: „Den Weg des Herzens gehen", Heyne München 2. Auflage 1996

Einige der Meditationen wurden inspiriert durch:
Dahlke, Rüdiger: „Reisen nach innen", Heyne München 1998
Orban, Peter : „Verborgene Wirklichkeit", Hugendubel, München 1992
Grinder, John und Bandler, Richard: „Therapie in Trance", Klett-Cotta, Stuttgart 8. Auflage 1995

Wer sich für das Erdenleben einiger Aufgestiegener Meister interessiert:
Courtenay, Edwin: „Reflexionen", Verlag Nietsch, Dortmund 98

Adressen und Bezugsquellen

Falls dieses Buch Ihr Interesse an „Hilfe aus der geistigen Welt" geweckt hat, erhalten Sie weitere Informationen zu: Autorenadresse, Bezugsquellen, Seminaren, Ausbildung, Lebensberatung und Coaching bei **www.lichtwesen.com** sowie einen Einblick in das Windpferd-Programm unter **www.windpferd.de.** Hier können Sie sich auch Windpferd-Musik (Merlin's Magic, Barttenbach ...) anhören.

Weitere Titel von Petra Schneider/Gerhard K. Pieroth

Petra Schneider, Gerhard K. Pieroth, „LichtWesen Meisteressenzen", 272 Seiten, Aitrang, 6. Auflage 2003

Ulrike Hinrichs, Petra Schneider, „Die großen Meisterkarten", Buch mit 64 Seiten und 21 Karten in Buchbox, 6. Aufl. 2005

Petra Schneider, Gerhard K. Pieroth, „Engel begleiten uns", 208 Seiten, Aitrang, 9. Aufl. 2005

Merlin's Magic, CD, „Engel – Symphonie von Liebe und Licht" (zauberhafte Klänge berühren das innere Licht und laden die Engel in unser Leben ein) ISBN 3-89385-977-2

LichtWesen®

ErzengelEssenzen   *MeisterEssenzen*   *IntegrationsEssenzen*

FRAGEN SIE UNS, WELCHE BUCH- ODER ESOTERIKHANDLUNG IN IHRER NÄHE LICHTWESEN ESSENZEN FÜHRT.

DEUTSCHLAND:
LichtWesen AG · Pestalozzistr. 1 · D-64319 Pfungstadt
Tel: 06157-15020 · Fax: 06157-150222
EMail: info@lichtwesen.com

SCHWEIZ:
Dessauer · Räffelstr. 32 · CH-8036 Zürich
Tel: 044-4669666 · Fax: 044-4669669
EMail: info@dessauer.ch

ÖSTERREICH:
AS Höller GmbH · Schrackgasse 11a
A-8650 Kindberg
Tel: 0043 3865-44880 · Fax: -4488077
EMail: info@ashoeller.com

NIEDERLANDE:
Holland Pharma · Postbus 76 · 7270 AB Borculo
Tel: 0545-251050 · Fax: -251051
EMail: info@hollandpharma.nl

FÜR ITALIEN, BELGIEN, SPANIEN, TSCHECHIEN:
Großhändlernachweis bei LichtWesen AG Deutschland

Dieses Buch ist auch in anderen Sprachen erhältlich.